El invencible verano de Liliana

Cristina Rivera Garza es autora, traductora y crítica. Sus libros más recientes son *Nadie me verá llorar* (Random House México, 2024, edición del 25.º aniversario); *El invencible verano de Liliana* (Random House, 2021), que ganó el Premio Xavier Villaurrutia 2021 y, por su edición en inglés, el Premio Pulitzer 2024; A*utobiografía del algodón* (Random House, 2020) y *El mal de la taiga* (Random House México, 2019), cuya traducción al inglés (por Suzanne Jill Levine y Aviva Kana) recibió el Shirley Jackson Award 2018. En 2020 obtuvo la MacArthur Fellowship y, en 2021, el Premio Iberoamericano de Letras José Donoso. Es Hugh Roy and Lillie Cranz Cullen Distinguished Professor en la Universidad de Houston, donde fundó el doctorado en Escritura Creativa en español.

CRISTINA RIVERA GARZA

El invencible verano de Liliana

DEBOLS!LLO

Papel certificado por el Forest Stewardship Council®

Primera edición en Debolsillo: abril de 2026

Printed in Spain – Impreso en España

ISBN: 978-84-663-8124-6
Depósito legal: B-2.460-2026

Impreso en Liberdúplex
Sant Llorenç d'Hortons (Barcelona)

P 3 8 1 2 4 6

En lo más profundo del invierno aprendí
al fin que había en mí un invencible verano.

ALBERT CAMUS

I

AZCAPOTZALCO

El tiempo lo cura todo, excepto las heridas.

CHRIS MARKER, *Sans Soleil*

[*aquí, bajo esta rama, puedes hablar de amor*]

Estamos bajo un árbol lleno de pájaros invisibles. Al inicio pienso que debe tratarse de un olmo —tiene el mismo tallo robusto y solitario del que salen unas ramas de aspiración vertical que reconozco desde mi infancia— pero pronto, apenas un par de días después, me queda claro que es un álamo, uno de esos árboles que fueron trasplantados hace tanto tiempo a esta zona de la ciudad en donde no hay mucha vegetación nativa. Ahí, bajo su fronda, sobre el borde de la banqueta pintada de amarillo, nos sentamos. La tarde empieza a caer. Del otro lado de la pesada reja de hierro se levantan las torres grises de las fábricas y se comban, apenas horizontales, los pesados cables de la luz. Los tráilers pasan a gran velocidad, al igual que los taxis y autos particulares. Las bicicletas. Entre todos los ruidos de la tarde, el de las aves es el más insospechado. El menos probable. Tengo la impresión de que si traspasamos la circunferencia que marca el follaje, ya no los podremos oír. *Aquí, bajo esta rama, puedes hablar de amor. Más allá es la ley, es la necesidad, la pista de la fuerza, el coto del terror. El feudo del castigo. Más allá, no.* Pero los oímos y, de alguna manera absurda, de una manera acaso desatinada, su canto repetitivo e insistente, su canto solo, su canto a la vez pacífico y enorme, a veces desesperado y ardiente, a veces demasiado real o demasiado ligero, produce una calma que no logra borrar la incredulidad. ¿Crees que llegue?, le pregunto a Sorais mientras enciende un cigarro. ¿La licenciada? Sí, ella. Nunca he sabido cómo nombrar el movimiento de los labios cuando, sin intentar abrirse, se estiran hacia uno de los extremos superiores de la cara, descomponiéndola, restándole la ilusión de simetría. Estamos tan cerca de lograrlo, dice por toda respuesta, escupiendo una hebra de tabaco. No nos cuesta nada esperar media hora. En realidad, le he hecho esa pregunta porque he rehuido pedirle de manera directa que esperemos. Suplicar es el verbo. No he querido suplicar. No he querido suplicarle que espere aquí, conmigo, un rato más. Porque no sé si puedo o podré, Sorais. Porque no sé qué animal estoy desatando dentro. Llevamos ya seis horas y veinte minutos en una jornada que empezó al mediodía, en lo que ahora parece haber sido otra ciudad, otra era geológica, otro planeta.

[veintinueve años, tres meses, dos días]

Una reja blanca flanqueada de buganvillas y enredaderas. Un pasadizo de grava vieja. Palmeras. Rosales. Esta casona de puertas ovaladas y altos techos blancos con el piso de mosaicos verdes, un verde de mayólica. Nos quedamos de ver a eso de las 12:00 p.m. y, mientras la espero con algo de ansiedad, con otro poco de algarabía, no despego la vista de la ciudad al otro lado de los ventanales. Es capaz de acoger a cualquiera, esta ciudad. También es capaz de matar a cualquiera. Pródiga y malsana al mismo tiempo, acumulativa, aparatosa. Los adjetivos no se dan abasto. Cuando Sorais llega a la casa donde me hospedo, estos pocos días de otoño en la Ciudad de México, no sé si voy a ser capaz.

Tengo dos cosas que hacer hoy, le digo justo después del abrazo y los saludos que el tiempo de no vernos, que es mucho, exige o recomienda. El aroma a jabón. La humedad de la piel después del baño. La voz que conozco ya de mucho tiempo atrás. Pues allá vamos, responde sin siquiera preguntar a qué sitio. El cabello suelto. La mochila roja tras la espalda. La sonrisa, apabullante. Puede llevarse todo el día, le advierto. Y es entonces que hace una pausa. Me busca los ojos. ¿Pues a dónde vamos?, la intriga en la voz es de expectación y no de suspicacia. Guardo silencio. A veces es necesario un poco de silencio para que las palabras se junten todas sobre la lengua y, ya reunidas, se atrevan a saltar al mismo tiempo. A la Procuraduría de la Ciudad de México, cerca del centro. Ella también calla por un momento y pone atención. Le aclaro que hace unas tres semanas, en un viaje previo a la capital, John Gibler, el periodista, me ayudó a empezar el proceso para encontrar el expediente de mi hermana. Baja la vista, y entonces sé a ciencia cierta que sabe. Y que entiende. Luego de una revisión de los periódicos de la época, John encontró la noticia justo como apareció en *La Prensa*. Luego, logró contactar a Tomás Rojas Madrid, el periodista de la nota roja que escribió una serie de cuatro artículos en un tono que, sorpresivamente, evitaba el amarillismo y la espectacularidad. Y vine, le cuento, continúo contándole, a reunirme con ellos dos y a caminar juntos desde el café La Habana, donde nos habíamos quedado de ver, hasta el edificio de la Procuraduría de la Ciudad de México, para poner ahí la petición. ¿Cómo se escribe una petición así? ¿Dónde se enseñan los protocolos para solicitar un documento de esta naturaleza? *Octubre 3, 2019. Ciudad de México. C. Ernestina Muñoz Ramos. Procuradora de Justicia de la Ciudad de México. Por medio de la presente, la que suscribe, Cristina Rivera Garza, le escribe en calidad de familiar de LILIANA RIVERA GARZA, quien fue asesinada el 16 de julio de 1990 en la Ciudad de México (Calle Mimosas 658, colonia Pasteros, Delegación Azcapotzalco).*

Le escribo para solicitarle una copia completa del expediente de investigación que en su momento correspondió al acta de Ministerio Público: 40/913/990—07. En caso de que necesite más información, por favor, no dude en comunicarse conmigo a las siguientes direcciones. Atentamente. Hay una remota posibilidad de recuperar el expediente, le aclaro a Sorais, después de tantos años. Veintinueve, añado, veintinueve años y tres meses y dos días. Guardo silencio otra vez. Las cosas son tan difíciles a veces. Pero quedaron de tenerme una respuesta hoy.

[la hermana menor]

Decidimos salir caminando. El recorrido, según Google, no nos llevaría más de unos cuarenta y cuatro minutos a pie. Y el día es espectacular. Avanzamos, pues. Un paso tras otro. Una palabra. Muchas más. Si no es porque perseguimos el expediente de una joven mujer asesinada esto podría confundirse con un paseo de entre semana. Ámsterdam es una calle legendaria en la Condesa, una colonia porfiriana establecida en 1905 que todavía luce con gusto sus viejas casonas *art decó* o *art nouveau*, ahora intercaladas entre edificios de departamentos con grandes ventanales y *roof gardens*. La Hipódromo Condesa se llamó así porque la avenida por la que avanzamos esta mañana de mediados de octubre fue, en sus inicios, la pista ovalada donde los caballos de la época competían contra el reloj. Es fácil imaginarlos: las herraduras de sus patas contra la tierra suelta de la pista, el estertor del galope, sus pieles brillantes, las crines erguidas. Uno tras otro, los caballos. Como si su vida dependiera de ello. Los ojos muy abiertos. El aire. El hocico. Ahora, poblada de tantos árboles que impiden el paso de la luz del sol, Ámsterdam es un recorrido obligado para turistas extranjeros y comensales en busca del restaurante de moda. Ovalado y cubierto de ladrillos, el camino es una forma cerrada, una especie de *villanelle* material que, con las repeticiones de versos al inicio y final de los cinco tercetos y en el cuarteto último, impiden la experiencia de continuidad o la sensación de finitud. Uno siempre da vueltas dentro de un óvalo. Uno siempre es un caballo corriendo por su vida.

Mientras seguimos a pie juntillas las instrucciones del GPS, se escucha más inglés o francés o portugués que español en las calles de la Condesa. Ahí está, sin embargo, el vendedor de cempazuchitles en una de las orillas del Parque México. Y pasa, después, el recolector de papel con su cantaleta de otros tiempos: periódicos viejos, papeles usados que venda. Ahí están los albañiles que, con las espaldas flexionadas y los brazos hacia el suelo, se encargan de las remodelaciones que han hecho de esta colonia un oasis para hípsters y millennials y, en general, para estos regimientos de hombres y mujeres de largas cabelleras brillantes y uñas limpias. Los perros, amaestrados. Los gatos, espiando desde las ventanas contiguas. El resoplido lejano del caballo. Si viviera en México seguramente no podría darme el lujo de vivir aquí. Pero voy de paso. Aprovecho esta visita de trabajo en el Instituto de Investigaciones Estéticas de la UNAM para rastrear el expediente de la averiguación previa 40/913/990–07, donde quedó asentada la orden de aprehensión que se expidió contra Ángel González Ramos por el homicidio de Liliana Rivera Garza, mi hermana. Mi hermana menor.

Mi única hermana.

[exhausta ya, harta ya, ya para siempre enrabiada]

Es fácil acostumbrarse a la belleza del espacio. La ciudad, aquí, muestra sus mejores galas. Las boutiques de diseñador.

Los perros con correas de cuero. Las glorietas coronadas por fuentes de cantera. Los cafés al aire libre. Los álamos cubiertos de luz. Los grupos de ancianos practicando taichi. Los teatros. Avanzamos a toda prisa y, a medida que la respiración se acelera, las palabras se precipitan de los labios. El sudor. La falta de aire. Hay tantas cosas que tenemos que contarnos. Lo que hemos hecho. Lo que planeamos hacer. Lo que pasa por la cabeza nada más porque sí. Las palabras retumban en el camino que nos extrae de las calles recién lavadas de la Condesa: vamos hacia Michoacán hasta toparnos con Cacahuamilpa, donde viramos a la izquierda, luego hacia la derecha en Yucatán y Eje 2 Sur. ¿Supiste del profesor acusado de acoso sexual al que le prohibieron poner pie en la Iberoamericana? Casi de inmediato, damos vuelta a la izquierda y luego a la derecha para dar con Álvaro Obregón. ¿Leíste el manifiesto de Marea Verde Oaxaca contra la organización de la FILO? Un kilómetro después, viramos a la izquierda sobre Cuauhtémoc y así nos internamos en la Doctores: de Dr. Velasco a Dr. Jiménez y, de ahí, en calles cada vez más estrechas repletas de autos mal estacionados, hasta el número 56 de la calle General Gabriel Hernández. ¿Ya viste *The Joker*? Los puestos de sopes y tacos olorosos a grasa frita. Las misceláneas de las muchas esquinas. Los balcones destartalados. Los perros callejeros. Los niños solos. ¿Es eso un gavilán en medio del cielo? Es fácil amar una ciudad donde todo pasa al mismo tiempo. Donde todo tiempo es tiempo real.

No hace mucho, a inicios de agosto, un pelotón de feministas furibundas se congregó frente a este mismo edificio blanco con ribetes de color verde para exigir justicia. En México se cometen diez feminicidios cada día y, aunque con el paso de los años estas noticias se han ido normalizando, la violación de una adolescente, perpetrada por miembros de la policía local dentro de las mismas patrullas oficiales, desató la indignación de nueva cuenta. Apostadas tras las vallas de hierro, las mujeres exigieron audiencia con la procuradora y, cuando su representante bajó a reunirse con ellas, asegurándoles que estaban haciendo todo lo posible para seguir el caso, una de ellas —exhausta ya, harta ya, ya para siempre enrabiada —le lanzó diamantina rosa a la cabeza. El gesto, tan espectacular como inocente, le ganó un nuevo nombre al movimiento feminista que congrega a más y más mujeres cada vez más jóvenes, mujeres que han crecido en una ciudad y un país que las acosa paso a paso y no las deja en paz. Mujeres siempre a punto de morir. Mujeres muriendo y, sin embargo, vivas. Con pañuelos atados a la cara y tatuajes sobre antebrazos y hombros, las mujeres reclamaron el derecho a seguir vivas sobre este suelo tan manchado de sangre, tan desgajado por el espasmo de los terremotos y la violencia. Aquí mismo, por donde pasamos hoy. Un pie sobre una huella. Muchas huellas. Más pies. Nos confundimos ahora. Los pies que se ajustan a las siluetas invisibles de otros pasos. Las siluetas que se abren para dar cabida a nuestros pies. Somos ellas en el pasado, y somos ellas en el futuro, y somos otras a la vez. Somos otras y somos las mismas de siempre. Mujeres en busca de justicia. Mujeres exhaustas, y juntas. Hartas ya, pero con la paciencia que sólo marcan los siglos. Ya para siempre enrabiadas.

[0029882]

Para entrar a la Procuraduría hay que colocar las bolsas y chamarras sobre las bandas de seguridad. Buenas tardes. Con su permiso. Adelante. También hay que incluir las botellas de agua que han acompañado la caminata. Hace tanto calor.

Mira cómo he sudado. Ya después, por favor, hay que pararse en una de las seis filas disponibles para saber a qué oficina dirigirnos. La amabilidad de los burócratas es apabullante. Buenas tardes. Si me hace el favor. La molesto con su identificación oficial. Le muestro el oficio 23971, dirigido a la Procuradora Ernestina Godoy Ramos, el sello de recibido de fecha del 3 de octubre de 2019, a las 14:20. Y me entrega la nota informativa, con folio 0029882, donde se indica que el oficio fue turnado a tres áreas. Colóquese este círculo rojo en la blusa, nos indica. Un círculo de papel. Una calcomanía. La marca de que pertenecemos a este lugar de duelo y de rabia. Mi compañera les dirá cómo llegar. Tenemos que tomar el elevador al cuarto piso y, de ahí, caminar por pasillos cubiertos de linóleum desgastado, un linóleum que, a ratos, deja entrever el cemento oscuro de otros tiempos, hasta salir por la parte trasera del edificio y dar con las escaleras exteriores, seguramente planeadas al inicio como escaleras de emergencia, de un fierro que alguna vez estuvo pintado de blanco. El rechinido de los pasos sobre los escalones. La sensación de que todo está a punto de caer. Un piso arriba y, ya dentro del edificio de nueva cuenta, dando vuelta a la derecha, hasta el final del pasillo, está la ventanilla de Control de Gestión de la Procuraduría.

La mujer que atiende desde detrás de una pequeña ventana de vidrio mira fijamente la pantalla de su computadora y, sin voltear a vernos, asegura que nos oye. Sus uñas muy rojas. Sus uñas, muy largas. El cabello mitad negro y mitad rubio, casi amarillo. Un segundo, por favor. Introduce el número de folio en el sistema y aparece ahí algo que imprimirá. Por unos instantes pienso que ése es el expediente y la respiración se me detiene en seco. ¿Será este el momento? ¿Me atreveré ahora sí a leerlo todo? Sorais, que escucha de cerca, coloca una mano sobre mi hombro izquierdo. Luego, repentinamente, la respiración regresa. Un salto. Un susto. El documento, con fecha del 16 de octubre, es únicamente una hoja solitaria donde se listan las tres instancias que podrían tener o no tener, o haber tenido, el expediente que busco. ¿Estoy exagerando o es cierto que la mujer tiene la mirada acongojada cuando me dice, del otro lado de su minúscula ventanilla, que va a estar difícil que consiga un documento tan viejo? Si no está aquí, puede estar en el archivo de concentración. ¿Y dónde está el archivo de concentración? Hay varios. Depende de la naturaleza del expediente. Sin pensarlo, le pregunto si será posible reabrir el caso. Es la primera vez que pienso en esa posibilidad. Respira hondo. Vuelve a mirarme. ¿O abrir un nuevo caso? No soy licenciada, me dice, pero sé que no se puede acusar del mismo delito a la misma persona. Es la ley. Baja la vista. Guarda silencio. Vayan primero a la Dirección General de Política y Estadística Criminal, nos sugiere. Está aquí mismo. Regresen a la escalera y den vuelta a la derecha, ahí le explicarán.

[inusual]

Javier Ticante Cruz se encuentra en reunión, pero la mujer detrás del escritorio y de la pantalla de la computadora nos puede ayudar. ¿Número de folio? ¿Un caso de 1990, dice? Se acuerda. Sí. Y sonríe. Lo discutió con su jefe hace unos días. Lo recuerda porque es muy inusual que alguien busque un documento de hace tantos años. ¿Si sabe eso?, me pregunta. ¿Saber qué? Que es todavía más inusual que lo encuentre. La veo a los ojos, pero con todo recato. Y me pregunto si lo que escucho es un simple comentario o si hay, ahí, en esa pequeña oración puntiaguda, un reproche soterrado. Me lo pregunto en silencio: ¿Por qué me tardé tanto? Pasan tantas cosas en treinta años. Pasa la muerte, sobre todo. No deja de pasar. La muerte de miles y miles de mujeres. Sus cadáveres aquí, rondando. Atrás del hombro. En los pliegues de las manos, que se aprietan. En la comisura de los labios. Atrás de las rodillas, cuando se flexionan. Pasan aquí, al lado, a mi lado; no dejan de pasar. Sus imágenes en los papeles que cubren los postes de la luz, en las páginas de los diarios, en los reflejos de todos los aparadores y las ventanillas: los rostros que tenían antes del crimen, antes de la venganza o el soborno, antes del amor. El tiempo se agolpa y se contrae. Luego se distiende otra vez. Un año. Tres años. Once años. Quince años. Veintiuno. Veintinueve. Luego se contrae de nueva cuenta. Estamos siempre en el mismo punto del inicio: los pies adheridos a un duro pegamento hecho de duelo y de culpa mientras el cuerpo se estira, horizontal, hacia un asomo de secuencia. La emoción es la misma: ni se refina ni madura ni se aquilata. Agacho la cabeza y miro el borde perfectamente horizontal del escritorio por el que pasea con gran lentitud, con toda la parsimonia del mundo, la yema del dedo índice. Suspiro, derrotada. ¿Quién tiene derecho a decidir cuánto tiempo es mucho tiempo y cuánto es poco? Levanto el rostro otra vez, la barbilla, las cejas. Y la ausculto: su piel lisa, sus cabellos lacios, los dientes muy blancos, el delineador negro que enmarca sus ojos tranquilos. ¿Los habrán obligado a tomar talleres de atención al público? ¿O saben nada más por la experiencia que todos los que llegamos aquí traemos el corazón en vilo y la vergüenza al hombro? Su voz, todavía más suave que la piel, pide que bajemos mejor al segundo piso, a la Subprocuraduría de Averiguaciones Previas Desconcentradas. Ahí podrán decirles algo.

[memorial]

Policías. Licenciados. Mujeres de tacones. Agentes. Hombres de traje. Abuelas de mandil a cuadros. Víctimas. Todos vamos hombro con hombro en el estrecho elevador. En el segundo piso, hacia la derecha, está el mostrador verde donde otro empleado nos indica que avancemos unos pasos más hasta llegar a la ventanilla. En el oficio de folio 0029882, turno /300/ 14098/2019, queda asentado que: *Mediante escrito solicita se le proporcione una copia completa del expediente de investigación 40/913/990–07. S/N Anexo. Instrucciones del C. Subprocurador: Se envía para su atención y seguimiento, a efecto de que resuelva conforme a derecho proceda; debiendo marcar copia a esta subprocuraduría de la atención brindada al presente haciendo referencia al número de turno correspondiente. Mtro. Joel Mendoza Ornelas, Agente de Ministerio Público Supervisor. 17 de octubre de 2019.* El empleado nos muestra el oficio, pero dice que sólo me lo facilitará si traigo una copia de mi identificación oficial. ¿Y usted sacará la copia? No, imagínese damita, son tantos los que vienen aquí. Baje y ahí afuerita, luego luego, cruzando la calle. Ahí va a encontrar una fotocopiadora. Bajamos las escaleras a toda prisa y, en un rellano, aparece ese póster colorido tamaño oficio con una fecha 4 DE OCTUBRE en letras muy negras. Y, a su lado, pegado a la pared con engrudo, se despliega ese papel de un blanco tenue repleto de palabras con el tamaño de las hormigas. Es el memorial en honor a Lesvy Berlín Osorio, la estudiante de la UNAM que fue asesinada por su pareja.

Hace apenas un par de días, luego de un juicio largo, se dictó la sentencia de 45 años de prisión contra el hombre que, en un inicio, argumentó que la muerte de Lesvy había sido autoinfligida. Nadie le creyó. O, mejor dicho, sólo le creyeron los que siempre creen que las mujeres asesinadas son culpables de la violencia que las mató. Cuando empezaron a circular las noticias, cuando las lectoras se dieron cuenta de que a Lesvy la habían encontrado colgando de una cabina de teléfono, el cable negro alrededor de su cuello, nadie le creyó. Después del desconcierto inicial, su madre, Araceli Osorio, comenzó el trabajo de organización popular que forzó a la Procuraduría a abrirle un juicio. Y, dos años después, al fin la resolución. Se precisó de dos años de incansable activismo, dos años en que Araceli Osorio cuestionó punto a punto la versión de su suicidio y propugnó, al mismo tiempo, por una investigación rigurosa y conforme a derecho para poder escribir esa oración tan tersa: la estudiante asesinada por su pareja. ¡La valentía de Araceli Osorio! Cuando los más mordaces empezaban a culpar a la víctima, sacando a relucir conductas que ellos consideraban reprobables —tomar cerveza, salir con amigos, tener una vida sexual activa, elegir la pareja inadecuada—, Araceli Osorio nunca se rindió. Nunca dejó de defenderla. Ni drogadicta, ni puta, ni peda. Una muchacha joven, nada más. Nada menos. Un cuerpo pleno de goce, dueño de su propia libertad. Araceli Osorio lo repitió tantas veces como fue necesario: la única culpa de Lesvy había sido ser mujer. Estamos a punto de pasar de largo por el rellano de la escalera, pero me detengo a mitad del siguiente tramo. ¿Viste eso? ¿Lo de Lesvy? Sí, eso. Y la fecha. Sorais lo niega con la cabeza. ¿Cuál fecha? El 4 de octubre es el día en que nació mi hermana.

Lesvy y Liliana. El sonido combinado de sus dos eles me obliga a colocar la lengua contra la parte trasera de mis dientes frontales superiores y a empujar el aire por los lados de la boca. Consonante lateral. ¿Podrían haber sido amigas? ¿Podrían haber salido de fiesta juntas, sus cabelleras arriba y abajo, luminosas y salvajes, mientras bailaban un ritmo de cumbia? ¿Podrían haber corrido una en ayuda de la otra en caso de necesidad, de estrangulamiento, de sofocación y asfixia? Consonante alveolar lateral aproximada. Liliana. Lesvy. Pueden, lo pronuncio ahora sin el signo de interrogación, sustituyendo el pasado por el presente.

Todo en este día parece ser un mensaje cifrado: una pequeña caja de Pandora de la que surgen fantasmas, citas, alucinaciones. Dagas. Cuando regresamos con la copia de mi identificación oficial a la ventanilla de la Subprocuraduría todavía llevo la boca abierta, los ojos inexplicablemente esperanzados. Hay alguien más, murmuro para mí. Por supuesto. Siempre ha habido alguien más. El ruido de un caballo enloquecido a lo lejos. Las pezuñas. Este resoplar. Ahora hay que ir a la Agencia del Ministerio Público número 22, en Azcapotzalco. Esto es lo que sigue. Tengo que advertirles que todo mundo sale a comer a las 3:00, nos dice el hombre que me ha entregado el oficio. ¿Y ya no regresan en la tarde? Tienen que estar de regreso a las 6:00 p.m. ¿Tienen que? Tienen que. Hacemos nuestros cálculos. Si nos apresuramos, podríamos alcanzarlos un poco antes de que salgan. Hambrientos. Distraídos. Listos para guardar todos los papeles y salir corriendo. La imagen no es alentadora. Lo decidimos de inmediato. En lugar de correr, preferimos hacer lo que ellos. Preferimos comer.

[el mundo continúa allá afuera]

La Procuraduría está muy cerca del centro de la Ciudad de México. Según Google, una caminata de 16 minutos nos depositará en El Cardenal, un restaurante que se encuentra en la planta baja del Hilton, el hotel que está enfrente de la Alameda Central, a un lado del grandioso edificio de Bellas Artes. Sin pensarlo mucho, tomamos Dr. Vertiz para ir hacia Dr. Río de la Loza, de ahí continuamos sobre Luis Moya, ya propiamente en las callecitas congestionadas y llenas de comercios del centro histórico. Una tienda de bóilers. Otra de lámparas. Una más de uniformes. Sería fácil decir que el tiempo parece haberse detenido en este espacio, pero nada aquí está en suspenso. Una actividad febril recorre las banquetas derruidas, y los intercambios del comercio llaman continuamente la atención de los empleados que atienden detrás de mostradores de vidrio, frente a estanterías repletas de mercancías de estaño, de plástico, de fierro. Hay tanto barullo que, en lugar de caminar una al lado de la otra, nos vemos forzadas a avanzar una detrás de la otra, formando una fila que, a momentos, se vuelve una línea en zigzag. Platicar es gritar. Platicar es perder, poco a poco, lo que queda de respiración. Al cruzar Luis Moya, antes de llegar a la avenida Juárez, aparece esa mujer espigada, de largo abrigo negro, que se prepara para cruzar la calle en sentido contrario. Nos abrazamos en medio del tráfico detenido. ¿Pero qué haces aquí? Contestar es, a veces, un juego. El mundo continúa allá afuera, sin duda. La gente recoge un pasaporte en una oficina de gobierno y compra un boleto de avión; la gente viaja. La gente rememora, trastabilla, pide disculpas. Bajo el rumor rojizo de un semáforo, la gente habla del verano. El que ya fue; el que vendrá. Hay que hacer cosas juntas, dice una de las dos. Una de las tres. Las sonrisas presurosas. Otras palabras se pierden entre el vaho del mediodía y el hambre. A veces todo en la vida, incluso el cuerpo, parece real.

[jugos gástricos]

¿Se puede ser feliz mientras se vive en duelo? La pregunta, que no es nueva, surge una y otra vez durante esa eternidad que es el quebranto. Se habla mucho de la culpa, pero no lo suficiente de la vergüenza. La culpa del sobreviviente puede atraer una sospecha acaso saludable, un titubeo incluso razonable, acerca del placer, del gusto, de la compañía. La vergüenza es una puerta cerrada a piedra y lodo. Pocas actividades requieren más energía, tanta atención al más mínimo detalle, como odiarse a sí mismo. Es una tarea milimétrica. Agotadora. De tiempo completo. Durante los primeros años de su ausencia, cuando los años se fueron acumulando uno sobre el otro y todavía era imposible siquiera pronunciar su nombre, fue fundamental prohibirse cualquier actividad que pudiera interrumpir la danza de la vergüenza y el dolor. Una ceremonia muchas veces repetida. Algo acaso religioso. Nunca es una decisión consciente, pero sí es brutal. Ahora, a medida que nos internamos en el restaurante, cuando ya estamos a la mesa y empiezan a llegar las viandas, ese viejo resquemor vuelve. ¿Tengo derecho a degustar este queso fresco, esta flor de calabaza, esta salsa verde, esta salsa de chile de árbol? ¿Puedo, en realidad, permitirme el placer de este fideo seco, este pulpo asado, esta agua mineral muy fría? Los alimentos, como antes, se esparcen por la boca y se atoran en la garganta, pero a diferencia de veintinueve años atrás, he aprendido a masticar concienzudamente cada bocado y, entre plática y plática, he logrado disciplinar el maxilar, la faringe, el esófago. Ahora sé esperar a que los jugos gástricos degraden los alimentos poco a poco, concienzudamente, hasta formar el quimo. Ahora eructo, con recato. Esto es comer. Esto es tomar la decisión de seguir buscándote.

[lugar de hormigueros]

No hay manera de llegar a Azcapotzalco a pie. En lugar de tomar el transporte público, optamos por un Uber. Queremos llegar a tiempo. Queremos estar ahí, en la Agencia Número 22, territorio Azcapotzalco Número 1, antes de las seis de la tarde cuando todos regresen de comer. Vamos hacia la calle 22 de febrero y Castilla Oriente, en la Colonia del Maestro, en el noreste de la ciudad. ¿Quieren que siga las indicaciones de Uber?, pregunta el hombre que maneja. Y ambas, sin consultarnos, decimos que sí al unísono. El conductor sigue recto sobre avenida Juárez y, luego de avanzar a vuelta de rueda un buen rato, vira a la izquierda en Eje Central Lázaro Cárdenas. Una vez ahí, toma el Eje 2 norte a la izquierda. La ciudad se ve más gris. Allá se levantan, sombríos, los edificios de Tlatelolco. Quizá es el cambio natural de la luz, que se prepara para el ocaso, o tal vez es la contaminación o el color desgastado de las construcciones. Ozono. Monóxido de carbón. Óxido de nitrógeno. Dióxido de sulfuro. Tal vez es la pesadumbre. Azcapotzalco es una de las 16 delegaciones de la Ciudad de México. En náhuatl, su nombre significa lugar de los hormigueros. Según la leyenda, después de la creación del Quinto Sol, Quetzalcóatl tenía como tarea rehacer a la especie humana. Para hacerlo, precisó de entrar en el ámbito de los muertos y así recuperar los huesos de los hombres y mujeres perecidos. Pequeñas y disciplinadas, avanzando en esa marcha descomunal de la marabunta, las hormigas no sólo guiaron a Quetzalcóatl hasta el Mictlán y, una vez ahí, le ayudaron a cargar uno a uno los huesos de esos muertos, sino que, además, trajeron de regreso los granos de maíz con los que alimentarían a los habitantes del mundo todavía por nacer.

La imagen es gris. La sensación también. Una fotografía antigua que se encuentra entre otras tantas, borrosa ya por la fricción recurrente, milimétrica, con otros papeles en blanco y negro. La imagen desciende toda entera de una vez.

Las patas de las hormigas arremeten contra la cara interior de los órganos del cuerpo y, luchando contra los tejidos y la mucosa, amenazan con ascender o descender para salir disparadas por los orificios de la boca o los ojos o las narinas o el sexo. Recolectoras en la superficie; depredadoras bajo el suelo. Las hormigas que, excepto por la Antártida o alguna isla inhóspita, han colonizado ya todos los rincones del planeta, recorren ahora el sistema linfático, el intestino grueso, la finísima red de venas y arterias, la parte oculta de la lengua. Hay que sacudirse. Hay que levantar el brazo o mover el pie. Hay que cerrar los ojos. Y, luego, hay que abrirlos desmesuradamente. Un parpadeo. El tiempo se contrae. El tiempo se descompone. Hace 130 millones de años una avisp a se convirtió en hormiga y, gracias a la expansión de plantas con flores, la hormiga siguió su paso. El tiempo se alarga. Hace 80 millones de años los restos fósiles de *Sphecomyrma freyi* quedaron atrapados dentro de un ámbar para que, otros tantos millones de años después, pudieran ser vistos. El tiempo se diluye. En 1966, E. O. Wilson y un equipo de científicos consiguieron identificar los residuos bajo la luz controlada de un laboratorio. Miradas de asombro. Sonrisas de triunfo. ¿De dónde viene todo esto? Himenópteras, miméticas, sínfitos, aquí están todas en el Mictlán. Y aquí van, una tras otra, cargando sobre la carcaza protectora de su exoesqueleto los huesos de todos los muertos.

Tal vez estamos entrando al Mictlán, o tal vez estamos, por primera vez, saliendo de él. ¿Cómo saberlo? Lo cierto es que, mientras los tepanecos dominaron el fértil Valle de México, y hasta que fueron derrotados por la temible Triple Alianza de los mexicas, Azcapotzalco fue un centro del poder. Es difícil creer que esta Agencia del Ministerio Público llena de policías y burócratas, este edificio carcomido por el descuido y la contaminación, de donde salen comandantes a identificar cadáveres, o a donde llegan los heridos para levantar actas, fue alguna vez el centro de mando de un imperio.

[azo mecha]

Nos detenemos, como ya se hizo costumbre, frente a la mujer policía que resguarda la puerta de la entrada, y ella nos dirige al mostrador donde otra mujer deberá indicarnos a dónde ir. Cuando le muestro los oficios que nos han traído a Azcapotzalco, mueve la cabeza, meditabunda. ¿Usted es Liliana? Su pregunta me sorprende. No: su pregunta me asalta. ¿Soy yo Liliana? ¿Lo seré algún día? No puedo no tomarla en serio. La miro otra vez, sin pestañear. No, es su hermana, contesta Sorais. La mujer se disculpa. Vuelve a leer. Azo mecha. Dice. Y ahí está esa mirada que todavía no atino a saber si es de compasión pura o de una compasión aprendida en algún manual de atención a los usuarios. Tenemos que ver a la Fiscal Martha Patricia Zaragoza Villarruel, pero la Fiscal Martha Patricia Zaragoza Villarruel no se encuentra. Estamos a punto de desfallecer o de llorar. Hemos cruzado una buena parte de la mancha urbana. Hemos venido de tan lejos: venimos de veintinueve años atrás. Pero su secretaria sí está, nos interrumpe. Ella les podrá ayudar. Subimos las escaleras. Dos hombres colocan mosaicos nuevos sobre el piso de cemento. Hay viejos asientos de plástico contra las paredes. Uno que otro escritorio de metal pintado de tonos amarillos y marrones. Si no supiera que es una oficina de gobierno en pleno uso, pensaría que se trata del refugio para una guerra que continuará. Pasan tantas cosas en treinta años. La muerte pasa. La muerte nunca deja de pasar. Una mujer de ojos verdes, perfectamente delineados, nos recibe en la entrada de un pasillo que desemboca en una oficina que no podemos ver. Cuando introduce el número de folio en el sistema, brota un nuevo oficio. No es aquí, nos dice. El caso lo llevó la Agencia 40, Territorio Azcapotzalco 3.

[territorio azcapotzalco]

Lic. Arlete Irazábal San Miguel
Agente del Ministerio Público Supervisor
Responsable de Agencia en AZ-3
P R E S E N T E

Con fundamento en lo dispuesto por los artículos 21 de la Constitución Política de los Estados Unidos Mexicanos; 59 y 60 del Reglamento de la Ley Orgánica de la Procuraduría General de Justicia de la Ciudad de México y 27 fracciones III y IV del Acuerdo A/003/99 emitido por el titular de esta Institución, adjunto Turno 300/1827/2019, suscrito por el Mtro. Joel Mendoza Ornelas, Agente del Ministerio Público en la Subprocuraduría de Averiguaciones Previas Desconcentradas, así como folio 0029882, signado por el Lic. Rigoberto Ávila Ordóñez, Secretario Particular de la C. Procuradora, a través de los cuales remite, promoción suscrita por la C. Cristina Rivera Garza, mediante el cual solicita copia completa de la averiguación previa número 40/913/990-07.

Por lo que la instruyo para que se acuerde lo que conforme a derecho proceda y le sea debidamente notificado al promovente.

Sin otro particular por el momento reciba un cordial saludo.

A t e n t a m e n t e
La Fiscal.

[¿serán de verdad?]

Tenemos que ir más al norte ahora. Más al noroeste. La oficina de la licenciada Irazábal se encuentra en la Avenida de las Culturas y Eje 5 Norte. Ahí por donde están los 170 edificios de la Unidad Habitacional El Rosario. No tiene pierde, dice la secretaria, anotando la dirección completa en un pedazo de papel. ¿Me puede dar una copia del oficio?, le pregunto. Y, en lugar de molestarse o contestar con modos, se levanta del escritorio. Deme un momentito, ahorita se lo traigo. Quiero tener todos los documentos de esta jornada. Todos los oficios de todas las jornadas que me aguardan en el futuro. La ventana del segundo piso da a un parque de árboles raquíticos y bancas rotas. Ahí, entre esas ruinas, es que se aparece por primera vez el día de hoy. Su cabellera. Sus pasos largos. Ese aire de dirigirse al infinito. Estoy a punto de decir su nombre. Estoy a punto de decir: Liliana. Y levantar el brazo contra el aire de la tarde y de sonreír. Pero tenemos que continuar.

No sabemos si el Uber que hemos pedido vendrá de nuestro lado de la calle, o si habremos de sortear el tráfico para alcanzar la otra orilla. El gris de las paredes de bloques de cemento, o embadurnadas de cemento, se le contagia al cielo. No hay ninguna reserva ecológica en las 2,723 cuadras que componen la delegación. No hay especies silvestres en los 54 parques de Azcapotzalco, sólo sauces y pinos trasplantados. Al único río que atraviesa esta área de la ciudad, el de Los Remedios, van a dar todos los desechos o desperdicios industriales. En sus aguas sucias han navegado o se han hundido los cadáveres de tantas mujeres. Un río también es una fosa. A cambio, hay 500 industrias, muchas de las cuales utilizan o producen sustancias tóxicas, y una refinería, la 18 de marzo, cuyas tuberías avanzan, subterráneas, bajo la avenida

Tezozomoc, 5 de mayo, Salónica, Eje 3 Norte, Ferrocarril Central y Encarnación Ortiz. Sólo en la colonia Industrial Vallejo se encuentran 250 plantas químicas que producen etanol, compuestos de cianuro, fosfatos y solventes orgánicos. Las pocas áreas verdes incluyen el parque Tezozomoc, el parque Alameda norte, junto a la estación de Ferrería, la plaza Hidalgo, y el campus de la Universidad Autónoma Metropolitana, que se inauguró en 1974. Éste es el territorio de Liliana. Todo esto alguna vez fue tocado por sus ojos. Los pájaros que nos reciben apenas si llegamos a la Agencia 40 son todos sus pájaros. ¿De dónde vienen en medio de toda esta desolación? ¿Desde qué sitio ignoto en el pasado o en el futuro han sido trasplantados? ¿Cómo sobreviven?

¿Serán de verdad?

[los expedientes no viven para siempre]

Un hombre encorvado sobre las teclas de la computadora nos informa, sin vernos, que la licenciada Arlete no se encuentra pero que tiene que regresar como todo mundo. Tal vez a las 7:30 de la noche. Tal vez después. Tal vez mientras tanto. Está en una reunión en Bachilleres. ¿Esperamos?, le pregunto a Sorais, esperanzada. Claro, contesta. A petición del burócrata que transcribe oficios en su pantalla, vamos hacia la sala de espera. Unas cuantas hileras de asientos de plástico color naranja. Carteles de promoción. Escritorios con tapas de formica. Eso es la Agencia 40. El baño de mujeres, que queda en uno de los rincones de la derecha, no tiene papel. Sorais va hacia el escritorio del hombre encorvado y regresa con un gran rollo de papel industrial de color beige. Es extraño avanzar entre los pocos comandantes, licenciados y policías que hacen guardia este viernes por la tarde con ese papel gigantesco debajo del brazo. Se trata, después de todo, del reverso de nuestros genitales. Y aquí va, toda entera, esta sensación de estar expuesta. Cuando entramos en ese cuarto hacemos exactamente lo que se están imaginando: nos bajamos los pantalones y colocamos las nalgas lo suficientemente lejos de la taza como para no tocarla con los muslos y lo suficientemente cerca de la taza como para que ahí caiga la orina. El ruido de la micción. La rigidez de las piernas separadas. ¿Me acompañas afuera a fumar un cigarro?, pregunta Sorais. Hace años que no hago eso. Salir de un edificio de gobierno para acompañar a alguien que fuma. ¿Cómo te sientes?, me pregunta mientras flexionamos las rodillas y nos sentamos sobre la orilla de la banqueta sin fijarnos muy bien en lo que hacemos. Adolescentes marchitas. Mujeres con una relación muy tenue con las buenas costumbres y el decoro.

El humo del cigarro se enreda con la tarde, que cae. Una mujer se aproxima a paso lento y, después de subir la banqueta, camina detrás de nosotras para depositar algo en un gran bote de basura. Tengan cuidado, dice. No se les vaya a subir algún bicho. ¿Qué tipo de bicho?, le pregunto. Una tijerilla, por ejemplo. No tengo idea de lo que hagan o puedan hacer las tijerillas, pero instintivamente me paso la mano derecha por la espalda y me fajo bien la blusa. Ya lejos, ya a un lado de los dos policías que se apostan por la valla de fierro que es la entrada de la Agencia 40, la mujer enciende su cigarro y, como Sorais antes, vuelve el rostro hacia el cielo, aprieta los labios y expele el humo. Monóxido de carbono. Ozono. Dióxido de sulfuro. Más atrás están las fábricas, que empiezan a encender sus luces. Turno nocturno. Y, más atrás, esa cosa revuelta y borrosa que es la noche. Espiamos el reloj sin decirlo y, también, nos preguntamos la hora a cada rato. Aquí, bajo el follaje del árbol y el canto de los pájaros invisibles, estamos protegidas. Aquí podemos hablar de amor. Pero más allá quién sabe. *Más allá es la ley, el coto del terror, el feudo del castigo.* Es fácil masticar los versos y tragárselos todos juntos, como si fueran parte de un medicamento antiguo. No es más allá; es aquí. Adverbio de lugar. ¿Entramos en el Mictlán o salimos, por primera vez, del Mictlán? Aquí falleció mi hermana. Me corrijo: aquí la asesinaron. Según la orden de arresto: aquí la mató él. De esta agencia salieron los comandantes hacia la calle de Mimosas 658, en la colonia Pasteros, la mañana del 16 de julio de 1990. Una llamada de emergencia. Un vecindario en vilo. Tal vez también caminó por aquí Tomás Rojas Madrid a paso veloz, el periodista que cubrió el caso. Aquí llegaron los primeros reportes periciales y las fotografías y las transcripciones de los testigos. Aquí, en algún momento, pasó de mano en mano la averiguación previa 40/913/990-7. Aquí, o cerca de aquí, se expidió la orden de aprehensión contra Ángel González Ramos, el hombre al que nunca apresaron; el hombre que, libre hasta el día de hoy, no ha tenido que enfrentar a la ley ni pagar por su crimen. El hombre impune.

Tal vez aquí estuve hace treinta años.

Una de las ayudantes de la licenciada Irazábal camina cerca de donde estamos y, no sin cierta conmiseración, nos pide que entremos y la busquemos en su escritorio. Les voy a explicar lo que está pasando, dice. La licenciada, su jefa, no tiene el expediente, explica con una paciencia infinita. La licenciada es la directora de la Unidad de Rezagados. Si las mandaron aquí es porque alguien cree que, por alguna fortuita razón, se pudo haber conservado aquí un expediente de hace tanto tiempo atrás. Fortuita. La palabra fortuita. Miren, continúa, señalando la pantalla de su computadora. Ingresa su clave personal y, luego, el número de la averiguación previa.

El sistema no lo reconoce. Cuando yo llegué acá, hace como 11 años, ya habían cambiado todo el sistema operacional. Y, antes de eso, de seguro hubo otros cambios. Pero algunos se conservarán, ¿no es así? Le pregunto. El clavo de la esperanza sobre la lengua. Algunos se van al Archivo de Concentración, cierto, pero incluso ahí su tiempo es limitado, explica. No crean ni por un minuto que los expedientes viven para siempre. Pero esperen a la licenciada si quieren que ella les explique.

[un violador en tu camino]

El feminicidio no se tipificó en México sino hasta el 14 de junio de 2012, cuando el Código Penal Federal lo incorporó como un delito: "Artículo 325: Comete el delito de feminicidio quien prive de la vida a una mujer por razones de género". A gran parte de los feminicidios que se cometieron antes de esa fecha se les llamó crímenes de pasión. Se le llamó andaba en malos pasos. Se le llamó ¿para que se viste así? Se le llamó una mujer siempre tiene que darse su lugar. Se le llamó algo debió haber hecho para acabar de esta forma. Se le llamó sus padres la descuidaron. Se le llamó la chica que tomó una mala decisión. Se le llamó, incluso, se lo merecía. La falta de lenguaje es apabullante. La falta de lenguaje nos maniata, nos sofoca, nos estrangula, nos dispara, nos desuella, nos cercena, nos condena. Por eso, cuando el grupo feminista Las Tesis organizó el performance "Un violador en tu camino" el Día Internacional Contra la Violencia de Género, en el centro de Santiago, Chile, la pieza tuvo tanta resonancia en tantos lados. *Y la culpa no era mía / ni dónde estaba / ni cómo vestía.* Se trataba de un lenguaje ya en uso, un lenguaje que diversos grupos de activistas, y diversos grupos de sufrientes, habían puesto a funcionar en juzgados y plazas, en marchas bullicio-sas y alrededor de la mesa del comedor, pero que pocas veces antes de ese invierno de 2019 había sonado así. Tan contun-dente. Tan sin tapujos. Tan verdadero. *El patriarcado es un juez / que nos juzga por nacer / y nuestro castigo / es la violencia que ya ves.* ¿Sabes que la primera vez que hablé a la Procuraduría para pedir una audiencia me preguntaron a rajatabla qué buscaba? Sorais fuma con una dedicación a toda prueba. Hay algo de voluptuosidad en la manera en que sostiene el cigarrillo entre los dedos y, luego, en cómo lo acerca a su rostro y lo deposita entre los labios. Hay algo de determinación y otro tanto de disciplina en la manera en que inhala; en la manera en que sostiene el humo en sus pulmones y en cómo lo deja escapar luego de unos segundos dramáticos. ¿Sabes que, de momento, no supe qué contestar? Balbucí. Titubeé. Le digo eso: le digo que balbucí. Que titubeé. Busco el expediente, dije, tartamu-deando. El humo en el aire. El aroma de algo muy viejo entre nuestros cuerpos. ¿Sólo eso?, preguntó, extrañada, la voz al otro lado del teléfono. *Es feminicidio. / Impunidad para mi asesino. / Es la desaparición. / Es la violación.* Entonces me di cuenta, en el transcurso de esa llamada, de lo poco que pedía. No, dije, atajando lo que parecía ser el fin intempestivo de la llamada. No. Busco algo más. *El violador eres tú.* Las figuras que forma el humo del tabaco se elevan y, poco a poco, desa-parecen en el aire. Busco que se localice al culpable y que el culpable pague por su crimen. Volví a guardar silencio otra vez. Tragué saliva. Busco justicia, dije finalmente. Y lo repe-tí otra vez, convirtiéndome en eco de tantas otras voces. Lo repetí una vez más, ahora con mayor firmeza, con absoluta claridad. *El Estado opresor es un macho violador.* Busco justicia. *Y la culpa no era de ella / ni dónde estaba / ni cómo vestía.* Busco justicia para mi hermana. *El violador eres tú.*

A veces toma treinta años decir en voz alta, decirlo en voz alta ante un empleado del sistema de justicia, que uno busca justicia. A veces se necesita todo ese tiempo para regresar a Azcapotzalco y sentarse bajo la fronda inaudita de un árbol y escuchar, temblando de miedo, llena de incredulidad, el improbable canto de los pájaros.

[cordón umbilical]

Ya está completamente oscuro cuando decidimos pedir un Uber de regreso. Casi no hay nadie ya en la Agencia Territorio Azcapotzalco-3, pero el policía que custodia la entrada nos acompaña a la banqueta a esperar por la unidad. Es pura precaución, nos dice, cuando lo volteamos a ver con algo de suspicacia. No deben esperar solas aquí. ¿Solas? Nos volteamos a ver la una a la otra, pero estamos tan cansadas o tan aturdidas que dejamos pasar el comentario que ronda la cabeza. La conductora, esta vez, es una mujer. El camino va a ser largo, anuncia, mientras observa el mapa que aparece en la pantalla de su teléfono. El tráfico es una cosa endemoniada a esta hora. Y ustedes van hasta el otro extremo de la ciudad, dice molesta o abatida. Parece que el tráfico siempre es así, menciono, viendo el enjambre de luces que se reflejan en el contraflujo de autos. Sí, dice minutos después, corrigiéndose, respirando hondo. El tráfico siempre es una cosa endemoniada. Las dos manos sobre la parte superior del volante. Los brazos extendidos. Los ojos, tratando de avizorar algo entre los toldos del camino. Hemos estado tan cerca. Y, ahora, a vuelta de rueda, nos vamos alejando. El medio ambiente y el cuerpo han ido supurando una mucosa translúcida y pegajosa que, con el paso de las horas, ha logrado formar un cordón umbilical que nos mantiene conectadas y tensas. Esto somos

Azcapotzalco y nosotras. Un latido. Esto, el pasado que no es pasado, pero sí un sí mismo junto con el presente. Aquí está el futuro también. Algo se estremece adentro. Las manos sobre el estómago. De aquí sale el deseo de que no desaparezca esta red que nos conecta con todo. A medida que la membrana se desgarra y la separación amenaza con volverse real, emerge entero el deseo de que los tejidos logren aguantar el peso de toda esta distancia que recorremos de regreso hasta la Delegación Cuauhtémoc. El espejo retrovisor. La mirada que busca algo en el atrás. Los autos se mueven milimétricamente, utilizando el freno y el acelerador casi a la vez. Aunque los semáforos funcionan, rojo y verde y ámbar en medio del cielo, pocos automovilistas los respetan y las intersecciones se convierten en embotellamientos inmediatos. Un claxon. Dos. Muchos más. Es la melodía de la máquina cuando deja de funcionar. La conductora, afligida y desahuciada, coloca de repente la frente sobre el volante. Ya no puede más. Ha sido un día tan difícil. Tan largo.

Tenga, le dice Sorais. Y coloca sobre su mano abierta un dulce de menta. No se preocupe. Pronto saldremos de todo esto. Gracias. Usualmente no soy así. Usualmente yo aguanto bastante, dice con una voz hecha trizas. Pero hoy. Aprovecha la distracción de un conductor para incorporarse al único carril que avanza. El freno. El acelerador. Las gotas de lluvia que caen sobre el parabrisas están totalmente fuera de lugar en octubre, pero se esparcen anchas y ajenas sobre el vidrio como si fuera verano. El freno.

También los expedientes mueren, murmuro. La rabia se parece mucho a la resignación. La impotencia al espanto. Pero este es sólo el inicio, asegura Sorais, sentándose en el borde de su asiento y colocando el brazo derecho alrededor del respaldo de enfrente. Quiere verme. Quiere confortarme.

Llegamos hasta la tierra de los hormigueros. Ahora hay que cavar, depredadoras del subsuelo. La conductora toma caminos cada vez más estrechos tratando de escapar del tráfico, pero cada vez tiene menos idea de dónde se encuentra o cómo puede salir del nuevo embrollo. Un golpe sobre el volante. Los resoplidos de la desesperación. Un caballo. En ese momento sé que el próximo paso será contratar un abogado para que me ayude a rastrear el expediente. Y que, a la par, mientras ese proceso se lleva a cabo, mientras las peticiones reciben uno y otro sello de dependencias varias, voy a tener que recrear el expediente que todavía no existe, que tal vez no exista ya más. Si ese expediente desaparece, lo digo por primera vez mientras nos cerca el tráfico enloquecedor de la ciudad, no habrá memoria oficial de la presencia de Liliana sobre la tierra. Si ese expediente muere, como mueren todos los expedientes, no vayamos a creer, ni siquiera por un minuto, que viven para siempre, morirá la posibilidad de localizar al asesino y obligarlo a responder a la orden de su arresto. Habrá un juicio. Debe haber un juicio y debe haber una sentencia. Debe haber justicia.

Cuídense, dice la conductora cuando llegamos a nuestro destino. Usted también, le decimos. Aquí estamos otra vez de vuelta, en la pista ovalada del hipódromo por el que continúan resoplando los caballos invisibles. Las manos entumecidas en los bolsillos. El cabello despeinado. La piel marchita. Hemos atravesado la ciudad como quien atraviesa una guerra. Hemos viajado en el tiempo. Lo hemos perdido todo y nos hemos salvado. Todo a la vez. Aunque no tenemos hambre, tampoco tenemos deseo de separarnos. Sin ponernos de acuerdo, empezamos a caminar lentamente bajo las ramas oscuras de árboles, en silencio, buscando un restaurante. Las luces bicolores de los carros de la policía. El barullo de la noche. No tenemos reservación. Aceptamos cualquier mesa disponible en el primer lugar abierto. Y la mesa resulta ser una del fondo, muy cerca de la senda que lleva a unos meseros presurosos y angustiados a la cocina. El camino va a ser largo, dice Sorais, repitiendo la frase con la que nos saludó la conductora de Azcapotzalco. Las mochilas y las chamarras que colgamos sobre los respaldos de las sillas contrastan con las ropas de noche de viernes de los otros comensales. Sus vestidos de lentejuelas. Sus falsos abrigos de pieles o de cachemira. Sus blusas de tirantes. Es evidente que no somos de aquí. Resulta claro que venimos de otro mundo, otra era geológica, otro planeta. Antes de pedir algunos entremeses para picar y un par de vasos de agua mineral, lo distingo a lo lejos. No me lo vas a creer, le digo a Sorais que, de frente a mí, no puede ver quién entra o sale del establecimiento. No voltees. Inclino la cabeza y bajo la vista, pero no dejo de observar con el rabillo del ojo al hombre de traje oscuro y corbata de colores que se aproxima a nuestra mesa larga, de seis sillas, cuatro de ellas todavía disponibles. ¿Quién es?, me pregunta Sorais. Cuando me ve, cuando el hombre me reconoce, se da la vuelta de inmediato, se diría que sin pensarlo, y choca contra la mujer que lleva de la mano. La joven, que no ha visto el incidente, que no ha entendido por qué el hombre tan decidido antes se ha dado la vuelta de improviso, insiste en dirigirse hacia las sillas disponibles y él, ahora de espaldas a mí, se la lleva de la mano hacia la entrada. ¿Recuerdas que hablábamos del profesor acusado de hostigamiento sexual al que no le permiten ya poner un pie en el campus de la Universidad Iberoamericana? Sorais abre los ojos. Luego, como si fuera un chiste, explota en una carcajada. No te lo puedo creer, dice. Si volteas con discreción a tu izquierda, los podrás ver. Finalmente les dieron una mesa a un lado de la puerta. Lo hace. Vira el cuello con rapidez y, después de reconocerlos, luego de constatar que ahí está el profesor acusado de hostigamiento junto a una muchacha joven y rozagante alrededor de una mesa en un restaurante de moda, luego de confirmar que no pasa nada, que aquí no pasa nada, que los acusados pueden continuar con su vida como si no pasara nada, regresa la cabeza a su posición original. Las ganas que tengo de fumar, dice. Si no lo estuviera atestiguando, pensaría que todo es producto de una imaginación enfermiza. O una superchería. O una mentira mediocre. O una ficción de pacotilla. Pero lo estás viendo con tus propios ojos, le digo. Lo estoy viendo, asiente. Y esto tiene que cambiar. El cordón umbilical vuelve a latir en el borde del estómago. Los tejidos de ese nuevo órgano sideral siguen transportando sangre y voz, células blancas y rojas, memoria, coraje. No nos ponemos de acuerdo otra vez, pero elevamos los vasos de agua mineral al mismo tiempo. Lo vamos a tirar, decimos al unísono, entrechocando los vasos. Las burbujas. El sonido tan celebratorio. Al patriarcado lo vamos a tirar.

[4 de octubre]

Estamos en el después, que es largo. Un día después de haber visitado la Procuraduría de Justicia de la Ciudad de México para tratar de obtener copias de la averiguación previa 40/913/990–7, voy al cementerio en compañía de mis padres. Es 4 de octubre. Liliana tiene, ahora, muchos más años bajo tierra de los que vivió sobre la tierra. Habría sido su cumpleaños número 51. Es su cumpleaños 51. Libra con ascendente en capricornio. Un gallo, en el zodiaco chino. Aquí estamos los tres, todavía invitados al convite de su vida y de su memoria. Traemos con nosotros el azadón para deshierbar la tumba sobre la que hace ya tantos años elegimos colocar sólo una pequeña loza de cantera, su nombre y las fechas de su nacimiento y muerte talladas en la parte superior del rectángulo oscuro. Y traemos, también, las cubetas de plástico para acarrear agua y regar las flores que compramos, como lo hacemos desde hace treinta años, en el mismo puesto a un lado de la carretera. Fuera del cementerio hasta parecemos personas normales. Allá, del otro lado de la puerta de hierro cada vez más oxidada, caminamos y comemos, saludamos a personas, celebramos triunfos, ofrecemos condolencias, acudimos a clase o a fiestas. Allá afuera se pasean las vidas que continuaron: las carreras, los libros, los viajes, los cumpleaños, los hijos. Pero aquí adentro, bajo el influjo del aire que rasga los picos del volcán, para tocar después, meditabundo, el interior de nuestros pulmones con sus alas frías, aquí adentro somos pura pesadumbre. Es mentira que el tiempo pasa. El tiempo se atora. Hay un cuerpo inerte aquí, atrancado entre los goznes y pernos del tiempo, que suspende el ritmo y la secuencia. No hemos crecido. Nunca creceremos. Nuestras arrugas son artificiales, indicios apenas de las vidas que pudimos haber vivido pero que se fueron a otro lugar. Las canas, las caries, los huesos frágiles, las articulaciones entumidas: meras poses que ocultan la repetición, la redundancia, el estribillo. Estamos encerrados en una burbuja de culpa y vergüenza preguntándonos una y otra vez: ¿qué fue lo que no vimos? Éste es el eco. La luz del sol es espectacular siempre en el otoño. ¿Por qué no pudimos protegerla? El susurro de los oyameles. La claridad de los pinos.

Mi padre se adueña del azadón y, a sus 84 años, se dedica a quitar toda la maleza concienzudamente, inclinándose para arrancar la hierba más testaruda o para deshacer los terrones con las manos cuando nada más parece funcionar. Resopla.

Hace pausas. Suda copiosamente. Y, mientras se agacha sobre la tierra y llora con discreción, siempre en silencio, me pregunto cuántas veces al día se acuerda de Liliana, de la cantidad de dinero que le exigieron en la Procuraduría hace ya casi tres décadas para continuar con la investigación del feminicidio de Liliana. La mordida de rigor. Cuántas veces al día o al año se reprocha el no haber tenido los fondos suficientes. Cuántas veces retumban en sus orejas las palabras soeces, las palabras crudas, las palabras bestias de fauces abiertas con que los comandantes y agentes se refirieron al cuerpo de Liliana. A la vida de Liliana. A la muerte de Liliana. ¿Cuántas veces al día murmura la palabra justicia? Uno nunca está más inerme que cuando no tiene lenguaje. ¿Quién, en ese verano de 1990, iba a poder decir, con la frente en alto, con la fuerza que da la convicción de lo correcto y de lo cierto, *y la culpa no era de ella, ni dónde estaba ni cómo vestía?* ¿Quién en un mundo donde no existía la palabra feminicidio, las palabras terrorismo de pareja, podía decir lo que ahora digo sin la menor duda: la única diferencia entre mi hermana y yo es que yo nunca me topé con un asesino?

La única diferencia entre ella y tú.

En un mundo así, guardar silencio fue una forma de arroparte, Liliana. Una forma torpe y atroz de protegerte. Bajamos la voz y nos recluimos dentro de nosotros mismos, contigo adentro, para no exponerte a la acusación fácil, al morbo tullido, a las miradas de conmiseración. Bajamos la voz y caminamos con pasos de niebla, achicando nuestra presencia por donde pasábamos, tratando de ser de una vez los fantasmas en los que nos convertimos con el tiempo, con tal de evitar los ataques de los mordaces, de los predispuestos a la inculpación, incluso de los bien intencionados, contra nosotros y contra ti, que ibas a nuestro lado, colgada del brazo, tomándonos de la mano. Porque estábamos muy solos, Liliana. Porque nunca estuvimos tan huérfanos, tan desasidos, tan lejos de la humanidad. Más solos que nunca en una ciudad feroz que se nos vino encima con las mandíbulas poderosas del machismo: si no la hubieran dejado ir a la Ciudad de México, si se hubiera quedado en casa, si no le hubieran dado tanta libertad, si la hubieran enseñado a distinguir entre un buen hombre y otro peor. No supimos qué hacer. Ante lo inimaginable, no supimos qué hacer. Ante lo inconcebible, no supimos qué hacer. Y callamos. Y te arropamos en nuestro silencio, resignados ante la impunidad, ante la corrupción, ante la falta de justicia. Solos y derrotados. Solos y desechos. Triturados. Tan muertos como tú. Tan sin aire como tú. Y, mientras eso pasaba, mientras nos arrastrábamos por debajo de las sombras de los días, se multiplicaron las muertas, se cernió sobre todo México la sangre de tantas, los sueños y las células de tantas, sus risas, sus dientes, y los asesinos continuaron huyendo, prófugos de leyes que no existían y de cárceles que eran para todos excepto para ellos, que contaron desde siempre con el beneplácito de la duda y la disculpa anticipada, con el apoyo de los que culpan sin empacho a la víctima e incluso ahora, después de tantos años, todavía cuestionan la decisión de la chica, la falta de juicio de la chica, la tremenda equivocación de la chica. Hasta que llegó el día en que, con otras, gracias a la fuerza de otras, pudimos pensar, imaginar siquiera, que también nos tocaba la justicia. Que la merecías tú. Que la valías tú también entre todas las muchas, entre todas las tantas. Que podíamos luchar, en voz alta y con otras, para traerte aquí, a la casa de la justicia. Al lenguaje de la justicia.

¿Quién puede decidir si treinta años son pocos años o muchos años?

Lo limpiamos hace dos semanas y, mira nada más, dice mi padre, interrumpiendo el paso súbito del cielo. Otra vez todo crecido, añade. Ya nada es como antes, pero no desiste. Se cansa, es cierto; se queda sin respiración, es cierto; pero no desiste. Mi madre, que se sienta a un lado de la tumba mientras ausculta con aparente desgano el pasto, sólo atina a suspirar de vez en cuando. Como si se tratara de pedazos de conversaciones que ocurren en otro sitio, o en otro mundo, algunas palabras logran escaparse del silencio. Mira. Agua. Cumbre. Morada. Destino. Felicidad. Nunca he sabido bien a bien lo que le decimos a Liliana en estas visitas. Pero estoy segura de que, cada uno a su manera, hablamos con ella. Estoy segura de que ella nos contesta. Y que la oímos. Por primera vez no tengo vergüenza de estar aquí, a tu lado. Liliana. Por primera vez sé que puedo pronunciar tu nombre sin caer de rodillas. Hay otros. Hay tantos más. Ésta es la palabra justicia y acabamos, sí, de salir del Mictlán. Un eco y tantos otros. Uno más. Y, éste, el abrazo que siempre nos recibió dentro de tu pecho. El aire de tu nombre completo: Liliana Rivera Garza.

Tú misma.

II

ESTE CIELO ENOJOSAMENTE AZUL

*Oh, I'm burning! I wish I were out of doors—I wish
I were a girl again, half savage and hardy, and free...
and laughing at injuries, not maddening under them!*

EMILIY BRONTË, *Wuthering Heights*

[escritura y secreto]

La infancia termina con un beso. El sueño no es el sueño de los cien años y la boca abierta no es la del príncipe azul, pero ese puro esperar que es la niñez finalmente llega a su fin con un beso. Labios sobre labios. Dientes. Saliva. La respiración entrecortada. Los ojos abiertos. La infancia termina con la instauración del secreto. Ahora, después de haber escrito tantas cosas en pequeños papeles cuadriculados; después de enviar largas cartas en hojas arrancadas a cuadernos escolares; después de entregar tarjetas de cumpleaños o tarjetas de Navidad o tarjetas de San Valentín rellenas de garabatos y dibujos; después de haber inscrito, subrepticiamente, líneas enteras en los cuadernos de otros, sorprendidos en sus momentos de ocio al descubrir el mensaje horas o días más tarde; después de haber descrito a mano o a máquina, enrollando hojas tamaño carta en el cilindro de la Lettera 33, el lento paso de los días en los que no pasa absolutamente nada; ahora sí es posible escribir algo que no puede encontrar otra forma de expresión. Ahora sí es posible escribir lo inexpresable. Mejor dicho: ahora hay algo inexpresable y, luego entonces, ahora es posible escribir. Ahora es posible decir: *Nunca olvidaré el día 22 de enero de 1982. Fue un día simplemente fantástico. Tampoco el 28 de abril. Ni el 20 de mayo. Mi primer beso el 31 de noviembre de 1982, entre 2:30 y 3:00 pm.* No importa el nombre ni el lugar, importa el hecho solo. Importa el acontecimiento en sí: la piel que alcanza su propio límite y, alborozada y curiosa, con el ánimo del que no vuelve la vista atrás, da el salto. Importa la peripecia. Importa el suceso que, extirpado de todos los otros actos de la niñez, refulge, inmaculado, en su ser umbral, frontera, pasadizo secreto. *Mi primer beso.* Atrás queda la erupción del volcán Chichonal, y la devaluación del peso y el estreno de *E. T.* Esto es elevar la mano para decir adiós mientras el cuerpo se dirige, la cabeza primero y la mirada después, hacia delante: el éxito definitivo de Michael Jackson con su álbum *Thriller*, la transformación del antiguo Partido Comunista Mexicano en el Partido Socialista Unificado de México, los numerosos cementerios a donde van a parar los primeros cuerpos contagiados de sida. La escritura también lo inaugura así: lo que vendrá. Escribía ya antes, pero después del beso, la escritura se convertirá en el lugar del registro que es, por estar afuera, por colocarse voluntaria o involuntariamente ante los ojos de los demás, la forma que toma el secreto en el mundo. Su ser material. La adolescencia es el otro nombre del archivo.

Mientras mi hermana menor daba su primer beso, yo entraba a la universidad.

[cajas de cartón]

Siempre estuvieron ahí, voluminosas y alineadas, en la parte superior del clóset. Siete cajas de cartón y unos tres o cuatro huacales pintados de color lavanda. Las posesiones de Liliana. Llegamos una mañana a su pequeño departamento en Azcapotzalco y de manera rápida, con la velocidad de la herida abierta, acomodamos todo lo que nos salía al paso en unas cajas de cartón. De la misma manera metódica y silenciosa, con los modos de un ejército que obedece órdenes precisas, las cargamos después una a una y las acomodamos en la parte trasera de una camioneta *pick up*. Y no volvimos a regresar jamás. ¿Qué se hace con los objetos de los muertos? Ya en Toluca, en la casa de mis padres, separamos libros y cuadernos, planos, pósters, muñecos, ropa, zapatos, y rotulamos las cajas con su nombre en letras mayúsculas. Como si se nos fuera a olvidar. Como si hubiera la más mínima posibilidad de confundirlas con otras cajas. Luego, tratando de otorgar un orden exterior al caos que nos revolvía todo adentro, las subimos una a una hasta ese anaquel del clóset que antes había pertenecido a las maletas vacías o a las colchas de invierno. Las cajas resistieron la mudanza que llevó a mis padres de la vieja casa que habían compartido con su hija menor, con las hijas intactas, a la casa que, apenas un par de kilómetros más al oeste, prometía si no un nuevo inicio, al menos una tregua. Un cambio de panorama. Una pequeña trampa para la memoria de las cosas físicas. Nadie tocó las cajas por treinta años. Por treinta años estuvieron ahí, a la vista, pero no al alcance.

¿Qué desata la sensación de que ahora, después de tanto tiempo, una por fin está lista para afrontar la tragedia y el conocimiento de la tragedia? ¿Cómo puede una estar segura de que ahora sí es posible formular las preguntas y, sobre todo, que ya se está en condiciones de escuchar las respuestas? No lo sé. Lo que sí sé es que, después de interponer la primera petición en la Procuraduría de Justicia de la Ciudad de México, ya no pude parar. Las noches de desvelos y los accesos abruptos de llanto se multiplicaron ese otoño. Pero llorar es un acto civilizado. Y lo que acontecía ahí, en esa casa de limpios ventanales por donde se asomaban las ramas de los encinos y las magnolias, estaba, en realidad, ocurriendo en otro lado. Estaba en Houston, pero me encontraba en realidad en el pasado. Estaba en Houston, pero caminaba, a la vez, en las afueras del tiempo. El duelo, que con los años se había transformado en una ceremonia solitaria a la que acudía en silencio, estalló a gritos y manotazos. Cuando aparecía la presión sobre el pecho y se asomaba el gemido por entre las cuerdas vocales, volvía a abrir la puerta de su cuarto. La mano sobre la perilla. El polvo que flota, ecuménico, dentro de los rayos de luz. Sus libros. Los pósters que vio cada mañana. Las libretas. La pregunta: ¿y ahora quién soy? Estaba en Houston, pero habitaba en un tiempo más allá o más acá de la civilización.

Un día después del entierro de Liliana, cuando los parientes y amigos se habían esfumado rumbo a sus rutinas cotidianas, lloré de esa misma manera animal ya sola en casa. Un grito es un sonido agudo y estridente que se emite de una manera violenta. Un alarido expresa dolor o miedo. Pero esto que se esparció en ese cuarto solo, eso que no escuchó nadie y que desgarró, al mismo tiempo, al aire en dos, o en muchos pedazos, era algo que venía de un mundo desconocido y se comunicaba, igual, con mundos todavía por nacer. La fricción lenta, chirriante, entre materiales disímiles. Algo con bordes maltrechos y con hedor. Algo todavía informe. Hay que agarrarse el abdomen y hacerse bolita sobre el piso. Hay que esconder el rostro. Hay que suplicar. Sobre todo, sí, hay que suplicar. El tiempo no pasa en absoluto. El pasado nunca es el pasado. Aquí estaba todo eso, intacto, una vez más. Y, como entonces, hubo noches en que me despertó la certeza de que no iba a poder, de que tampoco esta vez iba a poder.

Quise hacer memoria. Para hacer las paces con el miedo husmeé en apuntes de la época y empecé a hacer preguntas entre los miembros de la familia que tenía cerca. Visité tías, acudí a quinceañeras que usualmente evado, hice llamadas por teléfono. Algunos contestaron a monosílabos, otros se extendieron sin ton ni son. Todos bajaron la vista en algún momento, avergonzados. Lo siento, decían. No recuerdo nada más. Algunos lloraron. Pronto tuve que darme cuenta de que en realidad sabíamos muy poco. Una muchacha desorientada, presa del maltrato cotidiano de un depredador. Una mujer acaso demasiado libre. Una nadadora disciplinada. Una joven confundida dispuesta a probarlo todo. Una niña buena y dócil, ciega ante el peligro. Una mentirosa. Una estudiante ejemplar. Una inocente. Una amiguera. Una mujer llena de amor. Una descuidada. Alguien con pasado. Las estampas que producían sus relatos e, incluso, mi propia memoria, se multiplicaban exponencialmente, contradiciéndose sin rubor alguno. El resultado, sin embargo, era el mismo: treinta años de silencio. El miedo a caer de bruces o el miedo a no soportar el dolor o el miedo a morir habían terminado por hacerse cómplices del asesino. Ahí estábamos todos, tan sin aire, tan sin palabras, tan silenciosos e inmóviles como Liliana sobre su lecho de muerte.

Lo que distingue a la violencia doméstica, especialmente al homicidio de pareja, de cualquier otro tipo de crimen es el amor, asegura Rachel Louise Snyder en *No Visible Bruises. What We Don't Know About Domestic Violence Can Kill Us.* Ningún otro acto de violencia extrema se alimenta de una ideología tan diseminada como compartida. ¿Quién en su sano juicio estaría en contra del amor romántico? Los cientos de miles de mujeres asesinadas por sus parejas podrían responder a esa pregunta de múltiples formas inéditas. Pero, incluso ellas, necesitarían lo que necesitamos todos para poder contestar a esa pregunta básica: un lenguaje capaz de identificar factores de riesgo y momentos de sumo peligro. En un país como México donde, hasta hace poco, incluso la música popular ensalzaba a los hombres que, en arrebatos de celos, o a la menor provocación, asesinaban a mujeres, producir ese lenguaje ha sido una lucha heroica cuyos triunfos le corresponden, sin duda, a activistas empecinadas en cuestionar la endémica desigualdad de género y las operaciones violentas, mínimas y no, del patriarcado que nos acecha. Se ha requerido el trabajo de generaciones enteras, por ejemplo, para que el piropo callejero, visto con enfermiza frecuencia como un mero acto natural, cuando no como un halago, sea denunciado como una instancia cotidiana de acoso en el espacio público. Llamar a las cosas por su nombre requiere, a menudo, de inventar nuevos nombres. Hostigamiento laboral. Discriminación. Violencia sexual. *El violador eres tú.* Para hablar así, para correr el velo que oculta la violencia que aqueja y mata a cientos de miles de mujeres dentro y fuera de sus hogares, ha sido necesario bregar contracorriente y participar junto con otros en la producción de un lenguaje preciso, alerta a las diferencias mortíferas de género.

Un paso importante en esta tarea se llevó a cabo en Estados Unidos cuando las investigaciones de Jacquelyn Campbell, enfermera especialista en violencia doméstica y violencia íntima de pareja, dieron lugar a la adopción de la primera Prueba de Peligro de Violencia Doméstica. Con base en su propia experiencia atendiendo a numerosas pacientes y después de organizar una investigación minuciosa, Campbell elaboró las preguntas de la prueba con el fin de evaluar, y en su caso diagnosticar, el nivel de peligro que enfrentaban las mujeres que acudían a las salas de emergencias de hospitales con moretones en la cara o brazos, huesos rotos o huellas de estrangulación. Así, tanto doctores como enfermeras se hicieron de herramientas para tratar estos incidentes de violencia, que hasta entonces se consideraban privados, como asuntos de salud pública. Campbell elaboró una lista de 22 factores de riesgo, entre los que se cuentan, de manera preponderante, el consumo de sustancias tóxicas, la posesión de armas de fuego y celos extremos. A estos se añaden otros más específicos: las amenazas de muerte, la estrangulación, o el sexo forzado. También están presentes el aislamiento de amigos y familia, las amenazas de suicidio por parte del depredador y el acecho continuo. Todo un catálogo de abuso. El mapa transparente de la violencia que no vemos. O que ya vemos. Si Liliana hubiera contestado las preguntas de esa prueba a inicios del verano de 1990, se habría dado cuenta de que estaba en peligro de muerte. Tal vez hubo más factores, pero los que aparecieron en sus cartas y cuadernos escolares incluyen los celos extremos, las amenazas de suicidio del depredador y el acecho continuo. Pero ¿habría más?

En contraste con nociones que explican la violencia homicida como una especie de arrebato que excede, de manera súbita, a un hombre que de otra forma pasaría por normal, Campbell aseguró que "el factor más grande para que ocurra un homicidio doméstico es la incidencia previa de violencia doméstica". Pocos matan a sus parejas a la primera. Las estadísticas a lo largo y ancho del mundo corroboran lo que Campbell le dijo a Snyder en la entrevista que incluye en *No Visible Bruises*: "los niveles de peligrosidad operan de acuerdo a una cronología específica. El peligro aumenta radicalmente cuando la víctima intenta dejar a su acosador, y se mantiene muy alto por tres meses, disminuyendo poco a poco en los siguientes nueve meses. Después de un año, el riesgo desaparece de manera tangible".

¿Estarían ahí, dentro de esas cajas de cartón retenidas por tantos años en el clóset de la casa las huellas del peligro creciente que enfrentó Liliana? ¿Estaría ahí, entumido desde hace tanto, lo que pudimos ver o no ver?

[letra manuscrita]

Los asiduos a la grafología suelen considerar a la letra, especialmente a la letra manuscrita, como un pasadizo inédito hacia el alma. De su trazo, de la fuerza con que se presiona la punta del lápiz o el bolígrafo sobre la página, de su orden o desorden, coligen aspectos ocultos de la personalidad del escriba, deseos inexpresables, obsesiones internas. Tal vez por eso los manuscritos de los escritores famosos gozan de seguidores tan adictos como malsanos: como si los lectores de sus cartas privadas o de sus diarios pudieran descubrir ahí algo escandaloso o vergonzante, en todo caso imposible de discernir en libros impresos. Lo cierto es que la letra individual, como todo lo que pasa por los salones de clase, es el resultado de una disciplina regimentada por programas de estudio y maestros con salarios humildes. Gimnasia social. Todos aprendimos a tomar el lápiz entre el dedo pulgar y el índice, y a flexionar el codo y la espalda para que, poco a poco, con distintos tipos de presión, aparecieran las letras que repetimos una y otra vez en cuadernos de doble raya. Todos hicimos alguna vez los ejercicios que Cy Twombly ha convertido en obras de arte: una espiral horizontal, pobremente trazada, sobre renglones de un color casi azul, casi rojo. Los alumnos de mi generación nos entrenamos en la letra cursiva, que inclina ligeramente las letras hacia la derecha, conectándolas entre ellas hasta formar palabras completas. La generación de mi hermana aprendió a escribir palabras con letra de molde, es decir, palabras en las que cada letra formaba su propia y completa unidad. Letras como islas. El resultado en ambos casos es menos una letra única, sello del carácter irrepetible del autor, y más una letra generacional, y en muchos casos hasta regional, a través de la cual es posible distinguir tanto la edad, como los orígenes geográficos y de clase de los escribas.

La letra de Liliana siempre fue muy bonita.

Sobre hojas arrancadas a cuadernos escolares, usualmente Scribe forma francesa de cuadro chico, Liliana pasó horas escribiendo y reescribiendo cartas que a veces mandaba y a veces no. Escribió notas para sí misma, con frecuencia en tercera persona, en las que sostenía diálogos señeros con un yo que era, a la vez, un otro. Escribió a lápiz y con la punta de colores de los bolígrafos, y en ciertas ocasiones en la tinta café, casi guinda, de una pluma fuente. Escribió a máquina también, en hojas de papel revolución que provenían de las oficinas de la UAEM —donde para entonces trabajaba nuestra madre— o en hojas tamaño carta originalmente destinadas a pasar en limpio algún trabajo escolar pero que, por algún error o dedazo, iban a terminar en el bote de la basura. Escribió en la emoción del momento, con un arrojo lingüístico que no evadía el chiste o la derivación. Y también en ratos tranquilos en que el cansancio o el aburrimiento la llevaban a la elaboración de listas de nombres de amigos o cosas por hacer. Escribió cotidianamente y en instantes de celebración. Escribía en sucio y pasaba en limpio. Revisaba una y otra vez. Repetía una nota o una carta, con cambios a menudo mínimos, hasta que su redacción quedaba a su gusto y entonces, sólo entonces, la dejaba ir, no sin conservar las copias en su archivo personal. Su relación con esos textos era de expresión —más de una vez hizo hincapié en la necesidad que tenía de aliviarse a sí misma con este ejercicio—, pero también de producción: lo que escribía, incluso lo que estaba destinado únicamente a sus ojos, respondía a criterios de forma y de fondo que en mucho excedían la mera tarea de la confesión individual, y que, sin embargo, ponían en jaque nociones convencionales de lo literario. Transcribía también, y con mucha frecuencia. Poemas. Citas de libros. Párrafos enteros. Liliana era, con mucho, la verdadera escritora de la familia.

Aunque su letra de molde aparece uniforme y clara en sus escritos tanto de secundaria como de preparatoria, sus años como estudiante de arquitectura agudizaron su conciencia sobre la materialidad de toda forma, incluyendo la escritura. La letra de los textos que escribió desde Azcapotzalco, ya cuando era una flamante estudiante universitaria, transmite con mayor confianza una cierta noción de estilo. La longitud de las letras, especialmente en el sentido vertical, y los espacios entre las mismas, es resultado de un control cada vez más minucioso sobre todos los aspectos del acto de escribir.

Para estas fechas, su sello personal no sólo se dejaba ver en una letra a la vez elegante e inusual, sino también en la manera en que doblaba el papel. Sus cartas eran bombas de origami que, literalmente, explotaban en las manos de sus lectores, aumentando así la experiencia compartida del misterio y la complicidad, el gozo y el relajo. Para abrir sus cartas incluso ahora, treinta años después, es necesario tocar el papel con todo cuidado y dejar que se desdoble poco a poco para que deje atrás la quimera de la tercera dimensión y vuelva así a su esencia plana. Nada se dejaba al azar. La selección de la textura y tamaño del papel era motivo de comentario en los escritos. También lo eran los colores, tanto del papel como de la tinta. El tamaño de la letra, su posicionamiento ya sobre o ya por debajo de los renglones, ya en la esquina o ya en el centro de la página. Y a ello hay que sumar la añadidura estratégica de garabatos, dibujos y calcomanías. Recibir una carta de Liliana era una invitación a entrar en un mundo personal vasto y complejo, relajiento, acaso estrambótico. Es el mundo de alguien en control de los materiales en uso, y a la vez de alguien muy consciente de que lo fundamental era la conexión y el intercambio, es decir, la capacidad del escrito para abrirse y acoplarse a la presencia de su lectora.

Liliana escribió asiduamente hasta el último día de su vida. Largas cartas muchas veces planeadas o notas garabateadas en los márgenes de cuadernos escolares durante las horas de clase. Poemas pasados en limpio de manera sistemática una y otra vez. Letras de canciones. La última ocasión en que tomó su pluma de tinta morada fue el 15 de julio de 1990, a las 10:30 de la mañana. Dieciocho horas después, de acuerdo con su certificado de defunción, Liliana dejó de respirar.

[*solanum tuberosum*]

En el inicio estuvo la papa. Tal como el algodón había atraído a mis abuelos a la frontera medio siglo antes, obligándolos a recorrer el altiplano hasta alcanzar los campos agrícolas alrededor del Sistema de Irrigación Número 22, Bajo Río San Juan, donde se asentaron, la papa impulsó a mi familia nuclear hacia las tierras altas del centro de México. Mi padre se recibió de ingeniero agrónomo en una universidad privada de Monterrey y, después de trabajar un par de años para una empresa productora de semillas en Delicias, Chihuahua, no terminaba de conformarse. Envió una solicitud al programa de posgrado en la Universidad de Chapingo y, cuando fue aceptado, mi madre estuvo de acuerdo con la nueva travesía: dejaríamos todo atrás de nueva cuenta, nos separaríamos de lo que nos era conocido: el clima árido, la comida austera, el acento golpeado. Al graduarse como un fito-mejorador de plantas, a mi padre le ofrecieron dos empleos: uno en Ensenada, Baja California, y otro en Toluca, en el Estado de México. Ensenada estaba muy lejos de Tamaulipas, a donde regresábamos los veranos para visitar a la familia y donde solíamos pasar las vacaciones decembrinas, así que no lo pensaron mucho. Una nueva mudanza. Más despedidas. El nuevo arreglo de las cosas. Llegamos a la ciudad más alta del país en plena temporada de lluvias, a tiempo todavía para inscribirnos en las clases del ciclo de otoño. Liliana tenía cuatro años y un apego, algunos decían que acaso exagerado, a mi madre. Mi padre firmó su primer contrato de trabajo como investigador un 16 de julio de 1974, exactamente dieciséis años antes del feminicidio de mi hermana.

La papa es una planta herbácea del género *solanum* y de la familia de las solanáceas. Cuando mi padre quería causar escándalo entre los investigadores que visitaban las instalaciones del Instituto Nacional de Investigaciones Agrícolas solía mencionar como al descuido, como si se le acabara de ocurrir, que sus orígenes estaban en las faldas del Nevado de Toluca y no en los Andes. La provocación no fallaba nunca. Animados por las viandas que servía mi madre y, después, por el alcohol con el que entretenían la sobremesa, los investigadores pasaban un buen rato discutiendo lo descabellado del comentario. No importaba si venían de Perú o de San Petersburgo o de Wageningen o Munich, si eran hombres o mujeres, si hablaban bien el español. Con carcajadas que no ocultaban la animosidad, aportaban pruebas científicas. Traían datos históricos a colación. Hacían referencias a observaciones de campo. Liliana y yo, que nos retirábamos de la mesa al terminar de comer, los observábamos después por la rendija de la puerta. Se nos hizo costumbre imitar sus airados ademanes y sus acentos disímiles. Nos colocábamos lápices en la boca como si estuviéramos fumando. Cruzábamos las piernas y manoteábamos al aire al mismo tiempo, como si de esa discusión dependieran nuestras vidas. Burlarnos de los otros a escondidas, ensayar la pantomima de nuestro sarcasmo juntas, nos volvía más hermanas que hermanas: cómplices.

Pasamos muchos fines de semana en los bochornosos invernaderos del campo experimental en los que mi padre llevaba a cabo sus estudios contra el tizón tardío, el hongo que entre otras fechorías cuenta con el dudoso honor de haber acabado con las cosechas de papa en Irlanda, provocando la legendaria hambruna de 1846 que, a su vez, empujó a más de un millón de migrantes hacia los Estados Unidos. Pasamos incontables tardes catando las delgadas frituras de papa que salían de los experimentos que conducía mi padre en la pequeña cocina de la casa: sabor, dulzor, textura, color, tamaño. ¿Cuál les gustó más? Pasamos muchos días subiendo y bajando las laderas del volcán, chapoteando a través de riachuelos de agua gélida y perdiendo el aire por veredas escarpadas, todo para avizorar las florecillas blancas y lilas de las papas silvestres, de cuyos genes se valía mi padre para producir nuevas especies inmunes al tizón tardío. Comíamos papas. Respirábamos papas. La papa era nuestro dios. En los alrededores del volcán, pasamos horas recolectando pedazos de madera seca, hojas, ramas delgadísimas, para prender una fogata sin necesidad de recurrir al ocote o al alcohol líquido, como nos enseñaba nuestra madre. Pasamos días así, auscultando los cielos dramáticos de las tierras altas: altocumulus, cumulonimbus, cirroestratus.

Ya en Chapingo, donde vivimos en los departamentos para estudiantes graduados dentro del circuito universitario, habíamos tenido la oportunidad de ingerir productos locales que eran inimaginables para migrantes fronterizos: hongos, habas, huitlacoche, pápalo, tlacoyos, maíz morado, pulque. A esa larga lista, Toluca le añadió el chorizo verde, los quelites, los hongos de llano, los romeritos, la sopa de médula, los tacos de obispo, la torta de nata. Una dieta rígida, que no nos dejaba consumir azúcar o comprar comida callejera, acentuó el exotismo de todos esos platillos. Alguna vez, uno de los peones del campo experimental invitó a la familia a una carne asada en las faldas del Nevado. Jerónimo, que había sido un guerrillero cabañista en los setenta antes de huir de Guerrero y establecerse en las orillas de Toluca, llevó un cabrito muy joven envuelto en una sábana blanca. Prendió la fogata con manos expertas, colocando pequeños pedazos de papel y de madera en el centro de un círculo hecho de piedras, y pronto fabricó una estructura de alambre que permitía que la carne girara sobre las flamas mientras sus hijas comían los bombones y chocolates con que nosotras habíamos contribuido al festín. Platicaron mucho esa tarde, en una voz baja que casi no los hacía parecer adultos. Enunciaron palabras serenas. Palabras de alivio. Palabras en tregua. Así como se adherían a las brasas del carbón, las palabras salían disparadas con las chispas del fuego. La plática se colgaba de las ramas de los oyameles y avanzaba montaña arriba hasta zambullirse en las aguas siderales de la Laguna del Sol y la Laguna de la Luna en el cráter del volcán. Ahí, las palabras flotaban por un rato sin importunar la superficie del agua. Ahí nadaron, una tras otra, avanzando con brazadas perfectas. Ahí practicaron el viejo ejercicio de la respiración, la cabeza rotando de derecha a izquierda bajo el agua tan gélida. Ahí produjeron esa suave cadencia que repetía el movimiento milimétrico de la rotación de la Tierra. Así que esto es una plática, me dije. Las palabras apenas se escondían tras las sombras largas de los pinos y miraban de frente los ojos morados de los cardos reales. Luego nos miraban a nosotras; dentro de nosotras. La plática pisaba la grava suelta y los zacatonales y la ceniza de color ocre y blanco sobre las veredas que conducían a los picachos. La plática decaía como la luz del sol, poco a poco, y se volvía delgada y, luego, como por encanto, desapareció. Ya hacía frío para entonces, pero en el viaje de regreso, dentro de un silencio que ninguno de los cuatro se atrevía a romper, traíamos sobre la punta de los labios, justo dentro de las comisuras de la memoria, el sabor del cabrito que nos había preparado un exguerrillero en lo alto de la montaña. Fue lo más próximo a una bienvenida.

Hay una vieja foto en la que mi padre aparece sobre un caballo, a un lado de un campo de algodón. Tiene la espalda erecta y la brida enredada entre las manos. Está a punto de sonreír, pero en el último segundo decide no hacerlo: más un gesto de precaución que de timidez. Una extraña convicción, que bien podría pasar por serenidad, atraviesa momentáneamente su mirada de quince años. Tal vez haga falta ver esa imagen para entender la palabra lejos, el adverbio afuera, la frase nosotros somos nuestro propio refugio. Yo no soy de aquí, eso nos definía, estuviéramos donde estuviéramos. Lo que escuchábamos a la hora de la comida, antes de ir a la escuela, o ya en la noche cuando nos alistábamos para dormir, era que toda puerta era una puerta de salida. Nuestra tarea era buscarla, o producirla si todavía no estaba ahí. Veníamos de allá o de más allá. Alguna vez azoté la puerta después de una trifulca familiar a la hora de la comida. Mi madre me esperó a que regresara y, en completa calma, con la cocina ya perfectamente limpia, me informó que eso era lo que hacía otra gente cuando se enojaba, nosotros no. Nosotros veníamos de gente que lo había vencido todo, la pobreza, el analfabetismo, el ocaso del algodón. Nuestra gente, de la que veníamos, había incluso sobrevivido a la epidemia de influenza de 1918. Nosotros, y eso lo decían de maneras sutiles y de maneras honestas, estábamos vivos de milagro, y el milagro era nuestra redención. Que se desesperaran los otros. Que los otros azotaran puertas cuando no podían usar la inteligencia o la capacidad de observación, o la paciencia. Que los otros perdieran el tiempo y desperdiciaran sus talentos porque nosotros, que veníamos de tan lejos, nosotros que éramos libres, nosotros que lo venceríamos todo, teníamos cosas que hacer. ¿De acuerdo? La voz de mi madre, más intimidante entre más serena, no admitía reticencia alguna. Incluso el más leve titubeo podría haber sonado a traición. Éramos una volátil república soberana de cuatro habitantes. Éramos un reino completo, autosuficiente. Necesitábamos muy poco del exterior. Esa era nuestra arma secreta; en eso consistía nuestro método. A nadie se le hubiera ocurrido en esa época que otra persona pudiera formar parte de nuestra unión.

Cuando arribamos a Toluca habíamos atravesado una buena parte del territorio nacional, del noreste hasta el centro, pero poco nos había preparado para el talante frío y la jerarquía cerrada de una ciudad industrial que se medía a sí misma únicamente en términos de bienes materiales o de ingresos. Nos quejamos de Toluca por años enteros: su clima, su aburrimiento, su estrechez de miras, su mediocridad. *Toluca, que quiere decir desafortunadamente.* Aunque adorábamos sus nubes y no dejábamos pasar mucho tiempo sin visitar el cráter del volcán, nos resistimos a Toluca día tras día, palmo a palmo. Milimétricamente. Metódicamente. Guerra ejemplar. Era claro que íbamos de paso, sobre todo las dos hijas. A no ser por las clases de natación, poco podía ofrecer a dos chicas que iban a llegar lejos esa ciudad conservadora, en exceso sedentaria, cuya misoginia se dejaba ver en las muy reglamentadas relaciones entre hombres y mujeres.

Yo, que tenía diez años en el momento del arribo, escapé tan pronto como pude sin hacer amigos, evitando a toda costa echar raíces; pero Liliana vivió ahí su infancia y su adolescencia. Liliana creció bajo el amparo de ese cielo enojosamente azul.

[amigas para siempre]

Las chicas van juntas al baño y se intercambian secretos. Una risilla tonta, del todo compartida, las persigue como una inquieta nube de luciérnagas por donde quiera que pasan. Ahí van, todas juntas, con sus uniformes de tartán y, durante el fin de semana, con los pantalones de mezclilla y camisetas entalladas que dejan ver el ligero abultamiento de los senos. Todavía usan calcetas blancas y zapatos bajos con suelas de gomina. El cabello largo, ajustado con ligas de colores, se organiza en rígidas colas de caballo. Todavía no se pintan las uñas ni usan delineador, pero de un momento a otro dejarán de correr por los patios de la escuela sin ton ni son. Pronto les enseñarán a comportarse con propiedad. Pronto, las adoctrinarán en los modos de la decencia. Pronto podrán describirse a sí mismas como femeninas. Mientras tanto se observan entre ellas con todo cuidado, se miden, se tantean, se traicionan. No hay crítica más vitriólica que la que sale de sus labios. Y se quieren también; no, se adoran. Tal vez no existan en el mundo cartas de amor más ardientes que las que se hacen llegar, ya por correo o ya en persona, las adolescentes.

Una buena parte del archivo de Liliana está compuesta por las cartas de sus amigas. No sólo son las más numerosas, sino también las que están escritas con mayor cuidado. Una carta de una amiga no sólo era un pedazo de papel tachonado por letras: el medio era tan importante como el mensaje y, por eso, cada misiva iba decorada con bordes de colores, diamantina, calcomanías, entre las que predominaba la figura de Kitty, tintas distintas, letras muchas veces ensayadas, y hasta flores o hierbas secas. Más que una carta, una pequeña muestra de arte postal.

En una sociedad en que los teléfonos fijos todavía eran un objeto de lujo, que los padres resguardaban además con celo, comunicarse a través de bocinas bien vigiladas no era seguro. Los telegramas estaban absolutamente fuera de su consideración. Pero escribir cartas era sencillo: bastaba con apartar un par de hojas en un cuaderno, o buscar, si el caso lo ameritaba, una buena hoja de papel algodón o de papel de colores con márgenes estilizados, y encontrar un sobre. Si no se contaba con el sobre, bastaba también con doblar el papel elegido en alguna forma única para después sellarlo con cinta adhesiva o una calcomanía vistosa. Luego, había que entregar la carta personalmente a su destinataria, de mano a mano, al salir de clases; o bastaba, también, dejarla como al descuido dentro de su mochila o entre las hojas de algún libro para que ella la encontrara más tarde.

Como Liliana viajaba seguido a la frontera, donde convivía con primos y hacía amigos que después cuidaba celosamente, sus cartas no sólo eran locales, sino que se desplazaban, con todo y sus estampillas y sus sellos de color morado y sus bordes tricolores —verde, rojo y blanco; o azul, rojo y blanco— por todo el territorio nacional. Del Poblado Anáhuac, por ejemplo, recibió cartas desde 1983 no sólo de chicas de su edad —Adela Orozco, Patricia Castillo, Amelia Rivera, Leticia Hernández— sino también de tías y vecinas mayores que le tomaron cariño. Y Liliana las contestaba todas, puntualmente. También sostuvo largas correspondencias con amigos que hacía en alguna competencia de natación, como fue el caso de Rodolfo López González, quien le empezó a escribir desde Morelia, Michoacán, y no dejó de hacerlo ni en los días más difíciles de su adaptación a la vida en Inglewood, California. Lo que hay en esa acumulación cariñosa de papeles y sobres es tiempo, mucho tiempo, tiempo físico y tiempo emocional. El tiempo de las muchachas en flor.

"Quiero que sepas que no hay nadie en el mundo que me entienda como tú", se escribían con frecuencia. Y, aunque de vez en cuando hacían mención a alguna madre intransigente o un padre autoritario, en realidad no hablaban de ellos. Ni de los hermanos. No hay en estas cartas ninguna mención a parientes lascivos o acosos callejeros. La familia no era un asunto que les preocupara. Tampoco las acongojaba la escuela o las clases: hay muy pocas referencias a profesores, aunque sí una que otra a prefectos que imponían sanciones, como la separación física en los salones de clase, cuando había problemas de mala conducta. De vez en cuando se deseaban buena suerte en los exámenes, nada más. Utilizaban las cartas para pedirse disculpas, y lo hacían profusamente, por un sinnúmero de razones: por algún mohín o una frase que, fuera de contexto, pudiera haber sido malinterpretada; por tener alguna información que debieron haber compartido en su momento, pero que por razones que no se alcanzaban a explicar, no lo hicieron; por algún rumor que ahora tenían la oportunidad de confirmar como falso; por hablarle a alguna niña del equipo contrario. Aceptar u ofrecer disculpas era un arte de la minucia sostenido sobre protocolos laberínticos. Las adolescentes eran de una sensibilidad muy fina: una palabra mal dicha podía desatar un acceso de llanto; una mirada fuera de lugar podía provocar una herida que sólo sanaría, si es que lo hacía, mucho tiempo después. Al final, si todo estaba bien, las amigas se juraban amor eterno. Lilianita, le decían con mucha frecuencia a mi hermana. Queridísima amiga. Mi verdadera y única amiga. Lylyhanna. Se agradecían mutuamente la comprensión y prometían que nada destruiría su amistad. Juraban que su amistad seguiría adelante contra viento y marea, hasta el fin de los tiempos.

Pero las muchachas escribían cartas sobre todo para hablar de amor y, más específicamente, del amor que sentían por los muchachos. Como nadie las entendía, según aseguraban, se contaban entre ellas cosas que no podían contarle a nadie más. Avanzaban a tientas en un territorio nuevo: el amor era el otro nombre del deseo. Mientras los adultos a su alrededor asumían que las niñas carecían de libido o de sexualidad, o confiaban en que, de tenerlas, serían capaces de domarlas, sobre todo aquellas apegadas a los rígidos principios de la iglesia, ellas se adentraban poco a poco, no sin cuidado pero sí con arrojo, a la realidad todavía ignota de los cuerpos. Las hormonas hacían lo suyo. Y lo mismo hacía la imaginación. En cartas largas, hechas con base en descripciones minuciosas donde también reinaba el humor, aparecían una a una sus cuitas: el que le gustaba había decidido llegarle a otra, el que no le gustaba insistía demasiado, al que ya había cortado persistía en regresar, el que le gustaba se había cambiado de ciudad, uno de otro salón le había mandado decir que lo atraía, el que le gustaba le había rozado los labios, el que no le gustaba seguía mandándole recaditos en papel encerado. ¿Era eso normal? ¿También le había pasado algo similar a ella? ¿Cuál sería su consejo? Las cartas eran una manera de avanzar juntas, protegiéndose la una a la otra, a medida que se alejaban de la tierra firme de la obediencia y la docilidad. A través de esa comunicación soterrada, disfrazada apenas de pura inocencia, se advertían una a la otra de los peligros: había chicos sangrones que era mejor evadir, otros que ya habían mostrado el cobre de la infidelidad o la falta de consideración. Y estaban, también, los que querían de más.

Los cambios de escuela las sobrecogían. Los cambios las forzaban a cuestionar lo que eran, lo que iban a ser. "¿Por qué? ¿Por qué tiene que ser así?", insistía Yazmín a medida que se acercaba el fin de la secundaria, "Pensé que no me importaba dejar esta ridícula institución educativa, pero, por el contrario, no es así. Sí me importa y mucho, pero no por Raúl, Óscar, Marcela, Claudia o Alejandra y Cecilia, ellos que hagan lo que quieran. Pero... tú, Liliana, fuerte y frágil a la vez... ¿Qué será de mi vida? ¿Qué será de la tuya? ¿Qué será de nosotras? ¿Seguirá atosigando la vida su carrera, esa carrera cuya única meta es la muerte? Sí, vida innecesariamente convertida en muerte. ¿De qué sirve entonces el deseo, el ideal, la meta, el futuro, si ya se sabe cual es el fin, y lo único que produce es el dolor? Liliana, no quiero separarme de ti. ¡Te quiero mucho!"

Yazmín firmó esa carta con una estilizada estampa de su nombre, sin incluir apellidos, y fue ella también la que escribió, en abril de 1984, uno de los pasajes más oscuros en esta vasta correspondencia: "De allá, de cuando nacieron las razas, de cuando surgió el primer hombre, vino esa mezcla de bestialidad y de ternura. Ese hombre es el conquistador sediento de oro y de gloria que violó a cada país, triste, derrotado, y que lo abandonó después para no verlo más. El hijo es un producto neto del amor o del desamor de sus padres. Y cuando un niño nace de la bestialidad y de la tristeza, del sangriento botín del vencedor y de la ultrajante derrota de la conquistada, ese niño tiene que ser duro y blando, cruel y santo, y tiene que llorar con un vals la pena de su madre y vengar a tiros el ultraje que le hizo su padre al engendrarlo".

Una carta sin firma, escrita a lápiz sobre las líneas rojas de la página de un block chico, anunciaba ominosamente en una letra de trazos anónimos: "Liliana: Si te faltasen aquellos a los que iluminas, ¿cuál sería tu felicidad? Te admiro, ojo apacible que sin envidia puedes contemplar hasta una excesiva felicidad. Tu mirada es pura y tu boca no oculta ningún hastío. Te estás transformando, te has hecho niña, estás despierta. ¿Qué vas a hacer entre los que duermen? Vivías tú en el aislamiento como en el mar y el mar te llevaba: ¿Quieres saltar a la tierra? ¿De nuevo quieres volver a arrastrar tú misma tu cuerpo? ¿Amas a los hombres? El hombre es para ti algo demasiado imperfecto. Te mataría el amor de un hombre. ¡No te reúnas con los hombres! Permanece en el bosque. Vete con las bestias, antes que con ellos. ¿Por qué, como yo, no quieres ser oso entre los osos, pájaro entre los pájaros?"

[me choca que me quieran así]

La primera vez que Liliana escribió el nombre de Ángel González Ramos fue un domingo, el 10 de junio de 1984. Debió haber sido un día nublado, con algo de lluvia. Seguramente estaba recostada sobre la cama, los pies cubiertos con calcetines de lana. El cuarto contradictorio de una adolescente: la suave colcha de cuadros azules y blancos, con largas blondas de encaje, y los pósters del Che Guevara y Marilyn Monroe y el paisaje del Golden Gate sobre las paredes. Aflojerada, como solía decir ella. Perezosa. Sin ganas de hacer nada. Si se hubiera asomado a la ventana, habría podido sentir sobre la cara el aire gélido que bajaba a toda prisa del volcán. Y habría visto la nieve, mansa y espectacular al mismo tiempo, sobre su cima. Después de tres años en una secundaria en una zona más bien establecida de Toluca, Liliana acababa de entrar a la Preparatoria No. 5 Ángel María Garibay, que se encontraba en una de las orillas de la ciudad sobre terrenos que no hacía tanto se dedicaban a la agricultura y la crianza de animales. Lomas y llanos verdes en el verano, seguido del lustre dorado de los campos después de las cosechas. Un ciclo de color. Esa era la escuela pública que le correspondía al nuevo domicilio de la familia, en una zona de reciente urbanización en las afueras de Metepec, un pueblo de tradición alfarera que poco podía hacer contra el asedio creciente de las inmobiliarias. Azuzados por el éxito del Residencial San Carlos, un novedoso concepto que congregaba por igual a políticos, empresarios y narcotraficantes en selectas casonas rodeadas de muros, los agentes de bienes raíces ofrecían terrenos a complejos habitacionales para las nacientes clases medias. Sin otra regulación de por medio más que la especulación y ganancia, Metepec se fue convirtiendo a mediados de los ochenta en esa zona liminal entre el desarrollo agrícola y el despliegue citadino que se notaba claramente en la composición del estudiantado de la Prepa 5: hijos de campesinos y negociantes, muchachos con cierto poder económico, pero sin linaje, o trabajadores de campo, todos asistían por igual a un campus que, con frecuencia, compartía su espacio con vacas y borregos. Liliana estaba entonces por cumplir 15 años.

180684

Hoy no escribo con mi pluma, porque no la tengo, se la encargué a Ángel. Me gusta. Me gusta mucho; y no creo que parezca cursi que diga que lo quiero. Aprendí a quererlo a base de TONTERÍAS. Lily.

Tiempo después, al terminar el primer año de la preparatoria con unas calificaciones de las que se sentía orgullosa, Liliana confirmó la existencia del noviazgo en una carta escrita a máquina y dirigida a una prima de más o menos su misma edad con la que sostuvo una correspondencia intermitente pero constante a lo largo de su vida:

Leticia:

No creo que tengas ningún problema como para morirte, por eso ni te pregunto. ¿O. K.?

El problema es que yo tampoco me estoy muriendo por nada, y si es así no tengo por qué escribirte, pero como ya salí de vacaciones y estoy de floja, preferí escribirle a una prima que nunca me (digo) contesta... TÚ.

Pensé en ir de vacaciones a tu casa, pero como tengo el estatal doble A (AA) dentro de dos semanas, me tengo que quedar a entrenar y... ¡ni modo! Qué le voy a hacer: pero no creas que te salvaste de mi visita... A LO MEJOR TE CAIGO, (pero no encima)!

¿A qué no sabes qué? Que tu prima Liliana es muy estudiosa, salió con buenas calificaciones de su primer mugre año de prepa; por cierto que ya me enteré de que presentaste tu examen de admisión, y que estás creyendo que no lo pasas (eso es el colmo). Supongo que es de lo más fácil del mundo... (supongo).

Te acuerdas de cuando andaba de coscolina, pues ya se me pasó la fiebre de andar de loquita, ahora ya nada más poquito! Desde que entré a la prepa y después de lo que me pasó con mis disque amigos sólo he tenido (no me gusta el nombre ese que ponen: novios) 3 mejores amigos. Blas (¿te acuerdas?), La chícara (César) y Ángel, así se llama ni más ni menos! Oh! Oh! Por ciertísimo hubo dos niñitos que anduvieron aperradísimos, a uno ya se le pasó la fiebre, al otro todavía no. CARAY.

Ah! Falta uno (digo) que es de Morelia, ellos vinieron a competir, y YA! Tiene quince años y fue al nacional y lo voy a ver en octubre (creo), bueno se llama Juan Carlos Tellez. YA ME CANSÉ DE HABLAR DE TONTITOS.

Te preguntarás el porque tu prima feita que se llama Lilianita escribe a máquina, y la respuesta es que las letraaa (con tres aaa) se me ha hecho muy fea (no escribo muy bien a máquina, pero toma en cuenta que estoy acostada viendo la televisión).

¿Sabes una cosa? YA ME CANSA (digo) CANSÉ... eso quiere decir que voy a descansar, y si (digo) y no puedo descansar si estoy escribiendo... por eso voy a dejar de escribir... y eso quiere decir:

ADIÓS.
LILIANITA (O SEA YO).

Toma en cuenta los dobleces.

Hacia finales de junio de 1985, Liliana escribió tres recados para Ángel: el primero, el viernes 28, a las 9:37 de la noche, para decirle que se sentía tranquila y que quería soñar con él; el segundo, el sábado 29, escrito a las 8:32 p.m. inmediatamente después de colgar el teléfono, para agradecerle su confianza y hacerle saber que acababa de empezar otra carta para él; y el tercero, un recado muy breve, escrito en un color verde que el tiempo ha casi desvanecido, para decirle: Me hiciste reír mucho y por eso te quiero mucho más. Se trata de las típicas notas breves, escritas en el fragor del momento, con que las enamoradas se convencen de lo que están sintiendo. Más que un diagnóstico, una impronta del presente. La irrupción del sentimiento todavía sin codificación, luchando apenas por entrar en la narrativa del amor romántico. Muchas han escrito ese tipo de recados, y muchas más lo harán, pero Liliana los guardaba todos. Esa era la diferencia. Su diferencia. El afán de escribir y el afán de archivar aparecieron al mismo tiempo. Por eso es posible saber que justo en pleno verano, apenas un par de meses después en agosto, mientras Liliana hacía preparativos para sus vacaciones largas, la situación con Ángel había dado un vuelco.

En una pequeña libreta en cuya portada aparecía Kitty, *Visiting my uncle's farm is what I like best / saying hello to the animals out in the field*, que le sirvió como diario en esas vacaciones que pasó en el pueblo fronterizo de sus padres, en compañía de primos y tíos, Ángel dejó de ser la causa de risas y tranquilidad y, muy por el contrario, y por razones que Liliana nunca mencionó explícitamente, Ángel ahora sólo le provocaba enojo y hartazgo.

300785

Ayer y hoy me gustó más que nunca José Luis Gómez. Tuve un sueño muy chistoso. Espero recordarlo por siempre. Yo sé que sí. Solo quiero apuntar las siguientes palabras claves: alfombra chedrón, escaleras de caracol, ESO, pobreza, ESO, persecución, NO. Bueno, no sé.

050885

Ya nos pusimos de acuerdo Isabel y yo de cuando nos vamos a ir de vacaciones. Ella está loca por irse y yo lo hago para no estar aburriéndome aquí. Nos vamos mañana en la tarde a las 5 p.m., ojalá me dé tiempo de ir al IMSS. Estoy muriendo por ver a José Luis. Ojalá vaya, si no me doy un tiro (bueno, no tanto). Por cierto que me estuvo hablando Ángel y quisiera decirle de groserías. Me cayó (YA) de la patada. Ojalá que allá (en el Poblado) no me hagan sentir muy mal como es su costumbre.

Nos vamos hasta mañana! (qué alivio). Corrección: miércoles.

Fui a nadar y platiqué con Beto sobre lo que pasó con Marín, Pancho, y César. Creo que nosotros tuvimos la culpa e hicimos una junta con los que fuimos al estatal. Creo que llegamos a un arreglo, pero las cosas no podrán ser como antes. Por su parte, Julio prometió que trataría de cambiar. Vi a José Luis y estuvimos jugando, él, Fontana, y Óscar. Creo que a los tres les gusto... y a mí me gustan los tres! Oh! Oh! Por cierto que le gusto a uno de clavados (GERARDO) y a mí él me gusta mucho, porque con José Luis no pasa nada. Me acaba de hablar Ángel y creo que me porté demasiado sangrona, pero sin remordimientos.

Querétaro 080885

Acabamos de llegar de Toluca, salimos de allá a las 2:30; parece que fue un buen viaje, espero que así siga.

Son aproximadamente las 8 de la mañana. Estoy en la Central de Matamoros. El camión que va al Poblado se descompuso. QUÉ SUERTE DE PERROS!

Nos vinimos de Querétaro en Tres Estrellas de Querétaro, en el camión 227, los asientos no fueron buenos (los de adelante del baño). Llegamos a SLP a las 9:00 y salimos de ahí a las 9:30, llegamos a Victoria a las 2:30 y no sé a qué hora salimos, me imagino que a las 3:00. Aquí llegamos como a las 6:40. Bien, excepto por esto, a esperar.

Son como las once. Ya llegué, nos vinimos en el camión de las 9, aunque por poco y se nos va. Me recibieron bien, pero me deprime tanto ver las mismas cosas.

Me acabo de levantar, todos están dormidos excepto Tome.
Creo que tres semanas son muchas para mi estado de ánimo.

Son las 6:52 y ya hace calor. ¡Y CON LO QUE ME IRRITA
EL CALOR!

180885, sábado

Hoy me levanté más tarde que ayer. No dormí bien. No sé en
qué estaría pensando. Ayer no hice nada especial (aquí no pasa
nada especial). Hoy es día de esos ridículos bailes de las tantas
bodas. Espero que todos vayan para quedarme sola (¿más?).

He pensado en José Luis, en mi José Luis. No hace falta decir
qué pensé.

Ojalá y Gerardo se acuerde de mí. Fui demasiado dura con
Ángel. Tiene la culpa por quererme como me quiere...Ellos son los
culpables porque a mí me choca que me quieran así.

Ayer corrí cerca de 2 kilómetros en la noche. Me sentí bien.

La capacidad del lenguaje para descubrir y encubrir al mismo
tiempo. Ventana y cortina. Telescopio y niebla. Hay algo
que se pasea, voluminoso y transparente, entre las letras de
molde de esa primera mención de junio del 84 y las referencias que aparecen un año más tarde, en agosto del 85. Algo
ha sucedido, sin duda. Algo que no se explicita del todo, pero
que se insinúa más por sus efectos que por sus causas. Hay
una forma de querer que le choca, de la que huye, y ante la
que se resiste. Se trata de una forma de querer que, además,
no reconoce como propia. Es culpa de ellos. Es responsabilidad de ellos, especialmente de Ángel. Sin miedo, casi de
manera inmediata, Liliana reacciona con firmeza ante ese
algo que le choca y le molesta, eso que la alejó de las risas y

le trajo el hartazgo: se llama a sí misma sangrona y dura, pero también describe su estado de ánimo como sin remordimientos. Lo que haya sucedido entonces, lo que provocó un viraje tan radical y una respuesta tan enérgica, sin embargo, no aparece en el archivo. Innombrado, tal vez innombrable, Liliana decidió no hablar, o no pudo hablar, o no tenía lenguaje para hablar de eso.

[la amante de las manzanas]

210686
Adrián:

Hace como 10 minutos colqué la bocina del teléfono (estaba hablando contigo) y me fui a ver la T.V. Estaba tranquilamente sentada (comiendo) y apareció (como por arte de magia) un anuncio de ingenieros. "Esta es la imagen (de algo) imagen más usual de los ingenieros para cualquiera que sea... etc". Entonces me dieron muchísimas ganas de escribir una carta para ti (tú eres Adrián). Después me paré, dejé de comer (en ese orden), me dirigí a mi cuarto (que está hecho una porquería), traté de despejar mi cama (sin lograrlo), saqué una libreta de hojas cuadriculadas (no hay cosa que me guste más que tú y las hojas cuadriculadas), busqué una pluma (por si las dudas, o por si las gallinas, diré bo-lí-gra-fo), y empecé a escribir. ¡OOOOH! Y YA. Ni más ni menos. Y aquí estoy:

FIN (THE END) DE LA CRÓNICA DE CÓMO LILIANITA LOGRA ESCRIBIR UNA CARTA PARA ADRIÁN (Leonce, Valencia, Francisco, Pancho, Paco, etc).

PRINCIPIO DE LA CARTA DE LILIANITA DIRIGIDA A ADRIÁN: ¡HOLA! (sólo el principio).

EL TEXTO DE LA CARTA EN SÍ (o en "no", es igual):

Te quiero mucho (y "siempre" te voy a ganar).

EL FINAL DE LA CARTA EN SÍ O EN NO:

ADIOS. Lágrimas de cocodrilo / bueno (¡SÍ! Sí tú) (¡Eeeh! Te la creíste de verdad, ¡VANIDOSO!)

Bueno, (otra vez, porque me desvié, tomé otro camino, cambié de tema, etc).

HASTA LUEGO (ojalá "luego" sea pronto):

FINAL DEL FINAL DE LA CARTA:

En fin...

PRINCIPIO DE LA P.D. (POSDATA ¡TONTO!)

P.D.

CUERPO DE LA POSDATA: Sólo que cambio con el tiempo (la flecha es el tiempo).

MENSAJE DE LA P.D.*:

*Nota (pues búscalo): La P.D. es muda.

COMENTARIOS:

1.- No sé cómo Marilyn se puede reír todo el tiempo (desde que la compré).

2.- Los caballos tenían mucha sed (siguen tomando agua).

3.- Por el Golden Gate no pasa un solo coche (raro en verdad).

4.- Las aves (qué propiedad) de los pósters no se cansan de volar.

5.- El Che es muy discreto (ve siempre de reojo a Marilyn).

6.- Liliana Rivera Garza. Amante de las manzanas, de la felicidad, y de muchas cosas más. Novia (BAH!) de Adrián. Estudiante (ja, ja, ja) del 4to semestre de la prepa. ¿La conoces? ¿No? ¡Ah! Pues le fascina reírse, pero no sola; le gusta reírse con sus amigos, y le gusta hacerlos sentir bien (aunque a veces meta la pata). Madre de cuatro hijos (Juan y Adriana Rendón, Liliana Beltrán y Óscar Robles), con intenciones de adoptar un quinto (Salvador Díliz). Divorciada (de Juan Blas). Delgada, cabello lacio. Nada afecta al cuidado de su gentil personita. Honesta. Payasa (del circo Atayde Hermanos). No tiene un amigo-amigo, pero puede confiar en varias personas (Adrián, Xochitl, Arturo). Sueños de ser marinero, y andar por todo el mundo, de atreverse a aprender muchas cosas, de ser aceptada, querida. ¿No das con ella? Pues no le gusta la leche caliente, y no es ella cuando se violenta (digo, perdón, cuando come carne de puerco, mariscos y pescado). Soñó un tiempo con ser guitarrista, otro con ser pintora, y la mayor parte de sus 16 años soñó con ser nadadora, pero... Nunca falta. Hay algunas cosas que se lo impiden (NO IMPORTAN). Se enamoró a los 16, tal parece que fue en abril o mayo del 86 (no importa de quién). Nunca se le olvidará que fue su primer amor (vaya payasada). Hay gente que la quiere mucho, pero ninguno tan locuaz como Adrián (por eso sigue pensando cada día, 24 horas, en él). Últimamente está pensando que Gaby (sí, Gaby) se aleja cada día más de ella, pero también piensa que Gaby tiene razón pues Lily le dedica mucho tiempo al juego y a los (¿cómo se diría?) bueno, no sé cómo decirlo (a Chava, a Arturo, a Fontana, etc). Es más, ha llegado a pensar que se portó grosera con Adrián sólo por estar con ellos (la divierten sobremanera). Hay que entenderla... (es muy inocente [...]).

[fantasy]

Bueno, aquí estoy, tratando de escribir algo que me libere de todo lo que llevo dentro, que me libere de mí misma...bueno, no sé. "El amor que tú me das es como un día gris...las cosas son así, un tramposo, una mujer". Eso es lo que se escucha de allá afuera... chistoso, ¿verdad? Bueno, a mí me causa risa, risas

y sonrisas, sí: amiquitos, su amigo el payaso Bozo les regala-
rá_____ con sólo llamar al tel ///////// y decirnos cuál
es la capital de soledadandia, hasta entonces los deleitaré con
mi canción ++++++++++, buenos días, AAAAAAAAAAMI-
gUITooooooo55555555555555!!!!!!!!!!!

Qué payasada, ¿verdad?)( ) ( ). Es raro todo lo que pasa,
bueno, raro desde el momento en que yo me quiero sentir como
fuera de todo eso, y lo quiero ver todo raro. Sí, mira: si yo estoy
dentro de todo eso, pues se me hace normal, pero ¿si no? ....
¿quién sabe? Quiero hablar en particular de cada una de las
personas que en un momento dado... ¿en un momento dado qué?
Bueno, no sé. Acabo de voltear hacia la ventana y he descubierto un cielo azul, azul como el azul de los colores Fantasy que
tuve de chica (el azul más claro, por supuesto). Sí, los tuve de
chica, porque después ya no quise colores de simple madera,
sino plumones, también fantasy, y después tuve unos marcado-
res que me compraron porque creímos que podían ser útiles (para
todos fueron útiles menos para mí). También he tenido varias
cajas pequeñas pero no creo que pasen de tres. Bueno, esos
fueron todos los colores que tuve. Ahora tengo los que sobran
de todos aquellos y los del sol, perdón, la luz, con esos, como
con los de antes, pinto todo lo que se me da la gana. Me gustaría pintar ahora a Gabriela de color amarillo, a Óscar de muchos colores, todo el arcoíris para él, sería bello, ¿no? A Caro de
color verde, a Jazmín de violeta, a Fontana de azul, a Adrián
de café, a Aída de rojo, a Xochitl de blanco, a César de morado,
a Martha Mendiola de negro, a Manuel de color vino (y el vino
tomármelo, be-bér-me-lo), a Julio de rosa, a Óscar de arcoíris, a
Óscar de arcoíris, a Chava de verde botella, a Tocho de beige,
a Arturo de azul rey, a Óscar de arcoíris.

[callarse algo]

"Respetable" señor (ja ja ja):

Me ha llamado usted mentirosa y... no sé, no estoy segura de que dicho nombramiento me ofenda o me moleste, puesto que sé que sí, que soy mentirosa, aunque creo que esa palabra no me gusta mucho (¿por qué no buscaste otra?). Bueno, bueno, ese no es el caso, ¿verdad? Estábamos en que soy una "mentirosa" (con opción a otro nombre). Ah, le diré que me divierte. Uno puede inventar infinidad de cosas y sentirlas ¿por qué no? (todo lo que se necesita es tratar) y luego hacer bolas a los demás (...) No, no, no lo digo por nada, pero es agradable saber qué piensan los demás y que los demás solo se hagan conjeturas de lo mío, exclusivamente mío (por eso me lo dieron).

Bueno, no sé, me sentí un José Luis cualquiera, y siento (en el alma) como siempre decirle que todas esas mentiras encierran infinidad de cosas verdaderas, el caso es buscarlas, pero... como creo percibir, al señor le gusta todo digerido, ni modo.

Le quiero hacer una (o varias) preguntas: ¿qué será de este pobre mundo si uno no se callara algunas cosas? ¿Si todo se dijera? ¿Sin misterio? Qué aburrido, ¿no?

El caso es que su gentil servidora, algunos días es una y otros otra, ¿comprende? Y yo no le llamo volubilidad (que sería tanto como un terrorífico defecto; sino relatividad (que es lo natural en un ser que piensa [o al menos trata]).

Es cuestión de enfoques, pensar positivamente... (¿ok?)

¿Sabe? Hay una persona que creo me conoce más de lo que yo (a ella), y eso es estar en desventaja, porque la quiero, porque sabe qué onda conmigo, y yo no puedo hacer nada... es irremediable. Y esa persona, él o ella, no importa, jamás me hizo preguntas. Simplemente me descubrió, no sé si conscientemente, pero ¡ahí está!

Creo que esa es la única forma de estar segura de que siempre se tendrá a alguien cerca: poco a poco, burdamente, para después limar las cosas, los pensamientos, los sentimientos, y las acciones. Jamás todo de golpe, porque ahí ya no hay misterio, ya no hay un por qué. Y así ya no tiene chiste... ¿está claro?

[este cielo enojosamente azul]

Busco, quiero probar cosas nuevas; quizá más dolor y más soledad, pero creo que vale la pena. Sé que hay algo más que estas cuatro paredes y este cielo enojosamente azul. ¿Cómo se puede amar tanto sin querer realmente?

MILENA

MILENA   milena

MILENA

MILEna

mi-le-na

[tú no sabes amar]

Nos enojábamos, como todas las hermanas. A mí me desesperaba que, de muy niña, Liliana me siguiera de cuarto en cuarto cuando yo quería estar sola. Déjame pensar, le decía. A ella siempre le molestó que, como nos llevaban en la mañana a la escuela al mismo tiempo, mi desgano, mi incapacidad para levantarme temprano o mi lentitud para desayunar se convirtiera siempre en un retraso que ponía a prueba su puntualidad. Nunca tuvimos el problema de prestarnos ropa porque cuatro años pesan mucho en el desarrollo de los cuerpos durante la pubertad. Ella detestaba el desorden de mi cuarto, mi manera desgarbada de vestir, mi absoluta falta de arreglo personal. A mí me resultaban odiosos sus muñequitos de peluche, la invasión de Kitty sobre los objetos más disímiles de la casa, el hecho de que siempre iba a la moda. Cuando las mujeres empezaron a usar spray para levantarse el fleco en forma de ola sobre la frente, Liliana lo usó. Y yo me burlé. Cursi. Consumista. Femenina. Una frontera silenciosa pero indisputable me colocaba a mí en el lado del padre, entre otras cosas porque siempre fui muy parecida físicamente a él, y a Liliana en el lado de la madre. La similitud entre ellas, que nos pasaba desapercibida entonces, es notoria en las fotografías de la época: las dos son altas, de piernas muy largas, cabello lacio y grueso, cejas tupidas, ojos grandes, labios carnosos. Mi hermana fue siempre una mujer muy bella.

La pelea más grande que tuvimos fue acerca del amor. La fecha es incierta, pero el sitio irrumpe con nitidez en la memoria: ahí estamos, Liliana y yo dentro de un auto estacionado frente al Mercado Morelos. Es Toluca otra vez. Toluca, que significa lluvia gris, que significa aves tristísimas, que significa desgraciadamente. Toluca y su maldito cielo azul. Debe ser un día de invierno porque la luz, clara, muy fina, recorta las sombras de los árboles con mucha exactitud sobre las banquetas. Mi madre se ha bajado del coche para comprar algo y yo, que acabo de tener una desavenencia con ella, me remuevo sobre el asiento del copiloto con los puños cerrados. La odio, digo. Entre dientes. La odio.

¿Cómo es que, en mi memoria, Liliana aparece en el piso del auto, junto a los pedales del freno y del acelerador? No lo sé. Lo que sí sé, lo que sí recuerdo claramente, es lo que dice entonces, con mucha calma: es que tú no sabes amar.

La frase me toma por sorpresa. He pensado mucho sobre el amor en esos días. Desde que entré a la universidad, no hago otra cosa más que pensar en la lucha de clases y en el amor. El amor me estorba, me saca de quicio, me sofoca. Cuando las amigas cuentan embelesadas sus historias de amor, yo sólo alcanzo a distinguir sometimiento, falta de libertad, fracasos profesionales. Muchas dicen que quieren viajar, conocer el mundo, hacer cosas importantes, pero acaban enamorándose y, después, embarazándose, y pronto todo queda atrás. Pronto ellas quedan atrás de sí mismas. Alguien debe parar al amor. Alguien debe delatarlo. En esos días me la paso escribiendo textos contra el amor. No son manifiestos o lo que hoy denominaría ensayos, sino relatos. Cuentos. Hay un personaje femenino, una joven mujer que se hace llamar Xian, que huye desesperadamente, sin mucha probabilidad de éxito, de hombres y mujeres que le prometen amor. *El amor es esto, inventar mentiras y creértelas a fondo.* Xian se resiste a irse de mis cuentos. Pronto, tengo tres, luego cuatro. Luego más. Todavía no sé que estoy escribiendo mi primer libro cuando Liliana, desde la base del asiento de un auto, me asegura que yo no sé amar.

Hay algo en la manera en que lo dice, como si estuviera al tanto de algo que a mí, su hermana mayor, se le hubiera pasado por completo. Tan inteligente y tan boba. Tan cerrada de la cabeza. Tan egoísta. ¿Hay ahí, en sus palabras, una sabiduría que excede en mucho a sus años? ¿O es eso lo que la gente llama resignación? Liliana no está tratando de convencerme, ni de juzgarme. Lo que sale de su boca es simplemente una declaración de un hecho. Una oración que nace ya completa, con toda la extensión que tendrá años después. Tú no sabes amar, mi querida hermana favorita. ¿Y tú sí?, quiero preguntarle, pero la estupefacción y la rabia, aunque sobre todo el miedo, me ciegan de repente, obligándome a cerrar la boca. Sé la respuesta. Mucho me temo saber la respuesta de memoria.

Nunca dudé del amor de Liliana. Nunca dudé, quiero decir, que Liliana me amara a mí. Recelé de todos los demás: los novios, los amigos, los parientes, mis padres. Supuse que los parientes que se me lanzaban a la yugular por mi falta de creencia en dios no me querían. Y me importaba poco. Los que se asqueaban ante modos de vida que ellos llamaban libertinos y yo libertarios, no me querían. E importaban poco. Supuse que tampoco me querían los novios que se alejaban o las amigas que, sin explicación de por medio, me dejaban de hablar. Llegué a creer que la insistencia de mis padres contra una libertad que ellos habían instalado en mí también era falta de cariño. Pero siempre me sentí protegida en el mundo porque sabía, estaba cierta de que pasara lo que pasara, al final de todo, Liliana siempre me querría.

Creí ciegamente, absolutamente, honestamente en su capacidad de amor.

[¿y si supiera qué va a ser de mí?]

Ésta es la última hoja de mi libreta, bueno, la primera de atrás para adelante, tú sabes ¿no?, según se vea porque eso "es pensar joven, es pensar positivamente, cuestión de enfoques". ¿No te gusta ese anuncio? Ah, pues a mí sí... (¿y eso qué?). (Pues nada).

Estoy toda (completamente) aflojerada, tengo sueño y cuando uno tiene esas dos cosas y "pero sin embargo" también tiene una repulsión muy grande a dormir en el día, se origina un choque muy fuerte y, ¿sabes qué pasa? Pues que además de tener sueño y flojera da una especie de apendejamiento muy gracioso (eso me pasa ahorita) tanto que hasta dan ganas de sentarte, acostarte o hincarte en cualquier lugar. Y entonces sucede que irremediablemente uno se pone a pensar, y pensar, y volteas a ver el reloj, y piensas que tu mamá ya va a llegar, y que tienes que pagar tu recibo de la escuela, y que hoy no viste a Ángel, y que no tienes ganas de entrenar. También piensas que ya no quieres ir a entrenar porque cuando no te encuentras en un ambiente tranquilo es imposible que desarrolles todo tu potencial físico y de concentración, y piensas que ya casi llegan tus exámenes, y encima de todo te preocupas, pero la preocupación no llega a ser tan grande como para levantarte, tomar tu libreta, y estudiar, ¿verdad?

Bueno, algo parecido pasa cuando estás así, porque es algo así igual, ¿eh? Porque no saber expresar bien lo que estás pensando, entonces pasa algo que se te hace muy raro, es algo así como pensar si de verdad eres tú la que está escribiendo, como si... ¡Y DE PRONTO! (como por arte de magia) se aparece en tu mente un sueño (no sé de cuándo fue) y de pronto igual se va y lo olvidas. Y tienes más sueño aún, y más. Y, ouch, te da comezón en la espalda, te rascas con coraje porque te molesta no poder rascarte cómodamente, caray, y te preguntas ¿por qué le ponen tanto cloro a la alberca? ¡Me pone sequísima la piel! Y lo malo no es eso sino lo que provoca la piel reseca: comezón. Entonces sigues pensando en la alberca, y en el cloro, que además de la comezón deja un olor característico de la sustancia así llamada, cuyo símbolo es Cl. Y entonces te acuerdas de la clase de química y de algo más por consecuencia, y te da asco, y prefieres dejarlo por la paz. Paz. Carajo. ¿Y si hubiera paz? ¿Y si no hubiera gente que se muere de hambre? ¿Y si hubiera justicia? ¿Y si las personas se apreciaran realmente por lo que son y no por lo que aparentan o por su imagen? ¿Y si me durmiera? ¿Y si supiera qué va a ser de mí? Pero tengo sueño, y estoy harta de buscar y buscar cariño, comprensión, tranquilidad, y también estoy harta de encontrar todo eso, y estoy harta de sentirme mal porque busco las cosas, las encuentro, y después no me llenan, no me satisfacen. Quizá es porque las busco demasiado burdas (o refinadas). Bueno, no sé, pero ése es el caso, y tengo sueño, y sigo con sueño, y me estoy hundiendo en mi sueño. Y ¡Oh! ¿Oh qué? Pues nada, nada pasa en este momentito, chiquito, bonito, tontito, ito.

Y luego cerraste los ojos, y te imaginaste viendo algo realmente bello, flores, muchas, muchísimas, verdes y verde-azul, y todas sobre ti, a tus pies, y en todos lados, y con ese pensamiento te quedaste dormida, y tu mamá llegó y después te despertó. Y te enojaste, y pensaste que has visto (por lo menos en los últimos cinco años) hacerse vieja a mucha gente y te dolió pensar que a ti te iban a considerar así cuando pasara determinada edad que la gente nos ha impuesto como un límite para la juventud. ¡Qué triste!

Y te duele todo el cuerpo. Y piensas que es porque al fin te pusiste a hacer algo, y ¡ya!

III

ANDAMOS PERRAS, ANDAMOS DIABLAS

[¿sabes a qué me refiero?]

21051987

Lety:

Las cosas deben ser por orden, pero en esta ocasión yo digo que las cosas deben ser un desorden. Así que:

Hasta luego, saludos a todos
Liliana.

Se me ocurrió escribirte, porque estaba viendo unas fotos de hace como dos siglos, estábamos muy chiquitas, quiero decir, más chiquitas, y como quiero evitar estar tragando me dispuse a hacer algo que me tenga ocupada (aunque sea por diez minutos).

Hemos crecido, y eso me tiene maravillada. ¿Tú sentiste cómo creciste? A excepción de eso de la regla y el desarrollo de mi inocente cuerpecito de los 6, 7, o 13 años, yo no tengo otra prueba de los cambios que he sufrido. ¡Carajo!

Cuándo vienes, ¿eh?

¿Cómo te va en tu bachillerato? Estás en el de Humanidades, por lo que sé.

Yo estoy en el de Físico-Matemáticas, o su equivalente, que según tengo entendido allá es Ciencias Exactas. O algo así. Llevo clases muy interesantes, geometría, dibujo, cálculo, física, y todas esas cosas que sí me gustan.

¿Has cambiado, Lety? ¿Piensas de otra manera? Dirás que estoy traumada con eso de los cambios, pero como que me estoy dando cuenta de cosas.

¿Cómo estás? Hola, ¿Cómo te ha ido? Yo estoy bien y con mucho trabajo.

¿Sabes? Han pasado cosas, no sé si muchas o pocas, pero son grandísimas, además de que marcan la pauta de otra persona en uno mismo... Yo no pensé que hubiera situaciones que degeneren lo que uno tiene pensado por años, pero parece que así es.

¿Sabes a qué me refiero?

Ajá, por ahí va la cosa.

Éste es sólo un recuerdito de alguien que te quiere mucho y no por la familiaridad, o por azares, simplemente porque eres tú.

Contéstame, por favor.

Liliana.

[vehemencia]

La huelga universitaria puso las cosas de cabeza ese inicio de año. Yo había terminado formalmente las clases de mi carrera de sociología, pero todavía estaba en proceso de escribir una tesis de 200 cuartillas sobre la participación de las mujeres en los movimientos urbano-populares de la Ciudad de México, con base en un estudio de campo que habíamos llevado a cabo en la colonia Belvedere, un asentamiento de paracaidistas al sur de la ciudad. Además, impartía un curso introductorio como asistente de profesor en mi campus, y había conseguido un par de clases también en la UAEM, donde me había inscrito, más bien a regañadientes, en una maestría. Ya no vivía en la recámara solitaria, de grandes ventanales, que mis padres habían pagado durante mis años de estudiante universitaria, y andaba a salto de mata entre cuartuchos de vecindad en los cinturones de miseria de la gran metrópolis, los sillones en las salas de los amigos más estables, y los fallidos intentos de formar una comuna. No tenía un centavo, pero empezaba a gozar de una libertad que significaba estar fuera del control de mis padres. Entre una cosa y otra, tomaba el autobús de la Central de Observatorio para ir a Toluca, a veces sólo a impartir las clases en la Facultad de Ciencias Políticas para regresar inmediatamente a la Ciudad de México, y otras, las menos, me detenía fugazmente a visitar una casa que, con el paso de los años, me resultaba cada vez más asfixiante.

Supongo que fue durante esa época que supe de Ángel.

No teníamos la costumbre de hacernos confesiones íntimas. Desde que empezamos a crecer, tanto Liliana como yo pactamos el acuerdo tácito de evitar la historia de la sexualidad y la historia del amor. Hablábamos, y mucho, de los libros que me acompañaban, casi todos productos de las expropiaciones que llevaban a cabo mis amigos anarquistas en las distintas librerías y comercios de la ciudad. Hablábamos de la música que llevaba a casa en esos discos que compraba en descuento, con los cupones de instructora, en la tienda de la UNAM. Jaime López y Rodrigo González. Sesiones con Emilia. Eugenia León. La Maldita Vecindad. Silvio Rodríguez. Amaury Pérez. Noel Nicola. Una buena colección de los *Deutche Grammaphon*. Hablábamos de política, de lo difícil que era cambiar las cosas, de sindicatos corruptos, de guerras lejanas, de la pobreza que confrontaba en los asentamientos ilegales en Belvedere. Hablábamos mucho sobre mujeres, sobre el movimiento de las mujeres, sobre cómo mi padre, por ejemplo, había limitado la vida de mi madre, o cómo las mujeres eran de facto ciudadanas de segunda clase, sin derechos propios, que recibían trato de menores legales. Liliana me oyó más de una vez describirme a mí misma como feminista, de manera directa y sin vergüenza alguna. Hablábamos, en los momentos más contritos, sobre la posibilidad de que justo en ese momento entrara por la ventana la radiación que había escapado de Chernobyl hacía más de un año. ¿Te imaginas? Hablábamos sobre los viajes que queríamos hacer. África. San Francisco. El Himalaya. Siempre nos quedará París. Nos obsesionaba la libertad: la libertad de amar, la libertad de gozar, la libertad de ir de un lado a otro. *A quién le importa lo que yo haga*, cantaba Alaska y Dinarama. Y nosotras repetíamos una canción que nos sabíamos de memoria. Hablábamos sobre el sagrado derecho de hacer nuestra regalada gana. Siempre pensé que ese muchacho chaparrito y fortachón, de piel blanca y ojos claros, que la venía a buscar con tanta frecuencia era algo pasajero. El típico novio de la provincia que Liliana olvidaría una vez que iniciara verdaderamente su vida en alguna facultad de la UNAM o la UAM en la Ciudad de México.

Ángel no entraba a casa porque nadie que no formara parte de la soberana república de cuatro entraba en ella. Era menos una cosa moralista y más la confirmación cotidiana de un hecho: somos cuatro. Seremos cuatro. Pero todos lo veíamos llegar en su bicicleta de carreras o en un viejo auto Renault remodelado que la memoria a veces me lo trae de color rojo y, a veces, de color negro. Y lo veíamos esperar afuera, pacientemente, amorosamente, ya cerca del pequeño jardín de la casa o en el parque que iniciaba al cruzar la calle y que incluía un par de canchas de básquetbol. Nos burlábamos de él con poco recato. Le decíamos: ya llegó tu chofer, cuando se aparecía su coche en nuestra calle. Le decíamos: mándalo por algo de pan, que haga algunos mandados. A Liliana la entretenía y la enojaba nuestra actitud, pero igual no dejaba de sonreír. No sean así, compórtense, por favor, decía sin mucha convicción. Las pocas veces que lo escuché hablar me quedó claro que tenía un problema de dicción porque arrastraba las erres más de lo debido. Eso, o era un idiota. Eso, o traía entre los dientes los frenos con que los dentistas tratan de mejorar la sonrisa. Eso, o era niño mimado. Me pareció un muchacho absolutamente anodino, que era lo que esperaba de todo muchacho de Toluca. Era un güero en una tierra de morenos, lo que le daba una cierta ventaja. Podía parecer un tipo guapo, de apariencia fuerte, con los hombros y los brazos adiestrados en gimnasios. Chamarra de cuero. Camisetas ajustadas al torso. Tenía la pinta de ser un chico malo. Era, en todo caso, un joven que trabajaba ya en la refaccionaria La Lupita, que tenía la familia en el número 2006 de la calle Pino Suárez Sur, en la colonia Juárez. Una avenida populosa. Liliana y Ángel se llevaban sólo dos años de edad, pero vivían en mundos completamente distintos. A Liliana debió interesarle esa cierta aura de autonomía y peligro que despedía a su paso.

En la primera carta que escribió en 1987, el mismo día con el que abrió el año, un jueves, Liliana mencionó que estaba a dieta y que planeaba estar más delgada para febrero. También le anunciaba a un destinatario sin nombre, pero que seguramente vivía en el Poblado Anáhuac, que se había hecho un nuevo corte y se había "esponjado el pelo con una base". Decía que el efecto le agradaba bastante. Y la alegría, ese estado de bienestar, la llevaba a desviarse hacia los asuntos de la vida cotidiana: una prima menor pasaba unos días en casa y ella se sentía bien con "una hermana postiza", su capacidad de preparar pan francés, la ausencia de cosas espectaculares en su vida. Al final se detenía cuando ya no tiene más que decir, cosa que sucedió en el límite inferior de la hoja cuadriculada donde estampó su firma. Estaba tranquila, aunque aburrida: un cielo sin tormentas.

Es claro que el noviazgo esta vez inició con el año porque en el momento de la primera ruptura mayor, el 26 de junio de 1987, Liliana mencionó que si Ángel había tardado dos años en conquistarla, y si ya tenían seis meses de andar juntos, esperaba que olvidarlo le llevara menos tiempo. ¿Cómo regresó Ángel a su vida? Hasta ese momento, él sólo había sido uno de varios pretendientes que trataban de retener la atención de Liliana y salir con ella, sin éxito alguno. Se había hecho novia de Adrián Leonce Valencia por un tiempo, pero él se mudó a la Ciudad de México y, aunque siguió escribiendo cartas, la relación se enfrió poco a poco. Le habían interesado algunos nadadores y clavadistas de su equipo acuático, pero nada firme salió de ahí. Se daba perfecta cuenta cuando atraía la mirada de algún chico, y se regocijaba con la atención. Sabía cuando le coqueteaban y, cuando le daba la gana, ella coqueteaba también, aventurera, llena de curiosidad, lista para dar el salto fuera de las manos de la infancia. Ella sabía bien que le gustaba a los chicos, que la deseaban incluso. Ese 14 de febrero de 1987, Ángel le hizo llegar una enorme tarjeta roja y un ramo de flores. En letras mayúsculas, sin signos de puntuación y con un trazo que dificulta su lectura, se dirige a ella como Lilianita y le dice: BUENO TÚ SABES QUE COMO QUIERA QUE SEA COMO SE DIGA O ESCRIBA SIEMPRE SERÁ LO MISMO AL DECIRTE O ESCRIBIRTE LO QUE SIENTO POR TI. TE QUIERO MUCHÍSSSSSI- SIMO! La tarjeta que debió haber acompañado al ramo de flores que adquirió en la Florería Cristal, Villada número 314, con teléfono 3-36-63, añadía: EN ESTE DÍA DEVÍ

DE HABER ESCRITO. PARA ALGUIEN ESPECIAL. PERO MEJOR. PARA ALGUIEN MUY ESPECIAL. ÁNGEL.

La tarjeta es, en sí, un artefacto extraño. Un arma de doble filo. La cubierta mate, tapizada de corazones de un rojo brillante, incluye la pregunta o la exclamación: "Valentín, ¿Sabes quién te quiere mucho!". No hay imagen alguna dentro del globo blanco que contenía esa frase que termina, de manera por demás extraña, con un signo de exclamación. Es preciso abrir la tarjeta para encontrar la respuesta en el interior. Pero, al hacerlo, lo primero que salta a la vista es la palabra YO, en mayúsculas, rodeada también de signos de admiración. Yo, y no tú. Yo, y no el amor. Más abajo, centrada y genérica, la frase: Feliz día de San Valentín. Más que profesar su amor, la tarjeta que Ángel le envió a Liliana profesaba su propio yo. La sorpresa que la tarjeta guardaba en sí no era el amor, sino ese yo enorme y preponderante que cubría casi en su totalidad el espacio rectangular del papel. ¿Notó eso Liliana? Mientras la bombardeaba con flores y cajas de dulces, aventones de la casa a la escuela en su coche, y una atención que Liliana pronto empezó a describir como vehemente, ¿estaba capacitada una chica de dieciséis años para reconocer las señas tempranas del depredador? Guapos y arriesgados, Liliana y Ángel pronto se convirtieron en la parejita del momento. Inusuales. La imagen: la chica alta e inteligente tomada de la mano del chico varonil que manejaba ruidosas motocicletas, pasando la tarde en las orillas del campus mientras fumaban cigarrillos y tomaban unos tragos de cerveza. Ella debió haberse sentido especial. El debió haberse sentido realizado. ¿Había, a su alrededor, a nuestro alrededor, el lenguaje que le permitiera identificar y reconocer la cara del peligro? En aquel 14 de febrero de 1987 nadie pensaba, mucho menos expresaba abiertamente, la violencia entre novios adolescentes.

Para mayo, sin embargo, las dudas de Liliana aumentaban, y una inquietud generalizada, a la que ella llamaba indistintamente nervios o histeria, recorría sus letras. Se preguntaba muchas veces si Ángel ya se había cansado de ella, mientras que, al mismo tiempo, la mera idea le parecía inconcebible.

"No creo que el amor, la vehemencia, y la comprensión se puedan acabar en un rato, ¿o sí? Sí, yo creo que en un momento se acaban las cosas, o por lo menos que hay un momento en el cual uno se desilusiona de tal manera que se empiezan a destruir las cosas, ¿no? Un momento. En un momento. ¿Qué será el tiempo? Todavía no logro entender muy bien qué es eso. Se puede medir, pero ¿qué es el tiempo?".

La palabra vehemencia. Esa es la primera vez que aparecía en el vocabulario de Liliana. Y no sería la única.

Una carta de Ángel, escrita el 22 de mayo, a las 12:30 pm, le trajo algo de alivio. Ángel le pedía disculpas, le decía que era un tonto, un egoísta, que tenía "juntas de consejo", "actas del jurídico" y personas que, "por no cooperar con ellas, me fregaban". Ahí mismo, en líneas de letras mayúsculas que, de nueva cuenta, no incluían signos de puntuación, Ángel ponía de manifiesto, de manera un tanto enredada, que esos problemas que lo tenían mal le provocan "un congestionamiento neuronal que hace que no te lo quiera explicar."

"Discúlpame", añadía, "hoy no tenía ganas de hablar de cuestiones políticas no se como se puede iniciar una conversación así. No pienses que seguiré igual te prometo ya no ocasionar mas molestias ni problemas me separaré de eso pero comprende que uno a veces lo hace por otros motivos. No creo que aspectos políticos sean tan importantes como para enojarnos por eso ok. Ángel".

Eso, las cartas mismas revelarían después, no era una cosa o un hábito sino una persona. Se llamaba Araceli. Ángel le estaba prometiendo a Liliana que se iba a separar de ella. Ángel se estaba refiriendo a una mujer a la que recurría por los otros motivos que eran el sexo, como un *eso*. Los pronombres demostrativos son palabras que se utilizan para aludir a un sujeto o a un objeto sin nombrarlo.

Pero la situación no mejoró. Y finalmente estalló en muchos pedazos el 26 de julio, a las 9:45 p.m.

Querido Ángel:

Quisiera escribir tantas cosas... ¿sabes? De todos modos ya me lo temía. No has podido olvidarte de ella, de Araceli. Me siento tan triste. Sí, triste es la palabra; ni siquiera humillada. Fue una tontería tratar de pensarlo, sentir que lo podías hacer. ¿Por qué, Ángel? ¿Por qué las cosas tienen que ser así? No repruebo nada, en los sentimientos, en las dudas, no puede mandar nadie.

Verónica no me lo tenía que decir, ¿por qué tuve que saberlo por ella? ¿Por qué no me lo dijiste tú? Yo lo hubiera entendido, de verdad. ¿Por qué? ¿Por qué no lo dijiste cuando lo pregunté?!!

No soy tan débil como parezco. Ingenua, sí. Me enamoré de ti, sí. La primera vez que amo de esta forma. Ahora estoy sola.

¿Por qué no he encontrado lo que busco? Quizá sea demasiado perfecto lo que pretendo, quizá demasiado sublime, demasiado sencillo o limpio.

Pero no, no me voy a caer. Voy a seguir buscando (quizá después...). Ahora no. Te quiero aún demasiado.

¿De qué estarás hablando con ella? ¿La estarás besando, la estarás tocando? Ahora. Ahorita!!!

Primero lo de mi familia, ahora esto. ¿No habrá gente honesta?

Bueno, de todos modos te quiero... tardé 2 años en hacerlo, quizá me cueste menos tiempo dejar de hacerlo. Ojalá.

Con amor.

Liliana.

"Hacia donde tú decidas ir te seguirá mi apoyo mientras no desistas, porque no hay responsabilidad más atroz ni más sagrada que la que nos obliga a ser nosotros mismos".

L.

P.D. No me lo merecía, yo sé que NO!

Liliana pasó horas enteras añadiendo y borrando párrafos de una carta que, pasada ya en limpio, pasada a máquina, le envió a Ángel dos días después.

Querido Ángel:

Me encuentro verdaderamente confundida (más que nada), triste y humillada... ¿Se pueden olvidar las cosas tan fácilmente? ¿Puedes olvidarlas tú? ... Yo no, no sé si afortunada o desafortunadamente, pero soy de esas raras personas que apenas a los 17 años tiene demasiado alto algunos valores, ya sabes... la honestidad, y todas esas cosas raras, y no hablo de la moral o mojigaterías, simplemente lo que uno piensa es lo más elemental para amar a los demás y a uno mismo... amor, sí... sencillo, no tan sólo amor egoísta por una sola persona, sino por todo, por todos... A lo mejor soy pendeja, pero tengo la convicción de que yo tengo la razón.

Las cosas pasan delante de uno (o si lo prefieres, por detrás) si te interesan, las tomas, si no, lo mejor y más sensato es dejarlas pasar... pensando eso no puedo, no logro entender, por qué me tomaste, para hacer después esto... ¿por qué no me dejaste pasar? ¿Me lo merecía? Yo sé que no. ¡Oh! He pensado tantas cosas, mi cerebro está hecho un caos.

No censuro recordar o querer a otra persona, eso no. En los sentimientos, en las dudas... es difícil influir, pero lo que no concibo, lo que se me hace sucio, enteramente reprobable es no hablar, el no habérmelo dicho... No podrás decir que son cosas que no me incumben, tengo derecho a saber las cosas, sí, el derecho que me dan 6 meses de convivencia contigo, 6 meses (¿o dos años?) de palabras, 6 meses de muchas cosas...

¿Por qué, Ángel? Si yo no te pedí, si yo no mendigué palabras de cariño, ¿por qué me las diste? ... ¿Por qué tanta vehemencia? Nunca me imaginé que fueras así, y aún ahora no lo creo, no pensé que fueras mala leche. Te pensé agresivo, terco y hasta un poco tonto, pero ¿mala gente? Por dios (bueno, por dios no, porque yo no tengo uno) que no.

¿Me pensaste demasiado débil como para entenderlo? Quizá lo parezca, pero no soy débil, no lo soy. Me he caído y me he vuelto a levantar. No digo que mi vida sea un drama griego, porque no lo es, pero creo que me han educado para ser mejor, para no dejarme vencer, para crear y para aprender...

Bueno, después de una gran parrafada, sólo me queda decirte que si me costó un año enamorarme de ti, espero que olvidarte me cueste menos tiempo.

Sé que tarde o temprano voy a encontrar lo que sentimentalmente busco.

Supongo que no querrás contestar esto, y mucho menos buscarme, y siendo así, ya encontraré la forma de mandar tus cosas a "tu" casa.

Tuya (por algún tiempo).
Liliana.

P.D. ¿Por qué lo tuve que saber por Verónica? Creo que eso fue lo humillante.

P.D. de P.D. YO SÉ QUE NO ME MEREZCO COSAS ASÍ!!!!

ESTO ES INjUSTO!!!

(en pocas palabras)

Toluca, Méx., un lunes de julio de 1987.

[el primer julio de nuestras vidas]

Martes 28 de julio de 1987

Pensé que este mes iba a pasar como cualquier otro, como otro mes cualquiera, y como el julio de cualquier año, pero creo que no puede ser así. Este año inicio la facultad (espero) y todo lo que eso conlleva no puede pasar desapercibido. Este julio acabé la prepa, mal que bien, pero la acabé. Este julio estoy en crisis. Este julio estoy triste, es tan feo comprobar que todas las cosas acaban, que ni las propias pueden ser eternas, y con eso no trato de decir que la tristeza sea un estado desagradable, no, creo que mi tristeza me ha llegado a gustar, también mi soledad... No sé que más decir, pero tengo tantas ganas de escribir: escribir lo que pienso, escribir lo que sueño, escribir del cielo gris y de la miseria de la gente...Escribir.

Ayer me di la mojada de mi vida, no pude resistir el hacerlo. Claro, después sentí un frío horrible, pero creo que me importó muy poquito, ni siquiera por las molestias que me trajo el resfriado. Me sentí muy bien, limpia (y no porque no me hubiera bañado antes). Sentí la soledad más cerca que nunca, sentí la diferencia que hay entre mi persona y todo el mundo.

[examen de admisión]

Quería ser libre. Trabajaba, pero sobre todo vivía en libertad esos días. Asistía a marchas y, luego, a fiestas donde había botellas de whisky expropiado, y pays de marihuana hechos en casa, y banderas rojinegras colgando de las ventanas. Después de bailar, después de quitarse la ropa, la muchedumbre terminaba cantando a grito abierto La Internacional. Me sabía La Internacional de memoria. Fumaba y escribía. Escribía y fumaba. De mudanza en mudanza, sólo conservaba la pesada Lettera 33 y las hojas en blanco. Xian no me dejaba en paz. Xian hacía, a su modo, lo que yo no me atrevía a hacer. ¿O era al contrario? No podía viajar a África o a Tombuctú, pero podía tomar un tren y alejarme lo suficiente. Lo hice un par de veces, sin avisar en casa. Sin maleta. Sin dinero. Una vez me dirigí al desierto con un muchacho taciturno y enamorado; otras, como ese verano, agarré un camino que, de manera azarosa, se detuvo por algunos días en la costa de Guerrero. El muchacho que me acompañó en ese viaje escribió conmigo, a cuatro manos, un manifiesto: "Nosotros no estamos enamorados". Lo conocí una noche antes de partir. Pedimos monedas en centrales de autobuses con las que después pagábamos los boletos más baratos, viajamos de polizón en viejos vagones de tren, pedimos aventón a camiones cargados de naranjas. Entre una cosa y otra leímos, completos, *Los Cantos* de Ezra Pound. Robábamos salchichas y pantalones de mezclilla y chocolates finos que, luego, intercambiábamos por comidas corridas en fondas del montón. Vimos todo un ciclo de cine alemán en Guanajuato. Comimos cabrito en Monterrey. Aspiramos la brisa del mar en Tampico. Se nos hizo costumbre decirle adiós con las manos en alto a los niños del camino desde la trinchera del cabús. Una ciudad gris, desprovista de alma, nos esperaba de regreso. *Si tuviera ilusiones/ si existieran razones locuras pasiones/ no habría necesidad/ de pasarme por horas/ bebiendo cantimploras/ de esta gris soledad.* Y la ciudad que nos había unido en el azar, pronto nos separó. Viví un tiempo en el departamento que rentaba un primo en la colonia Roma, en el cuarto que, me platicaba él con ojos alucinados, se aparecía el fantasma de una muchacha asesinada. Poco tiempo después encontré una recámara amplia, de lustrosos pisos de madera, en el barrio bravo de la Buenos Aires, casi enfrente del Centro Médico, muy cerca al panteón francés. Mi cuarto se encontraba en el segundo piso de un edificio umbroso, cuya entrada lucía las huellas coloridas del grafiti urbano. Mi ventana daba a un estrecho callejón, desde el que se alcanzaban a oír las voces de los que vendían partes robadas de auto o cocaína. O fayuca. O marihuana.

Ahí vivía cuando Liliana vino a la Ciudad de México el 21 de septiembre de 1987 a presentar su examen de admisión para la Universidad Autónoma Metropolitana. La universidad había pasado también por una serie de huelgas y había tenido que recorrer tanto la fecha del examen como el inicio de clases ese otoño. Liliana durmió conmigo esa noche y, muy temprano al otro día, salió del departamento hacia el metro. La vi partir por la ventana de la sala. Sus pasos largos. Los cabellos lacios oscilando de derecha a izquierda por entre el aire enrarecido de la mañana. Una muchacha hermosa en la ciudad. Cuando, un par de semanas después, encontró su nombre entre la lista de aprobados, supimos que la carrera de arquitectura se ofrecía en el plantel de Azcapotzalco. Y me puse a buscar, entre mis colegas de la universidad, un lugar donde ella pudiera vivir cerca del campus.

Había querido ser guitarrista, escribió alguna vez en sus textos de adolescente. Había querido ser pintora, y de hecho había tomado clases de dibujo, de acuarela, y de grabado en madera algún tiempo. Había querido ser nadadora, aunque pronto entendió que sus tiempos, que eran buenos para participar en competencias estatales, no eran lo suficientemente buenos como para competir en la liga nacional. Alguna vez consideró la posibilidad de estudiar genética, como mi padre. Algo relacionado con la herencia, había dicho. Pero las clases de dibujo, cálculo y geometría del bachillerato de Físico-Matemáticas la habían convencido que podía estudiar arquitectura. También aprobó el examen de admisión en la Universidad Autónoma del Estado de México, cuya facultad estaba en Toluca, pero al recibir la noticia de que había sido admitida en la UAM no lo dudó un momento.

Ángel le escribió una nota breve a Liliana el 30 de octubre, cuando Liliana se preparaba ya para su primera mudanza. Con letras minúsculas y mayúsculas esta vez, sobre la hoja amarilla de una libreta Scribe, forma italiana, le decía que la estaba pasando bastante mal. Le pedía disculpas otra vez. Se lamentaba por "no poder o no haber podido con un examen de admisión" y le anunciaba, con una objetividad que parecía forzada, que estaba arreglando sus papeles para irse. "Si logro irme", añadía, "me apuraré mucho para regresar con muchas ganas para hacerlo de nuevo". Ese optimismo duraba poco, porque de inmediato volvía la frustración al recordar cómo se sentiría "cuando no te pueda tener cerca de mí y me tenga que conformar. Todo eso me pone muy mal. Discúlpame". Lo cierto fue que, al no aprobar el examen de admisión, Ángel González Ramos se quedaba fuera de la experiencia universitaria, rezagado entre sus contemporáneos y con las opciones de quedarse a trabajar en el negocio de la familia o, como otros tantos, de migrar como fuerza de trabajo barata hacia los Estados Unidos. Aunque en su nota no especificaba cuál era el destino de su viaje, Ángel arregló sus documentos para ir a Chicago, donde pasó unos meses en casa de un antiguo compañero de la preparatoria entre octubre de 1987 y febrero o marzo de 1988.

[recibe el cariño de tu padre]

Uppsala 12/X/87

Liliana:

Felicidades por tu cumpleaños y también por los no-cumpleaños. Y votos para que te vaya bien en todo lo que emprendas, por ahora los exámenes. Cuando naciste me estaba preparando para un examen —para mí han sido momentos muy bonitos. Cuando naciste te fui a ver, estabas gordita. Tu mamá te ha cuidado mucho.

Gracias por todo.

Tu padre que te quiere mucho.

Antonio Rivera Peña

Uppsala 8/X/87

Lili:

Primero quiero felicitarte por haber aprobado el examen en la universidad de la Ciudad de México y al mismo tiempo pedirte algo de información adicional del lugar, del programa de clases y tus planes. Ahora nos vamos a ver quizá los fines de semana y la comunicación de la vida diaria se va a acortar. Yo siento mucho la separación de ustedes, hace un tiempo niñas. Pero la evolución de la vida así es y tiene uno que estar preparado, aunque se sufre al no estarlas viendo todos los días, y más por tu mamá ahora. Realmente yo desearía que todo esto terminara pronto. La relación entre tú y Cristina creo que es resultado lógico de una serie de circunstancias y para estas fechas el mismo ambiente universitario común entre ustedes hace mejor ese entendimiento. Para mí es una satisfacción grande que sea así, hermanas y amigas al mismo tiempo. Yo te deseo lo mejor del mundo, y cuídate mucho.

Por otro lado, las relaciones familiares sí causaron problemas (específicamente por el caso de Cristina). Lo mejor es la distancia, ya que las cosas no se arreglan con un simple "discúlpeme usted y lágrimas", y con personas tratando de hacer la paz. Eso es cuestión únicamente de nuestra familia y nosotros vamos a decidir qué es lo que hay que hacer. En la vida hay muchas cosas muy buenas en las que puede uno gastar el tiempo y en el caso tuyo tienes una vida muy amplia por delante. Adelante. Tu padre, Antonio Rivera Peña.

Uppsala a 20 de octubre de 1987

Hola, Lili:

¿Cómo andan las cosas? Espero que todo bien. Lili, cuídate mucho en esa Ciudad de México y trata de entender al pueblo chilango para que no se te haga difícil. Ahora más que nunca desearía estar en México, pero la situación es otra muy diferente (porque ando haciendo las cosas a destiempo), aunque las cosas están saliendo bien, pero este tiempo de no estar con ustedes me está saliendo muy caro, precisamente por eso, por no estar allá y poder apoyarlas más de cerca y estar viéndolas. A veces se me hace bastante difícil y por eso le estoy dando vueltas a todo esto, pero para que salgan los escritos no sólo depende de mí sino también de los asesores y los revisores.

Lili, ahora que están en México tú y Cristina atiendan bien su alimentación, sobre todo Cristina, yo no sé cuál será la dieta mejor y más balanceada, lo que sé es que la comida variada y más natural mantiene a la gente más despierta para no agotarse y también contrarrestar el ambiente de la ciudad, ya que a ustedes les quedan muchas cosas por hacer en el futuro. Por algunas razones me gustaría que tu mamá viviera con ustedes un tiempo e ir llevando el cambio más gradual y no tan rápido como lo están llevando ahora. Inicias un periodo de más independencia en donde todo o casi todo depende exclusivamente de ti, pero un apoyo más directo creo que es mejor. Yo creo que con Cristina debimos hacerlo más durante sus estudios, sin embargo, ella respondió como una mujer fuerte (aunque yo a veces la veo muy débil). La cosa buena de la vida es que afortunadamente nos ofrece la oportunidad de hacerlo y para mí es de las cosas que más me gusta hacer y lo voy a continuar haciendo con ella y contigo.

Qué bueno que te sientas a gusto en esa universidad (no recuerdo en dónde está) y por lo de las clases y la intensidad de trabajo, eso es parte también de lo que le da prestigio a una institución, por supuesto la gente que estudia en esos centros y recuerda que las cosas buenas cuestan, y mucho. A veces se tienen momentos de desesperación o de soledad, algunas veces las cosas no salen como uno quiere, pero todo eso se va recompensando por las otras cosas buenas que se obtienen y que lo hacen a uno continuar con más fuerza que antes, pero eso sí, hay que provocar para que las cosas buenas salgan. La fuerza de una persona no sólo es la fuerza física, la más fuerte es la mental, y la voluntad, que es lo que te hace mover, cimentadas en conceptos y principios que se han adquirido en la vida. Así que hay elecciones en la vida y tienes todo mi apoyo en lo que has elegido estudiar.

Aquí en Uppsala yo digo que recibo carta de la niña menor y de la niña mayor, cuando les digo las edades se ríen un poco. Por aquí también hay días en que avanzo más que otros. Antes de ir a México tengo que dejar tres escritos listos para publicar.

Estuve en Copenhague consultando material y posiblemente tenga que ir a Inglaterra, pero esos son sólo planes hasta ahora, cuestiones de las especies silvestres de papa. Recibe el cariño de tu padre, Antonio Rivera Peña.

[andamos perras, andamos diablas]

Envié el manuscrito de *La guerra no importa* al Premio Nacional de Cuento San Luis Potosí con más arrojo que esperanza. Había participado en un par de talleres literarios en la universidad, pero del segundo me habían corrido por haber contrariado al instructor respecto a sus ideas sobre Octavio Paz. Seguí escribiendo porque sí, porque era mi manera automática de reaccionar ante la hecatombe de unos años en que las crisis económicas, las devaluaciones de la moneda, la absoluta falta de libertad y democracia, las guerras internacionales, hacían la vida imposible, mejor dicho, indeseable. Seguía escribiendo porque no había de otra, como lo hacía Liliana.

Los cuentos de Xian, que eran unidades discretas en sí mismas, estaban entrelazados a través de una trama muy frágil y formaban, eso era a lo que aspiraba yo, una especie de novela titubeante, quebradiza, a punto de deshacerse. Esa era más o menos mi visión de la ciudad entonces. Me sentía así: atrapada en una red de agujeros que, paradójicamente, no ofrecía salida alguna. Xian bebía demasiado, huía demasiado, mentía demasiado, fracasaba demasiado. Sus relaciones con hombres y mujeres eran equívocas, teñidas por afectos más bien opacos, pasiones tristes que se desvanecían tras el humo de los coches o el vaho del alcohol. Todo terminaba pudriéndose en la ciudad que ella habitaba, sobre todo las ganas de vivir.

En uno de los cuentos, un hombre secuestra a Xian porque quiere saber el paradero de Julia, la pelirroja anarquista cuyo paradero es un enigma desde el principio del libro. ¿También tú te enamoraste de ella, viejito raboverde?, le pregunta con ironía la muchacha antes de recibir una cachetada sonora. Por lo demás, el secuestrador es paciente. Le permite estar en paz en ese departamento de paredes blancas mientras ella no hace otra cosa más que zambullirse en una bañera de porcelana, y recuerda. A Julia, a quien había conocido gracias a una mentira urdida y llevada a cabo en el acto, le parecía que lo verdaderamente importante en el mundo no era la verdad, sino la complicidad. Ponme un nombre, llámame como quieras, la invitó durante su primer recorrido veloz por la ciudad. Y Xian la bautizó entonces con el nombre de Terri, porque la mujer era, en efecto, terrible. Desempleadas, con conexiones más bien caprichosas con organizaciones subterráneas, sin oficio ni beneficio, las chicas pasan los días viajando en trenes desvencijados, husmeando vecindades viejas, o sentándose sobre los escalones de la entrada de edificios umbrosos, cuyos portones de metal mostraban con más resignación que orgullo los tachones de las pintas de las distintas pandillas del barrio. Justo por ahí pasa un perro negro, humilde y amenazante, con el hocico abierto, que Terri no teme acariciar. Es el diablo, le dice a su amiga. ¿Cómo lo sabes? Es obvio, tiene cara de buscar dueño o de querer matar gente. Como tú. Y como tú, amiguita. Andamos perras, andamos diablas, con la soledad a cuestas.

Ahora, todos estos años después, me pregunto si algún día tuve ese diálogo con mi hermana en el tétrico edificio de la Buenos Aires.

El libro, por lo demás, ganó el premio. En noviembre de ese mismo año fui a San Luis Potosí a recibir un diploma en letras doradas y un cheque que, junto con algunos magros ahorros, pudo costear el viaje que me depositó en Estados Unidos a inicios del verano de 1988. Cuando, meses después, se llevó a cabo la primera presentación del libro en El Cuervo, un bar en el centro de Coyoacán, Liliana estuvo ahí.

Liliana siempre estuvo ahí.

[me duele estar lejos]

Uppsala, a 14 de abril de 1988

Hola, Lili:

La nenita:

Recibí tu última carta primero que la próxima anterior, en otras palabras, la que escribiste el 15 de marzo llegó el 13 de abril y la del 23 de marzo el 5 de abril, por cierto, llegó junto con una de tu mamá, así que me siento muy bien de recibir cartas cada semana. Es muy bonito. Así es que en el orden de las fechas que las escribiste las comento, pero primero te voy a decir cómo andan las cosas por acá de este lado del charco (el Atlántico). Ya mandé mi primer trabajo a publicar, ahora sólo a esperar porque en este caso no hay otra alternativa más que esperar la decisión, si me aceptan o no, mientras tanto continúo con los que siguen, afortunadamente he aprendido algo, como redactar en inglés, no perfecto pero aceptable, porque me las tienen que revisar los de Languages, y además pasan por la revisión de los Umerus, que tienen muy buen inglés y buenas ideas, por qué no decirlo también. Yo lo que deseo ahora es dejar las cosas lo más avanzadas posible, eso quiere decir dejar completo el trabajo para en caso de que vaya a México en junio, y después venir solamente al examen en septiembre. Como puedes ver los planes casi nunca salen en estos negocios del PhD. El clima en Suecia está mejorando. Hay más días de sol. Está saliendo a las 5:30 y la puesta es a las 8 de la tarde. Son días un poco largos, pero es mejor que el invierno, aunque todavía la temperatura anda por entre 0 y 10 centígrados.

Bueno, ya viene el 30 de abril. Felicitaciones para ti por el día del niño. Ten mucho cuidado al manejar, si puedes saca tu licencia, es mejor, de otra manera es recomendable que vaya contigo tu mamá cuando manejes. La vida universitaria así es, vive tu vida de estudiante. Lo que me preocupa es eso de cambiarse de casa, nuevas gentes, que a veces no sabe uno. Cuídate mucho en esa Ciudad de México. Es cierto que desearía estar allá para ayudarte en algo. Y con tus amigos establece siempre las bases de convivencia desde un principio para que no haya malentendidos después. Y aliméntate bien, recuerda los problemas de estómago que tuviste hace algún tiempo. Me duele estar lejos de ustedes. Estoy haciendo todo lo posible para volver. Ya son muchos meses y quiero verte crecer y platicar de cosas, de todo, de éxitos, de problemas, de alegrías, de tristezas, de estudios, de cómo te vas desarrollando. Realmente ahora que he estado mucho tiempo por acá no sé si vale la pena. Yo quiero obtener este grado, pero el precio al estar lejos de ustedes es muy alto. Nunca me ha pasado por la mente en hacer diferencias entre ustedes y estoy seguro de que tu mamá tampoco. Así es que quítate eso de la cabeza. Cada individuo tiene sus características muy particulares, pero es natural, lo importante precisamente es conocerse a uno mismo y hacer lo posible por entender a los demás.

Yo pienso que todos en la familia nos comprendemos y nos entendemos, así es que adelante. Entiendo ahora que la mayor parte del tiempo estés fuera de casa, pero también en esos momentos un poco difíciles se forja el individuo y lo hacen más fuerte para prepararlo para la vida. Tú tienes tus principios, tienes mi apoyo, la vida se gana con coraje, con persistencia, mucha voluntad y trabajo, pero la vida de estudiante es una de las etapas más bonitas, recuerda que tienes unos padres y una hermana que te queremos mucho, pero mucho. Tu padre Antonio Rivera Peña.

IV

INVIERNO

It's winter that makes people who they are.

YOKO TAWADA, *The Naked Eye*

[harrisburg trail]

Planeamos el viaje rápidamente. Uno puede no saber por muchos años, pero una vez que quiere saber, uno quiere saberlo todo de inmediato. Una prisa extraña, como si todavía estuviera a punto de salvarla, recorría la energía nerviosa de esos días. Todos los alumnos de la universidad tenían su cara, y verla ahí, sobre esos otros hombros, bajo esas cabelleras tupidas, me provocaba accesos de llanto que trataba de ocultar yendo al baño. Fui muchas veces al baño ese semestre. Estaban, también, las pesadillas. Soñaba que la asesinaban y, al despertar con la respiración entrecortada, el sudor sobre la frente, y una pesada presión sobre el pecho, descubría que la realidad era peor: Liliana no estaba conmigo. Liliana tenía treinta años bajo tierra.

Pasamos la navidad de 2019 en la casa de Houston. Mis padres llegaron con bastante anticipación, listos para disfrutar esos días de visitar parientes, olvidar la dieta y contar historias mil veces compartidas. Nos acoplamos pronto a una costumbre adoptada ya tiempo atrás: salir a caminar cada mañana al Harrisburg Trail, una pista originalmente para bicicletas que pasa no muy lejos de la casa. El recorrido nos tomaba unos cincuenta minutos al paso lento de mi padre, quien además de la alta presión ha sufrido de coágulos en la pierna derecha. Aunque animoso, y fuerte en realidad para un hombre de ochenta y cuatro años, se sentaba un rato sobre una de las bancas del camino, mientras mi madre y yo llegábamos hasta el final de la pista y regresábamos a encontrarlo en su punto de descanso. Un día de mucho sol, un día en que los pájaros organizaban una alharaca inusual entre las ramas de los encinos, un día de ardillas enloquecidas y perros sueltos, les dije con mucho cuidado, muy lentamente, que estaba tratando de recuperar el expediente de Liliana. El mundo se detuvo por un momento. Un remolino sacudió las ramas de los árboles y nos llenó el cabello de hojas secas. El olor de los árboles de toronja nunca fue más penetrante. Algo estaba a punto de pasar en lo más profundo del invierno. Mi padre se sentó, exhausto, mil veces derrotado y, extendiendo la pierna derecha sobre la banca, dijo: en lo que te pueda ayudar. Mi madre abrió los ojos, repentinamente humedecidos, y dijo: debe hacerse justicia.

Decidimos no hacer nada complicado para la cena de Año Nuevo: compramos tortillas de harina y de maíz, y una carne preparada con achiote y piña en Flamingoes, la tienda de una familia de la India donde se vende comida tradicional mexicana. Colocamos platos base de color dorado sobre la mesa, las servilletas de lino, y sacamos la mejor vajilla para comer tacos al pastor. En el centro, pusimos el arreglo de flores blancas que había comprado semanas atrás, cuando era apenas un manojo de bulbos enterrados en una caja de madera. A su lado, por primera vez, coloqué la fotografía de Liliana. Es un pequeño marco color guinda con ribetes de oro viejo en el que aparece su cabeza bañada por la luz hiriente del invierno de las tierras altas. Su cabello es un puro destello a través del tiempo. Trae puestos los lentes quevedianos que escogí para ella en un mercado de pulgas de la Ciudad de México: pequeños óvalos cuyos costados estrechos fueron tallados con pericia. Viste una enorme blusa de franela color verde oscuro que se le cae por los hombros. Sus labios, a punto de abrirse, menos para articular palabra y más para respirar. Liliana mira hacia la cámara directamente, con unos ojos que por años interpreté como de desolación. O de confusión. O de reproche. Ahora, viéndola de reojo durante la cena, me pareció que nos conminaba de otro modo.

Por primera vez hablamos sobre ella en oraciones completas. Contra lo que esperaba, ninguno de nosotros se echó a llorar. Ninguno cayó de rodillas, a punto de desfallecer. Las escenas aparecían una tras otra, sin prisa. Una sonrisa aquí. Un suspiro allá. Liliana de chica, persiguiéndome de cuarto en cuarto en nuestra casa de Delicias, Chihuahua. Liliana, nadando. El primer día que fue al kínder. Liliana en el Hospital del Niño, sufriendo de una terrible infección de riñón. La sonrisa inimitable de Liliana. Su amor. La manera en que nos prodigó el lujo de su afecto durante tantos años. A las doce en punto nos colocamos, una a una, las doce uvas en la boca. El deseo era el mismo: que se haga justicia. Luego, elevamos las copas y brindamos. Mientras nos abrazábamos, cuando ya no fue posible detener el llanto, pensé que esto era algo más que nunca hice con mi hermana: beber burbujas.

Al siguiente día, en medio de un Harrisburg Trail casi desierto, un ciclista solitario se nos atravesó en el camino. Sin palabra de por medio me extendió la mano. Sin palabra de por medio, me dio a entender que tenía que tomar el sobre que me estaba ofreciendo. Lo dudé por un instante. Anthrax, pensé. ¿Qué otro tipo de veneno mortal se transmite en sobres sellados? Al final, lo tomé porque quería darle una lección a mi paranoia matutina. Para cuando lo abrí, para cuando saqué la tarjeta y descubrí en su interior dos billetes, uno de 20 y otro de 5 dólares, el ciclista ya se había esfumado. Nunca supe por qué, de entre los pocos caminantes del nuevo año, el ciclista joven, de piel marchita y manos enjutas, me eligió a mí. Pero se lo agradecí. Dije: Gracias, Liliana. ¿Cómo no pensar que todo ahora estaba relacionado, de un modo u otro, contigo?

Veía su mano detrás de la invitación que acepté, unos seis meses antes, para impartir un curso intensivo en la Casa Azul de la UNAM a inicios de 2020. Veía su mano en lo fácil que le fue a Saúl hacer los arreglos para que coincidiéramos los dos en la Ciudad de México el 9 enero de 2020. Vivir en duelo es esto: nunca estar sola. Invisible pero patente de muchas formas, la presencia de los muertos nos acompaña en los minúsculos intersticios de los días. Por sobre el hombro, a un lado de la voz, en el eco de cada paso. Arriba de las ventanas, en el filo del horizonte, entre las sombras de los árboles. Siempre están allá y siempre están aquí, con y adentro de nosotros, y afuera, envolviéndonos con su calidez, protegiéndonos de la intemperie. Éste es el trabajo del duelo: reconocer su presencia, decirle que sí a su presencia. Siempre hay otros ojos viendo lo que veo e imaginar ese otro ángulo, imaginar lo que unos sentidos que no son los míos podrían apreciar a través de mis sentidos es, bien mirado, una definición puntual del amor.

El duelo es el fin de la soledad.

[mimosas 658]

Iríamos a Azcapotzalco otra vez, ese era el plan. Saúl llegó de noche a reunirse conmigo en la Ciudad de México y, ya muy tarde, tocó la puerta del cuarto que estaba al final de una frágil escalera de caracol en la parte trasera del hotel. ¿Cómo estás?, me dijo. ¿Lista para mañana? Debí haberle sonreído sin ganas y con aprehensión, las dos cosas al mismo tiempo.

Salimos todavía a buscar algo ligero para comer por las calles iluminadas de la colonia Roma y, cuando ya estábamos a punto de darnos por vencidos, encontramos un restaurante japonés abierto. ¿A qué horas se convirtió esta ciudad en esto? La pareja a nuestro lado hablaba inglés, pero no eran de los Estados Unidos. Había un grupo de alemanes. Todos, incluso los que se comunicaban en un español claramente chilango, eran muy blancos, con las cabelleras castañas al aire. Todos tan jóvenes, además. Criticar a medio mundo, incluso la comida, cumplió su cometido: nos relajó y nos provocó risas. Ya de regreso, todavía antes de caer rendidos, observamos el cielo de la Ciudad de México a través del amplio ventanal. En algún pliegue de esa negrura horadada por las luces eléctricas estaban las estrellas. Las estrellas del pasado que no era el pasado. Las estrellas reales.

Antes de emprender el camino hacia Azcapotzalco, encontramos al licenciado Héctor Pérez Rivera en la colonia Narvarte, en su oficina de la Asociación por una Cultura de los Derechos Humanos. Lo había contactado en octubre, gracias a la recomendación de una amiga, para que se hiciera cargo de la ubicación del expediente de Liliana en los intrincados vericuetos de la justicia, que son los vericuetos infinitos de la impunidad. Ante los continuos fracasos burocráticos que llegaban a mi correo electrónico en forma de oficio con sellos color violeta, habíamos decidido interponer una queja ante Derechos Humanos a mediados de diciembre, justo antes de que el personal de la Procuraduría de Justicia de la Ciudad de México saliera de vacaciones. Si todo iba bien, deberíamos tener una respuesta pronto, nos dijo Héctor. Saúl lo miró con recelo cuando llegó tarde a la cita, aludiendo como siempre al tráfico endemoniado de la capital, aunque añadiendo el detalle de que se le había ponchado una llanta de su bicicleta, y le hizo varias preguntas. Héctor, que al inicio parecía tener prisa, con la mente en otro lado, contestó una y otra vez las interrogantes. Encontrar un expediente después de tanto tiempo no iba a ser fácil, pero tampoco era imposible. Como el término feminicidio no existía en 1990, el caso había sido registrado como homicidio simple, y no como homicidio calificado, lo cual habría sido lo correcto tomando en cuenta la incidencia de la traición y la relación personal entre ambos. Él se quedaba a cargo de mandar y recibir toda la comunicación oficial y, ya por su parte, de manera discreta, investigaría en algunos otros tribunales y ministerios públicos de la ciudad. Cuando nos despedimos, le estrechamos la mano con cordialidad, sintiendo que, de una manera u otra, llegaríamos al expediente ansiado. Una ola de optimismo nos cubrió esa mañana, empujándonos directamente hacia las calles de una ciudad que nunca habíamos dejado de querer. Tal vez demasiado.

Esta vez decidimos tomar el transporte público para ir a Mimosas 658, en la colonia Pasteros, el sitio donde Liliana vivió casi toda su vida como estudiante de la Facultad de Arquitectura de la Universidad Autónoma Metropolitana. Desde la calle de Mitla atravesamos un parque donde un grupo de mujeres bailaba zumba y otros se apuraban por veredas terrizas con tenis a la moda. Caminamos en dirección al metro Etiopía, donde nos subimos en un vagón sin mucha gente con dirección a Indios Verdes. Nos bajamos once estaciones después, en Deportivo 18 de marzo, y ahí transbordamos a la línea roja, donde sólo tuvimos que viajar siete estaciones más, ahora en dirección Rosario, para llegar a Tezozomoc. El recorrido duró un poco más de media hora. Necesito ver el lugar donde estudiaba, le había dicho a Saúl una mañana imposible en Houston. El lugar donde vivía.

Las calles por las que caminaba. Las tiendas donde compraba pan. Las fondas en las que comía. Su estación del metro. La parada de su autobús. Necesito ir a dejarle flores en todos esos sitios, le dije. Y ahí estábamos ahora, esa mañana seca, de mucho sol, en los escalones desgastados de una estación del metro donde Liliana, de seguro, había posado los pies muchas veces. Estábamos otra vez en territorio Azcapotzalco.

Su departamento quedaba a sólo un par de cuadras del metro. Caminamos derecho sobre Ahuehuetes, una calle amplia, con los carriles separados por un camellón poblado de árboles, y viramos a la derecha sobre Mimosas. Era ahora, como había sido entonces, un barrio de clase trabajadora con casas de material, en su mayoría de un solo piso, con misceláneas, tiendas de refacciones y expendios de pan. Una colonia populosa, pero no violenta. José Manuel Álvarez, un colega de la ENEP-Acatlán, había oído que andaba buscando un lugar seguro para mi hermana, que acababa de ser aceptada en la UAM Azcapotzalco, y se ofreció a rentarle una sección de la vivienda que se encontraba en la parte baja de su propio departamento, en un edificio de apenas tres pisos en proceso de construcción. El sitio tenía lo básico: sala y comedor, una recámara, un baño, una cocina. Pero tenía algo más importante: Liliana podría llegar a la facultad en unos quince minutos, utilizando una combinación bastante rápida de metro y autobús. El único problema era que la familia usaba la recámara como su bodega personal, así que Liliana tendría que dormir en el área originalmente destinada al comedor. A ninguna nos pareció un problema. José Manuel estaba casado y tenía un par de niños de pocos años. No había otros renteros. Pensé que mi hermana estaría protegida ahí con ellos.

Las calles son entidades vivas que cambian mucho con el tiempo. La numeración de las casas era nueva, ajena al número

658 que buscábamos. Yo había estado ahí unas cuantas veces, pero la memoria no me respondía. Tocamos a varias puertas que nadie abrió y le preguntamos a un cartero que avanzaba en bicicleta antes de presionar, finalmente, el timbre de una fachada de color chedrón sobre la que relucían dos series de números: el 658 y el 92A. La voz de una mujer nos contestó por el interfón. Era difícil explicar lo que hacíamos ahí: soy hermana de una joven que asesinaron aquí hace treinta años. ¿Me podría dejar pasar? No lo dije exactamente así, pero algo así di a entender en una larga intervención que se volvía más complicada a medida que pasaban los minutos. Momentos después, la chica se asomó sin abrir el portón del todo. Sí, algo había oído. Algo sabía. ¿Qué?, le preguntamos. No nos podía decir. Nos dijo, en cambio, que su jefe no estaba y que no nos podía autorizar el paso. Le extendí mi tarjeta por la rendija y ella volvió a cerrar para hacer algunas llamadas por teléfono. No tardó mucho en volver a entreabrir el portón de metal e informarnos que su jefe estaba por regresar. Que lo esperáramos, si queríamos. ¿Cuánto tiempo? Una media hora. Le sonreímos. Habíamos esperado ya por una eternidad.

Utilizamos esos minutos para caminar por los alrededores. Exploramos los puestos del mercado, que quedaba a sólo una cuadra de distancia. Hicimos cola en la tortillería. Husmeamos los puestos de tacos. Nos paramos en un comercio de autopartes, asombrados por la coincidencia. Refaccionaria Acdelco, la filial de una cadena que se extiende por todo el país. Seguramente ese alto edificio de departamentos con lustrosos ventanales no estaba aquí en ese entonces, señaló Saúl, y yo estuve de acuerdo. Cuando ya nos habíamos recargado sobre un auto al lado del portón vimos que un hombre de canas salía de la puerta de junto y, sin pensarlo, corrí tras de él. Le di la misma explicación presurosa, algo enredada. ¿Se acordaba de algo así? Se negó a darme la mano, pero como quiera se detuvo al ras de la banqueta. Saúl se nos unió pronto, y me tomó del brazo. Las calles cambian, es cierto, pero no son olvidadizas. Sí, dijo bajando la voz, como si se preparara a contarnos un secreto. La muchacha tan guapa. Tan buena gente. Compraba el pan aquí, dijo, en lo que fue la panadería de mi papá, cada mañana de camino a la escuela. Como me vio volver la vista hacia un expendio de agua, aclaró: mi papá está enfermo y se deshizo de la panadería. Por eso vengo a verlo. Porque está muy enfermo. Y después dijo: Era estudiante de la universidad, ¿verdad?

¿Sabe usted qué fue lo que pasó?, atiné a preguntarle. Volvió a guardar silencio, incómodo. Bajó la vista. Apachurró algún insecto imaginario con la punta de su zapato. Hizo como que se daría la vuelta para alejarse, pero no movió los pies sobre el pavimento. Fue su novio, ¿verdad? Lo veíamos seguido por acá. Tenía un coche negro y, a veces, venía en una motocicleta roja. Bien parecido él. Yo debí tener como doce años entonces. Lo supimos más bien por el periódico. ¿No vino la policía? Fue hace tantos años. Discúlpeme. Tengo mucho tiempo de no pensar en eso. Ella era buena gente, eso sí. Siempre saludaba a todo mundo. Nos saludaba incluso a los chamacos que jugábamos futbol en la calle. Qué triste todo eso. Cuando le ofrecí mi tarjeta y le dije mi nombre, le pregunté por el suyo. Discúlpeme, me contestó, sinceramente apenado. Pero han pasado tantas cosas por aquí. Los secuestros, ya sabe. Las matazones. Uno ya no da su nombre así como así.

El dueño de la edificación que se levantaba detrás del portón en Mimosas 658, un ingeniero delgado, de voz serena y modos amables, no tardó en aparecer. No tuvimos que darle muchas explicaciones para que nos dejara pasar. Siempre es extraño poner los pies en los espacios de los muertos. Ese ligero temblor en la base de la hipodermis: una vibración hecha de pura carne que, ya en los oídos, se transformaba en un leve ruido. Un zumbido. El trayecto intransigente de las hormigas por el sistema nervioso y, un poco después, por el sistema circulatorio de todo el cuerpo. Y la presión sobre el pecho. Avanzamos con mucho tiento, como si todo alrededor fuera de un cristal muy viejo. Avanzamos como quien camina dentro de un territorio sagrado.

El arquitecto Fernando Pérez Vega, amigo de Liliana durante sus años en la UAM, dibujó de memoria el plano de una casa que, muy pronto, se convirtió en un punto de reunión socorrido entre los amigos y compañeros de equipo. Como no estaba nada lejos del campus, ahí llegaban a hacer trabajos y, cuando terminaban el trimestre, ahí festejaban con cervezas, algo de ron barato, muchos cigarrillos. Ahí se desvelaban y escuchaban música hasta tarde, siempre cuidando el volumen porque la familia Álvarez, que vivía en el segundo piso directamente sobre el espacio de Liliana, era sensible al ruido. Ahí se quedaban a dormir algunas veces los más cercanos. Era una vivienda austera, apenas con lo indispensable. Tal como habían quedado de acuerdo, Liliana tendió el colchón y el *box spring* tamaño matrimonial al ras del suelo en el área que le correspondía al comedor. Para suplir la falta de clóset, pintó unos huacales de madera de color lavanda, apilando en ellos su ropa y sus zapatos. Con el tiempo se hizo de un pequeño librero, donde colocó sus libros más queridos, minúsculas cajas de estaño llenas de papelitos y recados, cajas de madera con algunas pulseras y aretes, lapiceros. Con el tiempo, fue llenando las paredes de pósters. Su restirador, que colocó al lado de la única ventana del lugar, cerca de la persiana de vidrio, ocupaba casi toda el área de la estancia. Tenía un banco; tal vez un par de sillas. Y nada más. Rara vez utilizaba la cocina, que era grande y oscura, con una barra de cemento interrumpida por una tarja de acero inoxidable y los cuatro mecheros de una estufa. Una pequeña puerta de metal y vidrio opaco daba a un patio interior por el que se colaba desde arriba un poco de la luz del sol. Tenía algunos platos y una colección de vasos desiguales. Tenía tazas para el café, y ceniceros, a donde iban a parar las colillas de los muchos cigarros Raleigh que fumaba con devoción, con gusto, incluso con disciplina. Del otro lado del patio interior se abría la ventanita del baño, un espacio también mínimo para la regadera y el excusado. Una muchacha joven, que le ayudaba a los Álvarez con el trabajo doméstico, dormía entre semana en un cuarto aledaño a la recámara–bodega, cuya entrada daba hacia el patio común, directamente hacia el portón de la entrada.

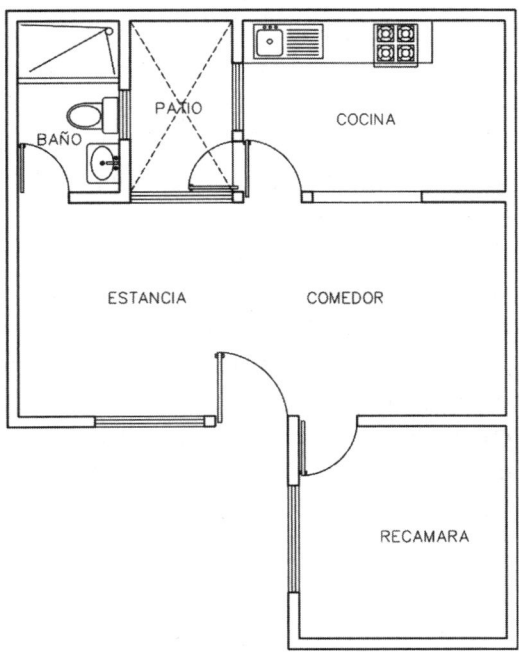

Mi tía Santos, quien goza hasta hoy de una bien ganada fama como visionaria y curandera en su barrio bravo de Houston, dijo que soñó a Lili la noche en que fue asesinada. Había sido un sueño intranquilo, del que despertó con falta de aire. Todavía podía discernir bien la disposición de una casa que nunca conoció. Ella se veía avanzar lentamente por un pasillo exterior, que unía al portón con la puerta de la entrada del departamento a través de un patio interior que no era muy grande, y desde ahí, a través de una persiana de vidrio, alcanzaba a ver que mi hermana sacudía brazos y piernas como si no pudiera despertar o como si estuviera pidiendo ayuda. Abrió los ojos, contaba, antes de poder auxiliarla.

El dueño del inmueble y las dos secretarias nos dejaron recorrer a nuestras anchas lo que ahora era la oficina de su compañía de construcción. Se lo había comprado apenas hacía cinco años, precisamente a José Manuel Álvarez, que se había divorciado por entonces. ¿Y qué le ha cambiado desde que compró?, le preguntó Saúl, recorriendo la edificación con la mirada y colocando las manos sobre las paredes que le quedaban cerca. Todo está más o menos como lo recibí, dijo sin titubear, la estructura está tal y como la hallé, únicamente he remozado o terminado las partes incompletas del inmueble. Como los pisos de arriba, ¿verdad?, le dije. Como los pisos de arriba, confirmó. No se opuso a que tomáramos fotografías. Pero cuando le pregunté si sabía de la tragedia que había tomado lugar ahí, lo negó. La secretaria que antes había dicho que estaba al tanto de la historia guardó silencio.

[los corazones vivos no se olvidan
de los corazones muertos]

El sistema educativo de la Universidad Autónoma Metropolitana fue inaugurado a inicios de 1974, como respuesta directa a la presión ejercida por el movimiento estudiantil de 1968, específicamente después de la brutal represión del 2 de octubre. Con cinco campus distribuidos en la enorme mancha urbana de la Ciudad de México —Cuajimalpa, Xochimilco, Iztapalapa, Lerma y Azcapotzalco— estas sedes públicas no sólo cubrieron la demanda generada en distintas áreas de una urbe que crecía a ritmos destemplados, sino que también se presentaron como una alternativa novedosa, de vanguardia, frente a otras instituciones de enseñanza superior. Utilizaban un meteórico sistema de trimestres y, en lugar de otorgar grados con base en clases individuales, adoptaron un método pedagógico transversal que favorecía la enseñanza interdisciplinaria y el trabajo en equipo. Si ir de cualquier sitio de provincia a la capital del país solía implicar un cambio drástico de paisaje, velocidad, vida, ir de una preparatoria tradicional, en cuyas explanadas merodeaban de vez en cuando las vacas, a un campus de dimensiones generosas con amplios jardines que acentuaban los lugares de encuentro, debió haber sido brutal. Liliana tuvo que haber sido feliz aquí, dije apenas puse un pie en la explanada bulliciosa que llevaba directamente a la biblioteca.

No nos tomó más de veinte minutos llegar desde la calle de Mimosas hasta las puertas tubulares de color naranja del campus universitario primero en metro, y luego en un pesero que esperaba justo a las puertas de la estación UAM. Compartimos el espacio estrecho del vehículo con estudiantes que llevaban largos planos enrollados, jóvenes con audífonos, señoras con hijos. ¿Hace cuánto que no oíamos cantar a Yuri su *Maldita primavera*? Y nos bajamos donde se bajó todo mundo. Tuvimos que escribir nuestros nombres en una enorme libreta de tapas rojas para poder entrar, y también dejamos ahí nuestras identificaciones oficiales. Una empleada muy platicadora nos describió con todo detalle lo que teníamos que hacer para dirigirnos a la Facultad de Arquitectura. El bullicio llenó el aire de repente. Las risas. Las carcajadas. El fragor de cuerpos juntos, chocando unos contra otros. El humo de muchos cigarrillos. Había pintas demandando lo imposible y pósters que anunciaban ciclos de cine o la visita extraordinaria de algún especialista internacional. Había, sobre todo, energía. Algo desatado. Una vivacidad nerviosa, muy ágil, se enredaba y desenredaba de los troncos de los árboles a gran velocidad y se regaba, después, en torno de las esculturas públicas, pasaba a través de los ventanales, debajo de las puertas, entre los puestos donde vendían cigarrillos sueltos, electrizando el ambiente por completo. Ahí estaba Liliana. Su presencia. Toda entera. ¿Qué es lo que se prende en el cerebro cuando creemos que de un minuto a otro aparecerá frente a nosotros lo que perdimos hace todo el tiempo?

El edificio de Arquitectura se abrió como por encanto detrás de los comedores. Una pequeña exposición fotográfica y un par de mesas con libros a la venta nos recibieron a la entrada. En el centro de la Facultad relucían las mesas de trabajo a las que rodeaban hileras de lockers a medio abrir. Había estudiantes por todos los rincones. Grupos de jóvenes de cabelleras largas y pantalones de mezclilla platicaban plácidamente, discutían con pausas, soltando carcajadas de vez en cuando. Mira, dijo Saúl. Pudimos asomarnos a los salones de clase vacíos: la luz de invierno traspasaba los grandes ventanales, iluminando a su paso los numerosos restiradores de madera acomodados por filas. Los corazones vivos no olvidan a los corazones muertos, decían las letras del mural que decoraba el espacio de la escalera con grandes flores coloridas e imágenes de los estudiantes de Ayotzinapa, desaparecidos a la fuerza en septiembre de 2014 en el estado de Guerrero. La Facultad de Arquitectura estaba en la universidad, pero también en el mundo. Nos quedamos un rato atónitos, escuchando los murmullos y observando, en el movimiento de los cuerpos, su cuerpo en movimiento. Su cuerpo vivo entre los otros cuerpos.

Un joven taciturno fumaba un cigarrillo a solas en el puente que ligaba el segundo piso del edificio al edificio de junto. Parecía que contemplaba lo que acontecía allá abajo, pero en realidad veía hacia adentro, sólo hacia sí mismo. Cuando pasamos a sus espaldas se volvió a vernos de reojo. Una sonrisa apesadumbrada, una sonrisa que llevaba ahí una eternidad, colgando de sus labios, atrapada en un rostro de otra manera amable, casi bello, nos avisó que no estábamos solos. A cualquier tipo obsesionado con el control debe aterrorizarlo un campus así, le dije a Saúl mientras seguíamos avanzando. A cualquier depredador obsesionado con limitar la libertad de una chica esto debe darle miedo o rabia. Los estudiantes se reburujaban en grupos que cambiaban de forma a cada segundo. Células en continua expansión. Avanzaban y se detenían a la ligera. Se conectaban y desconectaban sin aviso alguno. La luz de enero atravesaba la atmósfera y caía en picado sobre las hojas de los árboles, produciendo destellos que le daban a la atmósfera un hálito irreal. El tiempo se detenía y explotaba a la vez, multiplicándose en el acto. Ahí estaba Liliana, en otro invierno, con la luz del mismo sol picándole la piel. Ahí iba, corriendo, tratando de llegar a tiempo a una clase insoportable. Esa era ella, auscultándose las puntas del cabello sobre la barda de piedra de uno de los patios. Su voz, podía oír su voz en todos lados. El eco de su risa. El campus es justo lo contrario al *panopticon*, le mencioné a Saúl, pensando que estaba diciendo algo novedoso. Él me estrechó la mano derecha y se rio. Ningún ojo solitario podría verlo por completo. Nadie podría abarcarlo en su totalidad.

Entramos en la biblioteca y husmeamos entre los estantes, buscando las tesis de arquitectura de los noventa. Intuíamos que así podríamos obtener una lista de los compañeros de clase de Liliana que, hasta ese punto, nos eran completamente desconocidos. Interrumpimos la junta en la que participaba un profesor, antiguo colega mío en la ENEP-Acatlán, para pedirle orientación en la burocracia universitaria. El maestro Saúl Jerónimo, director del área de Humanidades, nos contactó con Martín Durán, el encargado de los expedientes académicos, y con la oficina de la licenciada Rocío Guadalupe Padilla Saucedo, titular de la oficina de Asuntos de Género. Allá fuimos, a la hora de la comida, y ahí nos atendieron con amabilidad y presteza, sin importar que ya no eran, en sentido estricto, horas de trabajo. Aunque Martín Durán accedió a buscar la historia académica de Liliana en el sistema de computación, nos aclaró que no la podría compartir por cuestiones de privacidad personal. En el último minuto, cuando ya estábamos listos para retirarnos de su oficina, alicaídos, nos dijo que su promedio había ido aumentando con el tiempo y que, en el momento en que se interrumpían sus datos, era en verdad muy bueno. Lo que me gustaría hacer, le dije minutos más tarde a la licenciada Padilla ya en otra oficina, es una conmemoración. Su rostro sereno, aparentemente inexpresivo, no alcanzaba a ocultar los mecanismos veloces de su imaginación. Me gustaría crear un espacio en la UAM Azcapotzalco donde se conmemore la presencia de mi hermana, su paso por estas aulas, por estos pasillos, por estos jardines. La presencia, añadí, de otras muchachas masacradas. La presencia de cualquier mujer joven que haya sobrevivido, o no, a la violencia de género. Me gustaría, iba a continuar, pero la licenciada Padilla me atajó: pensemos juntas en cómo hacerlo. Trabajemos juntas en un proyecto así.

V

ALLÁ VA UNA MUJER LIBRE

[laura rosales]

Cómo no voy a recordarla si fue la primera persona que me dirigió la palabra el primer día que estuve en la universidad. Ella estaba ahí cuando llegué al salón: su pelo largo y lacio, su sonrisa franca, y esos brazos y piernas tan largas. Era tan alta. Y muy femenina a pesar de que no usaba una gota de maquillaje. Liliana era muy bonita, pero actuaba como si no lo supiera o como si, sabiéndolo, no le diera mucha importancia. Su sentido del humor era más llamativo que su belleza: se burlaba de todos y de ninguno de una forma festiva y ligera; su sarcasmo era muy fino, muy puntiagudo, y daba en el blanco. Liliana era una chica especial.

Yo venía del CBTIS de la Magdalena Contreras, un sistema de educación técnica que la UNAM no reconocía oficialmente en aquel entonces, así que no me quedó de otra más que solicitar admisión en la UAM. Me recomendaron que no lo hiciera en arquitectura, porque era una carrera muy competitiva, y que mejor lo intentara en diseño industrial, a la que casi nadie se inscribía. Lo hice así y, cuando recibí mi aceptación a fines de octubre, me puse muy contenta.

Nos hicimos amigas rápidamente. Compartimos clases y trabajamos en equipo. Nos prestábamos libros. Platicábamos mucho, como todas las jovencitas lo hacen, en la cafetería, en los pasillos cuando íbamos a prisa, en la explanada frente a la biblioteca. Liliana pasaba mucho tiempo entre esos estantes.

Una vez me confesó que hacía las tareas ahí, pero ahí también devoraba novelas de Agatha Christie, por ejemplo. Siempre estaba leyendo algo: novelas, poesía, cuentos. Leía *La Jornada* todos los días, eso sí, el periódico de izquierda, o que nos parecía de izquierda en aquella época. Era una nerd, sin duda. Una nerd muy simpática y amiguera, si es que algo así puede existir.

Yo me hospedaba en casa de una tía, cerca de la universidad por la colonia Clavería, y una mañana la invité a comer. Mi familia la adoró, y pudimos haber platicado por horas enteras, pero tuvo que irse temprano porque por esos días iniciales de la carrera ella vivía en un lugar muy lejano y muy feo que no le gustaba nada. Luego encontró algo mejor más cerca de la escuela, una casa muy grande en la avenida Granjas, donde ella ocupaba muy poco espacio. Ya después se mudó al departamento en Mimosas, a donde yo iba de vez en cuando. Liliana era muy mamá de sus amigos: los mimaba, los protegía, incluso los alimentaba. Pero era una madre traviesa. Cuando llegaba de visita, abría el refrigerador vacío y me mostraba con un gesto de picardía una caguama solitaria. Luego nos íbamos a comprar algo al mercado de junto y, ya de regreso, me decía: siéntate, Laura, que voy a prepararte el mejor pan francés que hayas probado jamás en tu vida. Lo mismo decía de las latas de atún o de las naranjas. Siempre había una fanfarria festiva, muy ligera, alrededor de sus actos, como si tuviera un gusto grande de estar viva. No tardé en darme cuenta de que Liliana era una niña noble, muy entregada a lo que hacía, a la escuela, y sobre todo a sus amigos. Cuando Liliana te quería, te quería mucho. Te quería demasiado.

Me quedé a dormir un par de veces ahí en Mimosas, siempre a escondidas de mi familia, porque yo no tenía para nada lo que ella sí: una libertad propia, una independencia que defendía a capa y espada, una autonomía real. Sus papás le daban una cantidad de dinero cada mes y, aunque la visitaban de vez en cuando, en realidad ella era dueña de sus días y de sus noches. Para mí, Liliana era rica: tenía suficiente dinero para adquirir los materiales que nos pedían, que usualmente los compraba en la papelería Lumen, y tenía para comer donde quisiera, y hasta para comprar el periódico a diario. Era disciplinada con sus gastos, eso sí. A pesar del desorden aparente, había un orden debajo de todo lo que hacía. A veces la miraba caminar por los pasillos de la escuela y murmuraba para mí: allá va una mujer libre. Yo le tenía una gran admiración por su inteligencia y por su fuerza. Estaba solita en la Ciudad de México, pero lo enfrentaba todo sin quejarse, con mucha curiosidad, sin tener miedo o amedrentarse ante el peligro. Yo no era así de libre ni de valiente. Y me sentía orgullosa de que fuera mi amiga.

Juntas nos convertimos ciudadanas, votando por primera vez en las elecciones del 6 de julio de 1988, cuando todos creíamos que Cuauhtémoc Cárdenas desbancaría al PRI, al menos en la Ciudad de México. Nos sentimos de verdad muy importantes cuando votamos, como si ahora sí ya fuéramos adultas. Y, cuando el sistema se cayó y la corrupción nos dio más de lo mismo, cuando el fraude electoral nos decepcionó por completo, con ella fui por primera vez a una marcha. A su espíritu rebelde le encantó que yo también mostrara interés en participar, así que nos pusimos de acuerdo de inmediato. Nos encontramos en la escuela y de ahí tomamos el metro hasta el centro histórico. De algún lugar sacamos un par de pancartas y nos pusimos a corear las consignas: Sacaremos al Pelón de las orejas. ¿Qué queremos? Democracia. ¿Cuándo la queremos? Ahora. Apoyábamos a Cárdenas, por supuesto, como muchos jóvenes de nuestra generación. Éramos apenas unas niñas de dieciocho años, pero ahí íbamos junto con todos los demás, pidiendo lo imposible porque, ¿qué más se puede pedir a esa edad?

[raúl espino madrigal]

¿Tú fuiste a la secundaria 2 de Toluca?, le pregunté tímidamente la primera vez que me armé de valor para acercarme a ella. Su sonrisa enorme, luminosa, me desarmó. El sonido de su carcajada. Sí, Raúl Espino Madrigal, me contestó de inmediato, sorprendiéndome en realidad. No tenía idea de que sabía mi nombre completo, pero pronto me explicó que todavía se acordaba de Javier, mi hermano, con quien había estado en el mismo equipo de natación en Toluca. Yo la había reconocido a lo lejos desde el primer trimestre, pero no logré acercarme hasta que coincidimos en la misma clase de Operativo, en el tercer trimestre del tronco común, ya cuando la UAM había logrado arreglar un poco los calendarios afectados por la huelga del 87. Debió haber sido como en junio de 1988. ¿Estás en diseño gráfico?, le pregunté después de una pausa larga e incómoda. Ella volvió a sonreír, dándose perfecta cuenta de que estaba muy nervioso. Cómo crees, me dijo, fingiendo que mi comentario la había ofendido. Yo estoy en una carrera de a de veras, añadió, sólo medio bromeando. Así empezó una rutina curiosa entre nosotros: Liliana criticaba a los estudiantes de diseño gráfico, una carrera nueva por entonces, y yo defendía una profesión que amo hasta el día de hoy.

Todos los estudiantes de la División de Ciencias y Artes para el Diseño formaban parte del mismo tronco común de tres trimestres. Una vez que pasábamos esas clases, entonces ya nos íbamos a nuestras carreras propiamente dichas: arquitectura, diseño industrial y diseño gráfico. Fue justo entonces, en esa transición, que me di cuenta de que me estaba enamorando de Liliana. Nos saludábamos y platicábamos un poco cuando nos topábamos en la universidad, pero yo quería más. Yo quería conocerla mejor, pasar tiempo con ella, hacer cosas juntos. Pensaba mucho en ella; pasaba mucho tiempo maquinando planes para encontrármela "al azar" por la escuela, pero nada parecía funcionar. Como los dos nos íbamos a Toluca los fines de semana a la casa de nuestros respectivos padres, tomando el mismo autobús desde la estación Observatorio, le propuse varias veces que hiciéramos el viaje juntos, pero ella lo dudó. La invité varias veces al cine, pero siempre me dijo que no tenía tiempo. Luego, después de insistir mucho, finalmente sucedió. Liliana me dijo que sí.

Fue un domingo. Ella regresó temprano de Toluca y nos encontramos en la estación del metro. No habíamos decidido dónde comer y Liliana sugirió que compráramos cosas y comiéramos en su departamento. La idea me encantó. Era mucho más de lo que esperaba: no sólo iba a pasar medio día con ella, sino que me internaría en su lugar más privado, cerca de sus objetos, en su mismo mundo. Yo no me la creí bien a bien hasta que tomamos el metro y compramos las viandas y abrimos la puerta de un departamento chiquito, sin mucha luz y algo húmedo que ella hacía agradable con el uso del color y algunos toques personales. Con las cosas que compramos en un súper preparamos algo muy básico, como atún con verduras. También habíamos comprado una lata de duraznos en almíbar de postre. Y todavía la veo abrir la lata concienzudamente y meter los dedos en el almíbar para extraer el primer durazno directamente de la lata. Yo hice lo mismo, azuzado por su ejemplo. Me encantó la simpleza y la espontaneidad y hasta la dulzura de ese instante sin complicaciones.

Habíamos planeado ir al cine después de comer. Estaban estrenando *Mississippi en llamas*, y la fuimos a ver a los cines de Plaza Universidad. Fue divertido comprobar el contraste entre las familias y parejitas, y nosotros que caminábamos el uno al lado del otro, en el centro comercial. Nos gustó mucho la película y la comentamos al salir. Fuimos por un helado y, mientras platicábamos, llevé la conversación hacia nosotros. Ha sido un gran día, le dije. Me ha encantado estar contigo, añadí. También le dije que era muy inteligente y, ya de plano, le dije que me gustaba. Puedo aprender mucho de ti, le dije tomando la frase de una canción de Emmanuel, un cantante pop de moda. La mejor parte fue que lo tomó bastante bien. También me pasa que pienso en ti, en ti pienso, me dijo, haciendo un complicado juego de palabras con base en una canción de Joan Manuel Serrat, el cantante catalán que había musicalizado versos de Antonio Machado. Hice un comentario acerca de nuestras diferencias, de cómo mis referencias eran de Emmanuel y las suyas de Serrat, pero que eso estaba bien. Ella sonrió, como si se encontrara muy lejos. Ella sonrió, como si se estuviera asomando desde un lugar en el que no la podía alcanzar. Parecía serena, más que halagada, y vagamente interesada. Me quedé con la idea de que había sido un buen principio.

[ana ocadiz]

¿Puedo probar tu natilla?, me preguntó un buen día de la nada. Estábamos en la cafetería, una frente a la otra y, aunque comíamos a la par, Lili parecía estar pensando en otra cosa. Ya nos habíamos visto y hasta platicábamos un poco, pero no nos conocíamos tanto como para comer del plato de la otra. A mí me extrañó un poco su petición, pero también me complació. Le dije que sí. Que sí podía. Y, acto seguido, Liliana metió el dedo índice directamente en el platito y se lo chupó con gusto. Qué osadía. La escena me dejó temblando, entre divertida y horrorizada. Nadie había hecho algo así enfrente de mí, y nadie lo ha hecho otra vez desde entonces, pero la alegría que me invadió en ese momento fue verdadera y nueva. La euforia. Un relámpago. Algo completamente indescifrable. Lili me miró con cautela después de eso, como si esperara un veredicto. Yo me quedé observándola por un buen rato mientras ella guardaba silencio. Debí sonreír en algún momento porque, de repente, ella se relajó. Parecía que se había liberado de algo pesado. Fue como si hubiera descansado de algo que la inquietaba. Nos echamos a reír.

Eso hacíamos mucho juntas: reír. Nos reíamos de nosotras mismas, y nos reíamos de los demás. Nos burlábamos de los maestros, de ciertas canciones, de algunos compañeros, de las telenovelas del canal 2. De hecho, nos poníamos a ver telenovelas sólo para tener el placer de burlarnos de ellas. Un placer perverso, eso sí. Su ironía era infinita. Su sentido del humor. Su afición a la lectura la hacía tener una visión muy personal de las cosas. Liliana era inteligente y era más: luminosa. Hicimos click. Yo vivía entonces hasta Lago de Guadalupe, que estaba lejos casi de todo, y me quedaba muy seguido a dormir en su casa. Era como una pijamada continua: chismeábamos, hacíamos la tarea, arreglábamos el mundo. Nos quejábamos de todo. Y nos reíamos por igual.

Liliana metiendo el dedo en una natilla durante nuestro tercer o cuarto trimestre en la UAM. A veces regreso a esa imagen, a ese acertijo. Si me alejo lo suficiente, todavía las veo a través de los grandes ventanales de la cafetería: ahí están las dos chicas, carcajeándose de lo lindo, mientras dejan atrás todos los protocolos de la seriedad. Apenas se están conociendo, pero ya han hecho un mundo aparte para ellas dos solas. Un mundo en el que son absolutamente libres. La felicidad es tan real, tan hecha de carne, que se puede roer. Ahí están todavía, sin moverse, maravilladas entre sí, sabiendo que el futuro las aguarda.

Liliana es el nombre que le di a mi libertad.

[laura rosales]

Una vez Lili me invitó a ir a Toluca un fin de semana y yo acepté con gusto. Llegamos a su casa y, como no había nadie, nos fuimos caminando a casa de su novio, que se llamaba Ángel. Yo no lo conocí entonces, ni lo vi siquiera porque Liliana entró muy rápidamente por las llaves de un bochito blanco, en el que nos iríamos de paseo. Te voy a llevar a conocer un lugar mágico que nunca olvidarás, dijo con la fanfarria a la que me tenía acostumbrada mientras nos subíamos al auto. Una expectativa cautelosa me creció por dentro. Manejamos hacia las afueras de la ciudad en una estrecha carretera de dos carriles rodeada de sauces. Almoloya de Juárez. Un ojo de agua sagrado detrás de una iglesia colonial. Había niños bañándose en las aguas curativas de un riachuelo. Mujeres con rebozos doblados sobre las cabezas lavaban ropas a mano. Vas a ver algo increíble, me advirtió a medida que nos aproximábamos. Que me preparara, me dijo. Que mantuviera la mente abierta. Recargamos la mano sobre la reja de hierro que rodeaba el manantial y estiramos el cuello. Algunos peces de colores que se deslizaban morosamente entre las algas. Algunas monedas doradas nos miraban desde el fondo del agua: trazas de tantos deseos del pasado. Las nubes pesadas se detenían, trémulas, sobre la superficie calma del agua. Mira bien, me dijo. Si pones atención vas a ver una raya en el agua. ¿Cómo que una raya en el agua? Me tomó mucho tiempo distinguir eso que también describió como si fuera un cabello que dividía el agua sucia del agua limpia. Cuando al fin la detecté, soltamos la carcajada. Fue un momento mágico. Uno de los muchos momentos mágicos que, Liliana tenía razón, no olvidaría jamás.

Se notaba que Lili apenas empezaba a manejar, o que no estaba acostumbrada a ese coche, porque se le quedó parado varias veces en el camino de regreso. Era uno de esos autos de cambios manuales, a los que hay que apretarles bien el clutch para meter el cambio. Pero logramos llegar sanas y salvas a entregar el auto en buen estado, y de ahí caminamos de regreso a su casa. Al final, nos fuimos juntas a la Ciudad de México en autobús. Luego alcancé a divisar ese mismo coche algunas veces en el estacionamiento de la universidad, o desde el pesero cuando yo iba llegando o saliendo de la escuela. Supuse que el chico que lo manejaba era ese Ángel que no había saludado en Toluca.

Un lunes Lili llegó caminando con dificultad a la escuela. ¿Qué te pasó?, le pregunté, pensando que se había caído. Liliana respondió con evasivas, como a medias, tratando de decir algo que yo no alcanzaba a entender. Es que Ángel, dijo. ¿Ángel qué?, me atreví a preguntarle. Ya me había confiado antes que, desde que había empezado la universidad, Ángel se había vuelto más celoso que de costumbre. Él había reprobado el examen de admisión, así que no tuvo otra alternativa más que trabajar en el negocio de la familia, que quedaba en Toluca. A Liliana le preocupaba que él se sintiera menos que ella. Ese era su carácter: le preocupaba siempre el dolor de los demás. ¿Ángel qué?, le insistí. Fue entonces que me dio a entender que la había lastimado. No supe si podía hacer otra pregunta o si era mejor guardar silencio. Las relaciones sexuales no eran un tema tan fácil de abordar entonces. Muchas chicas tenían sexo con sus novios, eso no era tan inusual, pero hablar abiertamente de eso, al menos entre nosotras, no lo era. De entre las cosas que dijo concluí que el día anterior había ido a casa de Ángel, que se habían bañado juntos y que habían tenido relaciones sexuales. Estaban dormitando cuando él la despertó, insistiendo en que tuvieran sexo de nueva cuenta. Liliana no dijo explícitamente que la forzó, pero sí me contó que al final él le había pedido disculpas. En otra ocasión llegó con un brazo vendado. Cuando le pregunté, me dijo que se había resbalado en la bañera y que se había herido con un vidrio roto. La explicación me pareció razonable, pero aun así me quedé con dudas. Algo estaba pasando, pero no entendía qué era. Su alegría, su sentido del humor, esa manera suya de caminar por la escuela como si el mundo le perteneciera, pronto disiparon mis dudas. Poco tiempo después Lili me dijo que había terminado con Ángel, pero que él no la dejaba ir. Me jalonea, Laura, decía, agarrándome literalmente del brazo e imitando el movimiento que describían sus palabras. La huella de sus dedos sobre mi antebrazo era rojiza y tardó un buen rato en desaparecer.

[manolo casillas espinal]

Yo no quiero tener ningún novio, declaró un buen día a todo el que la quisiera oír. Y eso, ¿por qué?, le pregunté como si no me importara. Porque luego los hombres se creen que una es su posesión, dijo. Y yo no voy a lidiar con eso. Eso no va conmigo. Yo no le había insinuado, mucho menos preguntado nada, pero ella debió haberse dado cuenta de lo que deseaba con todo mi corazón. Ella podía leer entre líneas, a mí y a todos los demás. Tenía esa capacidad de saber con certeza lo que nosotros apenas si avizorábamos de nosotros mismos. Yo me había enamorado a primera vista de ella cuando coincidimos en el mismo salón en cuarto semestre, cuando ya empezamos a tomar las clases de arquitectura propiamente. Liliana era extrovertida, muy sociable y amiguera. Sobre todo, era muy directa. A veces hasta podía ser hiriente, pero era también encantadora, así que aprendimos a apreciar su franqueza. Su honestidad: uno de sus valores favoritos. Siempre tuvo una manera única de lidiar con el lenguaje. Nos hablaba a todos como si viniera de un sitio al que nosotros apenas nos dirigíamos. Y yo añoraba ese sitio que ella dejaba atrás para estar aquí en el mundo con nosotros.

Empezamos a colaborar en el mismo equipo pronto. La carrera siempre fue muy demandante, así que era común trabajar de noche o durante el fin de semana y, como su casa nos quedaba cerca de todos, se convirtió en nuestro lugar de encuentro. Ahí íbamos, a Mimosas 658, para extender planos o construir modelos a escala o compartir apuntes. Así, poco a poco, aprendí a apreciar la manera en que Liliana se acercaba a la arquitectura, cómo dejaba volar su imaginación para salir con soluciones ingeniosas para problemas de diseño o de proyección. La arquitectura fluía dentro de ella, no era algo intuitivo, sino más bien orgánico.

Si cierro los ojos todavía puedo verla claramente. Aquí viene, mírala: su pelo lacio y largo, brillante bajo el sol, moviéndose de izquierda a derecha mientras camina, casi siempre con prisa a través de las explanadas de la escuela. Muy alta, muy esbelta, muy a su aire. Su chamarra de piel negra, y la mochila en la espalda. Una rebelde. Una lectora. Una intelectual. La chica que no quiere tener ningún novio.

[othón santos álvarez]

La manera en que contaba historias. Debió haber sido el segundo o tercer trimestre, en todo caso cuando ya estábamos cargados con los proyectos en común. Estábamos atrás de la escuela, en el área de las famosas quesadillas a la hora del almuerzo. Mordisqueábamos la comida y la escuchábamos al mismo tiempo: Liliana estaba contando una historia rocambolesca sobre una visita que había hecho el fin de semana a las pirámides de Teotihuacán. Ella se desternillaba de risa y nosotros, todos a su alrededor, nos reíamos sin parar. De hecho, llorábamos de la risa y, a través de esas lágrimas de alegría, la vi justo ahí, en el centro de nuestra atención: la líder de nuestro grupo, sin duda; no sólo la más lista sino también la más centrada y la más madura entre nosotros. Siempre tan cábula.

A nosotros nos interesaba pasar las materias, prepararnos bien para obtener un buen empleo y hacer algo de dinero, pero a Lili, en cambio, siempre le interesaron muchas otras cosas. La arquitectura no era nada más una profesión para ella, sino una forma de explorar el mundo material que nos rodeaba. Un mundo que, además, siempre tenía marcas de los mundos del pasado. Todo lo relacionado con nuestras raíces la atraía. Le encantaba el centro histórico, por ejemplo. No desperdiciaba ninguna oportunidad de visitar ruinas o pirámides con su inseparable cámara a la mano. Liliana era clavadísima con la arquitectura, y era buenísima también. Proyectaba y dibujaba de manera extraordinaria. Una vez un maestro organizó un concurso para proyectar un mercado: el diseño, la fachada, la distribución del espacio. Y Lili ganó, claro.

Nos llegamos a conocer muy bien, sobre todo debido al trabajo en equipo. Como en la casa de Lili, donde nos reuníamos, sólo había un restirador disponible, pues sólo uno de nosotros podía dibujar. Cuando teníamos que hacer maquetas, por ejemplo, a mí me tocaba seguido levantar los muros y, mientras tanto, al que le correspondía abrir las ventanas se echaba un sueñito. Y así nos rolábamos. Nos turnábamos para dormir. Pasábamos fines de semana enteros de ese modo, a medio dormir, conviviendo muy de cerca. Por eso la relación entre todos se volvió bastante íntima. Pronto éramos familia, más que amigos. Aun así, había cosas de las que mejor no hablábamos, cuestiones de política, por ejemplo. O el asunto de ese oscuro novio de Liliana que venía de Toluca a verla.

Trabajábamos duro y bien, pero también éramos buenos para la cerveza. Nada más terminábamos algún trabajo y hacíamos la clásica coperacha para comprar las caguamas. Luego poníamos algo de música, usualmente trova o algo de rock en español, y ahí nos quedábamos en el departamento de Lili, contando chistes, platicándonos de dónde veníamos o a dónde queríamos ir.

Todo parecía tan abierto para nosotros.

[gerardo navarro]

Debí conocerla desde el tercer trimestre y de ahí en adelante convivimos mucho. Nos hicimos buenos amigos. Liliana no era una muchacha común. Usaba esos jeans desgastados, nada femeninos. Ni una pizca de maquillaje. Se amarraba el cabello en una cola de caballo y traía siempre los lentes redonditos y dorados, muy a la John Lennon. Medio filósofa, medio escritora, medio loca: siempre andaba anotando cosas y nos llenaba de recaditos. Se notaba que le gustaba escribir. A diferencia mía, que tenía que echarle bastantes ganas a la universidad, Liliana parecía no esforzarse mucho para que le salieran las cosas bien. Aprendía bien rápido. Era inteligente y, más que eso, era sagaz.

Yo me puse mi primera gran borrachera en su departamento. Habíamos terminado un trabajo difícil, un proyecto en equipo, y nos reunimos ahí de regreso para festejar. Hicimos una vaquita para comprar unas caguamas y algo de ron, y entre eso y los cigarros, se nos fue el tiempo. Éramos tan ñoños que no fumábamos mota y ni siquiera se nos ocurría aproximarnos a la coca, que era una droga de ricos, menos al ácido. Pasamos el tiempo así, chupando y platicando, bromeando mucho y, cuando me di cuenta, ya no me podía ni parar. Supongo que vomité. Qué pena.

[ángel lópez]

Nos conocimos en clase, pero nos hicimos más amigos por el cigarro: yo fumaba lo que cayera, y ella fumaba unos Raleigh apestosos que a nadie le gustaban. ¿Qué pasó, chavo?, me decía a manera de saludo cuando nos encontrábamos en los pasillos de la escuela. Era una chava súper detallista: nos sorprendía con cartas, recados, dibujos. Tenía una letra envidiable, muy única, como toda ella. Su estilo particular. Sencilla y medio hippiosa y, sí, muy guapa. Yo pensé que ni nos iba a hablar porque nosotros —Manolo, Othón, Gerardo y yo— éramos del grupo de los humildes. Y claro que se notaba que no teníamos lana. Hacíamos nuestros trabajos con materiales económicos, de esos que se compran en la papelería de la esquina y no en lugares especializados en arquitectura. Tal vez por eso nos sentábamos hasta atrás y en la esquina del salón de clase, donde los profesores no nos podían ubicar bien y nosotros echábamos relajo o dormitábamos. Un día Liliana se sentó cerca de nosotros, y descubrimos que era muy buena onda.

A mí también me gustaba mucho Liliana, como a Manolo. Un día, platicando entre los dos, llegamos a la conclusión de que él tenía más posibilidades de conquistarla, sobre todo porque vivía más cerca de ella, también en Azcapotzalco. Yo vivía en ese entonces hacia el norte de la ciudad. Y, la verdad, él andaba más interesado en ella que yo. Con el tiempo, Liliana se hizo muy amiga de Ana, y andaban juntas por todos lados, aunque Ana andaba con Fernando. O más bien: duró un buen rato con Fernando mientras andaba de un lado para otro con Liliana.

Un día, el 13 de enero, me hizo un pastelito para mi cumpleaños.

[norma xavier quintana]

A las dos nos gustaba vestir de negro. ¿A poco lees *Selecciones*?, me dijo una vez, sin poder ocultar la sorpresa y la decepción. Yo venía de un colegio religioso y la UAM había sido un choque cultural enorme. La noté ya desde tercer trimestre, porque andaba de mezclilla, con colores pasteles, muy a la Flans. Además, era muy alta. La empecé a tratar un poco después, cuando me cambié al turno de la tarde. Yo había reprobado Estructuras, y Liliana no quería llevar la clase de Instalaciones con el profesor que la daba en la mañana. Para entonces ya traía el cabello bien largo y había dejado los colores pasteles por el color negro. Nunca se quitaba su famosa chamarra de piel, como de motociclista. Una vez me propuso un reto: veríamos cuál de las dos aguantaba ponerse el mismo pantalón por tres semanas. Sin lavarlo. Ninguna ganó.

En ese tiempo empecé a hacer con ella algo que nunca había hecho antes: salirme de clase. Íbamos a tomar café o nos recargábamos sobre algún muro, y pasábamos horas platicando. Tenía infinidad de cosas qué contar. Decía que, después de la carrera, quería irse a Inglaterra, con Ana. Que ése era su plan. Hablábamos de los maestros. Ella estaba ayudándole a un profesor con una investigación histórica. Leía unos libros, hacía unos resúmenes y se los entregaba en fechas determinadas. Si no me lo hubiera mencionado, yo no habría sabido que eso era posible: ser asistente de un profesor. Luego me propuse serlo también.

Siempre aseguraba que había que sospechar de las televisoras.

Por ella conocí a los integrantes de ese equipo de trabajo, que más bien era como una familia. Liliana, su líder indiscutible. Si ella decía algo, eso se hacía. Lo bueno es que le gustaba hacer sentir bien a la gente. Pero no era hipócrita. Si le caías bien, daba la vida por ti; si no, ni siquiera te volteaba a ver. Cuando hacíamos trabajos juntas ponía mucho un cassette de U2, la canción "With or Without You" le gustaba especialmente. La repetía un montón de veces hasta que los otros nos hartábamos y la obligábamos a poner otra. Le gustaba la compañía. De hecho, no era raro que le pidiera a sus amigos que no la dejaran sola. Y era muy clara al respecto: cuando los invitaba a quedarse en su casa era porque quería tener a alguien cerca. Nada más. Yo en esa época tenía un carro. Se lo prestaba a menudo. Le daba las llaves y ella me lo dejaba estacionado de regreso en su lugar. Un día me confesó que amaba al Pato Lucas.

Cuando se acercó más conmigo fue como en el quinto trimestre. Yo tenía un novio que era de Cuernavaca y rentaba un cuarto en una casa de la Ciudad de México. Ahí vivía también una muchacha con la que empezó a salir. Cuando me di cuenta del engaño, me puse a llorar en el salón de clase. Lili se acercó y me abrazó. No vale la pena, dijo. Me entregó un papelito: *En lo más crudo del invierno aprendí que existe en mí un invencible verano.* Esto es tu invierno, añadió. Y pasará. No llores por nadie.

[leonardo jasso]

Los profesores la estimaban bien. Había una que, de hecho, le pedía a Liliana que la acompañara mientras ella iba pasando de restirador en restirador calificando nuestros proyectos. Tan pronto como terminaba su comentario, la profesora le pedía a Liliana una evaluación propia. Una vez, cuando se aproximaron a mi lugar de trabajo, Liliana fue dura conmigo. Cuidadosa, pero dura. Pero eso hizo que, además de parecerme interesante, me agradara más su estilo. La pretendí un tiempo. Quería que fuera mi novia. Pero yo andaba buscando una novia a la antigüita, de manita sudada, y Liliana tenía ideas muy distintas sobre todas las cosas. Decía, por ejemplo, que la Biblia era un libro de historias divertidas y que el noviazgo nada más era una manera de disfrazar el afán de posesión de los chavos. No creía en eso para nada. No creía en el noviazgo.

No me di por vencido tan fácilmente. Aprovechaba cualquier oportunidad para hablar con ella. Así supe que había sido nadadora, lo que explicaba su cuerpo fuerte, aunque no tuviera para nada los hombros anchos. Era muy lista, eso sí. Con muy buen promedio. Supuse que eso era porque venía de una familia de profesionistas. Me contaba mucho de su papá, que estaba haciendo o acababa de hacer un doctorado; y de su hermana, que estudiaba algo en Estados Unidos. Me encantaba su pelo también, lacio y brillante. Una vez nos vimos en Toluca, no me acuerdo si la sorprendí allá, donde sabía que iba a visitar a sus padres el fin de semana, o si lo planeamos y ella fue por mí a la central de autobuses. Creo que le hablé por teléfono sin avisar e insistí en que nos viéramos. Ella llegó en un coche viejo, y me llevó a visitar un ojo de agua en Almoloya de Juárez donde, por más que quise, no pude distinguir la famosa raya que, según sus explicaciones, separaba el agua sucia del agua limpia del manantial. Después me llevó a un campo cercano de ahí. Aquí me trajeron mis papás alguna vez a acampar, me dijo. Era un área llena de pinos y oyameles al que le gustaba regresar para pasar ratos a solas.

[emilio hernández garza]

Ah, cómo le gustaba ir al cine a esa muchacha. Nosotros convivimos mucho cuando yo tuve una cafetería en la delegación Álvaro Obregón como un año y medio. Ella iba ahí, dizque para ayudarme con la caja registradora, aunque en realidad iba un poco por la compañía y otro poco para hacer un dinerito cobrando los alimentos. Cuando se iba, a menudo también se llevaba alguna cajetilla de sus horribles cigarros Raleigh. Pero nunca fue desconsiderada. Nunca se aprovechó de que fuéramos primos. Iliana, mi pareja de ese tiempo, y Liliana se llevaban bien. Ellas fumaban cigarrillos y platicaban mientras yo andaba ajetreado con las labores de la cafetería, viéndolas de lejos.

Tenía cada puntada. Una vez quedamos de vernos en el Parque Tezozomoc, cerca del metro. Ella tardaba en llegar y yo, sin darme cuenta, me quedé dormido sobre la banca. Cuando me despertó, con una gran risotada, me dijo que me había tomado unas fotos así, como un borracho cualquiera en la gran Ciudad de México. Siempre andaba con su cámara colgando del cuello para todos lados, tomando fotos de edificios viejos, paisajes desolados, gente apresurada cruzando las calles de la capital, o primos que dormían en público.

Lo nuestro era organizar maratones de cine. Los domingos, cuando regresábamos temprano de Toluca, o cuando mi tío la traía a buena hora, nos organizábamos para pasar un buen rato en el cine. Tomábamos el metro Observatorio hacia Tacubaya, y de ahí transferíamos a San Pedro de los Pinos hasta llegar a los cines de Plaza Reforma. Éramos unos adictos. Aprovechábamos cualquier día más o menos libre para ir al cine y ver películas todo el día, a veces desde las 10 de la mañana. Pasábamos por un coctel de frutas gigantesco al mercado y luego nos metíamos a la sala oscura. Ya después comíamos en un lugar de carnitas que a mí me gustaba mucho ahí por Reforma, creo que se llamaba el Kioskito, aunque también le entrábamos a unos tacos de canasta por el Castillo de Chapultepec. No nos perdíamos las películas de la Muestra Internacional de Cine. Con ella vi *El festín de Babette* y *Sorgo rojo*. La última película que vi con Liliana fue *Ojos negros*, con Marcelo Mastroianni.

[raúl espino madrigal]

¿Quieres venir a casa y quedarte a dormir? Me preguntó Liliana. Estaba seguro de que lo había dicho, pero pensé que la había oído mal. Lo había expresado en voz alta, con todas sus vocales y consonantes, pero yo todavía no podía escucharla bien a bien. Nada me había preparado para algo así. Veníamos juntos de regreso de Toluca ese fin de semana, después de mucha insistencia de mi parte. Nos habíamos encontrado en la terminal de autobuses de Toluca y, una vez que llegamos a la Ciudad de México, me ofrecí a acompañarla hasta la estación Tezozomoc del metro. O tal vez era la Aquiles Serdán, las dos quedaban tan cerca de su casa. Nos la habíamos pasado tan bien, platicando y bromeando mientras dejábamos atrás los bosques de pinos de las montañas, e incluso después, cuando tratábamos de encontrar nuestro camino entre las estaciones siempre atestadas de gente. Estábamos a punto de despedirnos cuando me lo preguntó. Y me sorprendió tanto que me quedé con la boca abierta, sin saber qué decir. Liliana siempre tenía esa cualidad: dejarme sin habla. Podía decir las cosas más dulces y las más crueles con igual desenvoltura, nada en el aburrido en medio.

Todavía sin salir de mi pasmo, mientras me pasaban miles de cosas a toda velocidad por la cabeza, remató con la frase: "prometo que no te violo". Así, con esa sencillez, y a la vez tan de frente, Liliana terminó de meter el tema sexual en la ecuación de manera casi natural. Una jugada maestra. Con todo, no quería arriesgarme. Ella y yo no andábamos muy bien en esos días y, aunque la habíamos pasado excelente esa tarde, preferí decirle que las tías con las que vivía por el Parque Hundido me esperaban a cenar. Para mi sorpresa, Liliana insistió. No quiero estar sola, admitió finalmente. Ándale, quédate en la casa. Si quieres, yo le pido permiso a tus tías. No podía creer lo que estaba oyendo. Todavía no podía creer que tuviera tanta suerte. Acepté, por supuesto. Pero no pasará nada más, me aseguró antes de emprender la marcha. Yo no tenía ningún problema con eso.

Esa noche platicamos sin parar mientras nos preparábamos para tendernos juntos sobre su colchón doble que estaba al ras del suelo. En algún momento, entre una y otra historia, le pregunté si podía acariciarle la espalda. Ella hizo una pausa, considerando la cuestión con un gesto grave. Es una decisión muy importante, dijo. Por lo que pueda implicar, añadió. Pero aceptó de cualquier manera. Después de un rato, cambiamos de posición y ella me acarició la espalda a mí. Así estuvimos mucho tiempo, platicando entre arrumacos y besos. Esa era la definición del paraíso. No me acuerdo cómo fue que salió a la conversación el tema de que yo nunca había tenido relaciones sexuales, cosa que me dio algo de pena, pero era la verdad. Qué interesante, dijo, sin elaborar nada más. Le confesé que no había tenido ninguna relación significativa y que en realidad no me interesaba el sexo en sí. Yo lo que quiero es amor, le dije, estar enamorado. Liliana me miró con sus enormes ojos tristes, casi sin pestañear. Esto es perfecto, le aseguré. Yo pensaba que ya habría tiempo para algo más cuando fuera adecuado. No quería presionarla. No quería que se sintiera incómoda conmigo. En el diario que había empezado no hacía mucho, escribí, tal vez con más optimismo del necesario, que finalmente ya éramos algo, no novios exactamente, pero algo; y que ya habría tiempo para que nuestra relación se diera plenamente, también a nivel del amor físico.

Despertar a un lado de Liliana era un sueño hecho realidad. Ella dejó un rosario de besos en mi espalda al inicio de la mañana. Buenos días, me dijo, con su gran sonrisa. Estaba eufórico, seguro de que por fin habíamos pasado a esa siguiente etapa como pareja, pero pronto me di cuenta de que no era así. Me levanté temprano y me fui a la universidad corriendo, porque tenía clase temprano y, cuando volví a verla en la escuela, otra vez era distante y no dejó que me acercara.

Así era la relación con ella, de altibajos, de picos de cariño y cercanías esporádicas.

[iliana gonzález rodarte]

Nunca platicamos tanto, mucho menos de cosas personales, pero en las horas en que convivimos en la cafetería de Emilio, y cuando nos visitaba en nuestra casa de San Lorenzo Acopilco, me quedé con la idea de que Liliana estaba muy al tanto de lo que acontecía en el mundo. Le interesaba la política. Fumaba un montón de cigarrillos mientras hablaba de cine, pero también de música. Alguna vez nos contó que había participado en un coro de una canción de Café Tacvba, una banda de rock progresivo que se había originado ahí, en la UAM. ¡Cómo se parecía a su mamá! Cuando los visitábamos en Toluca siempre me gustó el trato tan amable, tan elegante, de su madre. La vajilla. Las tazas del café. Los altos libreros. Ojalá hubiera hablado más con ella de su vida íntima. Si lo hubiera hecho, si me hubiera dicho algo, por supuesto que lo habría compartido con sus padres. Tal vez por eso nunca lo hizo.

Liliana llega así completa a la memoria: el periódico bajo el brazo, los lentes de intelectual.

[ana ocadiz]

Lucha de gigantes/ convierte/ el aire en gas natural./ Un duelo salvaje/advierte/ lo cerca que ando de entrar./ En un mundo descomunal/ siento mi fragilidad. Nos volvía locas esa canción. Siempre poníamos el acento en la palabra fragilidad. La mía. La de ella. Y luego hablábamos de nuestra fuerza juntas. No recuerdo exactamente cuándo, pero Liliana me prestó un libro que había leído de muy chica y se había convertido en una lectura fundamental para ella: *Milena*, de Margarete Buber-Neumann. Un libro de pastas negras muchas veces manoseado.

Se contaba ahí la historia de esa escritora y activista ejemplar, Milena Jesensky, que por desgracia o por fortuna es más recordada ahora como la amante de Franz Kafka, a quien en verdad quiso mucho. La historia empieza y acaba en el campo de concentración donde Margarete y Milena se encontraron y, a pesar del infortunio y la tragedia, a pesar del hambre y del frío, a pesar de la cruz de los tiempos, se hicieron muy amigas. Nos sorprendía la manera en que ambas retaban el autoritarismo y la hostilidad de su entorno con un amor a la vez pleno y ligero. Milena, cuyo nombre quiere decir amada, desobedecía más por costumbre y menos por principio todas las reglas del campo de concentración: en lugar de guardarse para sí, o escabullirse en la cizaña o el aislamiento, se prodigaba con una determinación que a veces parecía simple estupidez. Pero ése era su dogma: el amor.

Liliana no sólo se sentía identificada con una mujer para quien la amistad era una máxima personal, alguien para quien darse era darlo todo, aunque también lo exigía todo en reciprocidad, sino también reconocía en el libro el entorno en que vivíamos que, a veces, en nuestros momentos más oscuros, equiparábamos a un campo de concentración. Se nos limitaba tanto o, más bien, las expectativas para nuestras vidas eran tan estrechas que, con frecuencia, nos sentíamos como dentro de una camisa de fuerza. Y no hablo de nuestros papás. Hablo de todo en general. Había que comportarse de cierta manera. Había que dar poco y con medida. Había que calcular la cercanía y la ganancia. Liliana, en cambio, amaba la vida, la calle, el cine, a sus amigos, la arquitectura, a Manolo, a mí, incluso a Ángel. Ese era su súper poder; y ese, también, era su talón de Aquiles.

Leí el libro de una sentada y me impresionó tanto que, cuando tuve mi primera hija muchos años después, le puse

ese otro nombre de Liliana que era Milena. Eso éramos nosotras entonces, las muchachas de Milena. Sus aprendices. En
eso nos convertíamos todos alrededor de Liliana, sin importar si éramos hombres o mujeres.

Creo en los fantasmas terribles/ de algún extraño lugar/ y en mis
tonterías/ para hacer tu risa estallar./ En un mundo descomunal/
siento mi fragilidad.

VI

FANTASMAS TERRIBLES DE
UN EXTRAÑO LUGAR

[leticia hernández garza]

Conoció a Ángel cuando entró a la preparatoria. No le cayó bien al principio, pero la hacía reír con un montón de tonterías. Era divertido. La invitaba al cine. Le regalaba flores. Le decía que no podía vivir sin ella. Era solícito: se ofrecía a llevarla en su cochecito rojo a donde tuviera que ir. Su vehemencia terminó por apabullarla. Y, ya casi al final de la prepa, se hicieron novios de verdad.

Pero Ángel era muy celoso. Le hacía panchos por cualquier cosa. Una vez le hizo un drama gigantesco porque un compañero de natación le regaló algo y él no lo pudo tolerar. Poco a poco se dio cuenta de que era bien absorbente y controlador. Le dio un primer jaloneo, creo una cachetada, cuando ya tenían como un año de salir como amigos. Y Lili dejó de hablarle por un tiempo largo. No sé cómo o por qué regresó con él. Al principio Liliana vio eso como un juego, algo inofensivo, una señal más de su vehemencia, pero al entrar en la universidad, él se volvió más violento. Liliana estaba ampliando su mundo y conocía a personas que él no podía supervisar. Su mundo, el de ella, estaba dando un vuelco. Y el de él seguía siendo más o menos el mismo. Ángel la jaloneaba seguido. Ella le respondía también, pero nunca es igual. Se jaloneaban los dos, pero la fuerza de un hombre es distinta.

Además, le decía que estaba gorda.

[raúl espino madrigal]

Estaba a punto de partir cuando la divisé corriendo por los pasillos. Tenía casi una hora esperándola y ya temía que me hubiera dejado plantado. Empezaba a ponerme de malas, pensando que no llegaríamos a tiempo a ver la película. Pero fui a encontrarla, ¿qué onda?, le pregunté. Se disculpó profusamente y me explicó que había tenido un contratiempo. Me dijo que había recibido una visita inesperada. Como me sacaba de onda que no me dijera bien a bien qué pasaba, le pregunté si era algún pariente. Entonces, ya cuando había recobrado el aire, me platicó que se trataba de un tipo que había venido del pasado. No me acuerdo exactamente de las palabras que usó para referirse a él, pero no lo llamó "mi exnovio" ni utilizó su nombre. En su lugar, enunciaba términos genéricos como "alguien con quien hubo historias", o "alguien que pertenece a la historia" o "alguien que apareció del pasado". Entre que ella no quería contar más detalles y yo tampoco quería preguntar, puesto que no quería oír respuestas que involucraran a otro hombre, guardé silencio.

Después de calmarnos, me platicó que no le había quedado de otra. Que ese tipo llegó a su casa y que no le había dado chance de nada. Que lo había tenido que escuchar. El tipo estaba muy alterado y lo había tenido que tranquilizar. Debiste mandarlo a la chingada, Liliana, le dije. Nosotros ya teníamos nuestro plan. ¿Por qué soy yo el que tiene que quedarse solo aquí, esperándote? Ella no me contestó. Parecía perdida dentro de sí misma. Finalmente le pregunté qué onda con ese fulano. Me miró directamente a los ojos. Ya te dije, es alguien que pertenece al pasado, repitió. Alguien que pertenece ya a la historia, y que no significa nada para mí.

Estamos en el presente, Raúl, añadió. El pasado no pertenece al presente, así que no cuenta.

Pero justo después admitió que había sido algo más grave. El tipo llevaba "una de esas cosas que disparan balas", y esa frase sí la recuerdo textualmente porque me impactó. Liliana acompañó la revelación de un gesto peculiar: apuntó el pulgar y el índice desde el interior de la chamarra. Ahí me quedé congelado, con la cabeza dando vueltas. Pasé del enojo por la tardanza a considerar en serio lo que me contaba en cuestión de segundos. Me preocupé por ella y le pregunté si estaba bien. Ella asintió. Por lo que entendí, la amenaza era hacerse daño él mismo. Suicidarse, ¿quieres decir? Le pregunté, nada más para asegurarme de que estaba entendiendo. Y ella volvió a asentir. Por eso había tenido que esperar a que se calmara y, en cuanto pudo, había arrancado a encontrarse conmigo porque sabía que estaría esperándola.

No le pregunté qué había hecho para calmarlo. No le pregunté dónde estaba ese hombre o a dónde había ido. No se me ocurrió voltear a ver alrededor para comprobar que no nos estuviera acechando detrás de algún matorral.

Todo fue muy raro en ese momento. La mezcla del enojo con los celos no me dejaba entender de quién estábamos hablando. ¿Cómo era que, de la nada, aparecía un personaje así? Y, todavía más, ¿qué implicaciones tenía para su vida, o para la mía con ella? El tema del arma era asunto aparte. Era, por supuesto, algo absolutamente ajeno para mí. Nunca había tenido el más mínimo contacto con algo similar, ni de la manera más remota. Era algo que, simplemente, no existía en mi mundo. Un arma. Alguien con un arma en la ciudad. Me escandalizaba que Liliana estuviera metida en algo así, pero ella me dijo entonces que no había problema, que todo estaba bajo control. ¿Estás segura? Le pregunté. Sí, me dijo.

Y yo le creí.

¿Qué hacemos entonces?, nos preguntamos después de un rato, dándonos cuenta de que seguíamos ahí, sentados sobre el borde del pasillo en una escuela casi vacía a esa hora. Lo importante es que estás bien, le dije. Sonreímos sin ganas, como si hubiéramos corrido un maratón y tuviéramos mucha sed. Vimos el reloj y nos preguntamos qué podíamos hacer para aprovechar el resto de la tarde. Nos incorporamos casi al mismo tiempo y salimos hacia el cine a toda velocidad, sabiendo que llegaríamos tarde a la película. El cambio fue súbito. De repente ya estábamos corriendo, atravesando la ciudad en una combinación de metro, autobús y taxi, y encontramos a mis amigos en las primeras filas del cine. Alcanzamos a ver un cachito de *Acusados*, con Jodie Foster, que estaba de estreno esa semana. Debió haber sido marzo. Sí, marzo de 1989.

[norma xavier quintana]

La única vez que le supe de un novio se trataba de Ángel. Bueno, habría que corregir: un exnovio, no su novio. Creo que nunca lo llegué a ver en persona. Sabía que él a veces la llevaba a la casa de Toluca, que a veces pasaba por ella a la universidad y, a veces, la esperaba en el departamentito de Mimosas. Realmente no sé si sólo vi una foto suya, pero lo tenía ubicado físicamente. Él andaba en una moto roja, muy ruidosa. O en un sedán negro. Un auto compacto. Lo que sí me acuerdo es que era una relación de la que ella quería salirse, pero que no podía. El tipo era muy insistente. Ella andaba, o parecía que andaba, con Manolo, pero Ángel insistía todavía en que era su novia. Nunca vi ninguna escena de violencia entre los dos.

[ángel lópez]

Yo me topé con Ángel un par de veces. Un hombre raro. Nunca tuvimos una conversación directa. Llegó a la escuela alguna vez y lo vi de lejos. Alguien me comentó que ése era el amigo de Liliana y deduje que era, o había sido, su novio. Pero nunca nos lo presentó como tal, como su novio. Nunca estuvo en ninguna de las fiestas que organizamos en el depa de Liliana. Nunca formó parte, ni con mucho, de esta vida que Liliana llevaba acá, con nosotros. Ella era muy discreta. Incluso cuando anduvo con Manolo, mucho después, fue así: nada de besos ni abrazos, nada de andar de la mano. Nada de nada.

[othón santos álvarez]

No seré muchas cosas, pero sí un buen observador. Cuando veía a alguno del grupo medio alicaído o apachurrado, pues les dejaba algún mensaje, alguna frase de buen ánimo, algún verso. Lili era igual que yo, así que intercambiábamos papelitos y recados a cada rato. Alguna vez se me hizo fácil opinar sobre Ángel, pero ella de inmediato me puso el alto. Era franca y dicharachera, pero también ponía sus barreras. Me llamaba la atención la prepotencia de Ángel, toda esa cosa de la moto, su actitud completa. Me caía bastante mal. Él estacionaba la moto en el departamento de Lili, la metía al patiecito central. Una vez, cuando hizo eso, noté que traía una pistola. Yo era de Necaxa, en el estado de Puebla, y mi familia acostumbraba portar armas, así que de inmediato reconocí el bulto que se formó detrás del pantalón, por debajo de su chamarra de piel, que además le quedaba muy justa. Me alarmé y le pregunté a Lili sobre el arma, tratando de prevenirla, pero ella desestimó mi preocupación y me dijo que no sabía nada. Él era el típico cuate que medio saludaba y, si se quedaba con nosotros, se aislaba, viéndonos de lejos con desconfianza. O, si veía que nos íbamos a tardar, mejor se desaparecía por una hora o más, y venía de regreso cuando nosotros ya íbamos de salida. Nunca hizo ningún intento por convivir con nosotros. Nunca me latió. El cuate se desapareció por un tiempo largo, y fue entonces que Lili anduvo con Manolo dos trimestres. En la universidad sólo lo vi un par de ocasiones. Esperaba a Liliana en el estacionamiento y luego se iban en esa moto tan ruidosa, sin casco ninguno de los dos.

[gerardo navarro]

Liliana no era nada noviera. De hecho, nunca la vi con alguien. Andábamos todos en bolita de arriba para abajo: para hacer tareas, para ayudarnos con los proyectos, hasta para organizar fiestas. Ese Ángel de repente iba por ella a la escuela los viernes, cuando le tocaba ir de regreso a Toluca. Eso fue lo único que supe de él: era el chavo que los viernes iba por Liliana en una moto muy acá, muy aparatosa, para ir a casa de sus papás. Yo lo vi apenas unas tres ocasiones y en ninguna de ellas presencié alguna escena de celos o violencia entre ellos. Igual se quedaba muy poco, el chavo iba sólo de pasada. Liliana, por su parte, nunca hablaba de él; ni lo mencionaba. Era como si no existiera, o como si fuera un fantasma. Liliana, como quiera, era muy reservada. Y, sí, hablábamos un montón, pero de la escuela o del cine, que le gustaba tanto, o bromeábamos, pero pocas veces tocábamos temas así de personales. Si no estaba con la bolita, Lili andaba siempre con Ana, a veces con Fernando. Usualmente con los dos.

[leonardo jasso]

Me lo topé una vez que acompañé a Liliana a su departamento. Habíamos salido de clase y yo quería seguir charlando con ella, así que me ofrecí a ir a su lado hasta el metro. No sea que te vaya a pasar algo en el camino, bromeé, y ella se echó a reír. Y, sin pensarlo mucho, agarramos camino juntos. Nos bajamos en la estación Tezozomoc y yo, como quería seguir cerca, iba caminando despacio, sacándole plática de cualquier cosa. Tomamos la calle de los camellones y, luego luego, nos topamos con Mimosas, y ahí doblamos a la derecha. Él la estaba esperando en un auto negro. Yo me detuve casi por instinto, titubeé, pero Liliana me dijo que no había problema, que Ángel era un amigo. Un amigo de Toluca. Y casi me jaló del codo para que avanzara a su lado. Cuando se bajó del auto, Ángel me vio con mucha desconfianza y, aunque me dio la mano, yo sentí una vibra muy pesada. Hasta sentí que tenía que darle una explicación, cosa que no hice. De cualquier forma, la acompañé hasta la puerta de su departamento y ahí todavía platicamos otro rato.

Ese día entendí que Liliana no era libre.

[ana ocadiz]

A Ángel lo vi varias veces y conviví con ellos básicamente siempre aquí en la Ciudad de México, excepto una vez que fuimos a Toluca con él, de ida y vuelta, y como "de escapada" porque ni mis papás ni los suyos supieron que salimos. Siempre conviví con él cuando Lili estaba presente. No es que yo me llevara bien con él o no, pero el trato era cordial. No recuerdo por qué me regaló un cassette, aunque creo que fue porque la canción estaba de moda, pero al cassette le añadió una fotografía tamaño pasaporte de él mismo, que fue la que luego utilizó la policía para identificarlo. *Sabes que es con cariño*, le puso atrás de la imagen.

En una ocasión lo acompañamos a entregar unas calcomanías de verificación vehicular que eran falsas o chuecas. Recuerdo haber sentido miedo, tanto Lili como yo sabíamos que era algo ilícito, y yo sentía además que nos hacía cómplices, pero nunca lo platicamos entre nosotras. Nunca dijimos: Ángel es un falsificador, pero lo pensamos. Había un constante sentimiento de riesgo a su alrededor. No lograría explicarlo con toda claridad, pero despedía a su paso esta sensación persistente que sí inspiraba temor. Ahora, con la perspectiva de los años, veo que éramos pequeñas, sin experiencia ni malicia, y que confundimos ese temor con complicidad, incluso con confianza. La sensación de que era posesivo provenía, para empezar, de su apariencia física: aunque no era alto, sí era fuerte y se hacía notar. Por ejemplo, todo mundo lo volteó a ver la vez que fue a la universidad, cuando entró al edificio de diseño. Sin ser escandalosa, su presencia no pasaba desapercibida. Había separaciones y reconciliaciones entre ellos, pero no sé quién se alejaba o cómo se daba el reencuentro. Tengo idea de que él le llamaba para insistir, y hasta cierto punto la chantajeaba con la amenaza de hacerse daño. De él fue la idea de sacarle el aire a las llantas del auto de Manolo, porque supo que tenía interés en Liliana, como para que entendiera que tenía que alejarse.

[emilio hernández garza]

A Ángel lo conocí en Toluca. Cerca de la casa donde vivían los papás de Lili, en el parquecito que estaba cruzando la calle. Yo me bajaba del taxi y, a lo lejos, vi que Liliana y un mono chaparro y güero, con un pantaloncillo de ciclista, estaban discutiendo. Él la empujaba una y otra vez sobre el pecho, obligándola a retroceder. Corrí hacia ellos, lo aventé y él se cayó. Quiso ponerse al tiro, pero en aquel entonces yo era una mole. Liliana me pidió que no le pegara, diciendo que era su novio. Ese pelado ya había sido su novio en la prepa, pero yo no lo conocí hasta entonces. Nos calmamos un poco antes de caminar los tres hacia la casa, porque él había dejado su bicicleta recargada sobre la reja. Todavía no se había ido él cuando me burlé de Liliana porque el tipo era un verdadero enano. ¿Cómo puedes andar con esa chingadera, prima? Le dije. El tipo se volvió a crispar, pero tuvo que tranquilizarse. Luego ya nada más entramos a la casa y no le dijimos nada a mis tíos. Ese domingo Lili regresó conmigo a la Ciudad de México.

[ana ocadiz]

Liliana había comprado unos boletos de lotería del Zodiaco para regalárselos a Ángel por su cumpleaños y, de paso, compró dos más, uno para ella y otro para mí. Debió haber sido a mediados de abril. Luego fuimos al mercado de Azcapotzalco por unas fresas con crema que, además de fresas y crema, tenían nieve de limón y miel. Nos encantaban, de verdad, pero sólo podíamos comernos una entre las dos. Así de enormes eran. Estábamos ya de regreso cuando vimos al hombre vendiendo pájaros en una de las entradas. La idea se le ocurrió de inmediato y, sin necesidad de que me dijera algo, lo entendí todo de una vez. Lili compraría un gorrión, y ese sería el segundo regalo para el cumpleaños de Ángel: él tendría el honor de liberarlo. Verlo volar por los aires.

Salimos corriendo de ahí, con el pájaro dentro de una bolsa de papel estraza, directo a la universidad. Teníamos clases y cosas que investigar en la biblioteca y apuntes que pasar en limpio, pero entre una cosa y otra Lili abría la bolsa para asegurarse de que el pajarito siguiera con vida. Así pasaron las horas, y Ángel no llegó o se le hizo tarde. Tenemos que liberarlo nosotras, me dijo Liliana un poco después del mediodía toda cariacontecida. Estuve de acuerdo. ¿Dónde?, le pregunté. ¿Aquí? Cómo crees, éste es un lugar anodino. Tenemos que hacer un viaje especial. Lo pensó por un rato y, de repente, se le iluminó la mirada. Ya sé, dijo. Sígueme. Y salí tras de ella.

No tardamos mucho en llegar al parque Tezozomoc, que estaba no lejos de su casa. A una estación del metro. Quiso que hiciéramos un pequeño ritual. La libertad, me lo recordaba a cada momento, era lo más importante en la vida. Cuando finalmente abrimos la bolsa, esperábamos que el gorrión tomara aire y saliera volando, pero no fue así. Dio un par de pasos sobre el pasto y, luego, cayó. Tratamos de reanimarlo, pero pronto entendimos que ya no podíamos hacer nada. Su muerte nos destrozó el corazón. Está en un mejor lugar ahora, le dije a Liliana que se había quedado inmóvil, muy consternada, como si algo se le hubiera quebrado adentro. Estaba a punto de ser libre, dijo cuando ya caminábamos a paso lento hacia su casa.

Lo está, le dije, tratando de reanimarla.

VII

¿Y NO ES ACASO ESTO LA FELICIDAD?

[raúl espino madrigal]

El viaje a Oaxaca. El famoso viaje a Oaxaca. Todo empezó con mis amigos de la prepa, nuestro deseo de disfrutar del verano en la playa. Puerto Escondido. Mitla. Monte Albán. Esos nombres como dulces en la boca. Se me ocurrió invitar a Liliana. Le propuse que viniera con nosotros, prometiéndole que todo iba a estar muy bien y que viajar juntos nos iba a servir mucho como pareja. En esa época me sentía muy confiado porque en general todo iba bastante bien, acababa de ganar un premio local de diseño, y quise seguir apostando por estar con Liliana. Debió haber sido a finales de julio de 1989 que por fin la convencí y, como teníamos que comprar los boletos con anticipación, un día fuimos a la TAPO, la terminal de camiones. Ahora sí es un hecho que vamos juntos a Oaxaca, le dije cuando tuve los boletos en la mano. No vayas tan de prisa, Raúl, me dijo ella. Yo no tengo la menor idea de qué va a pasar con mi vida. Honestamente, no te puedo asegurar nada. Un clásico de ella, dejándome en la incertidumbre, escapando a cualquier definición.

Por fin llegó el día del viaje, que sin querer coincidió con mi cumpleaños, el 9 de agosto de 1989. Pero pasaba el tiempo y no sabía nada de ella. Habíamos quedado en llamarnos para irnos a la terminal juntos y, aunque le hablé insistentemente a la casa donde le dejaba los recados (la casa de los dueños de su departamento), no la encontré. No sabía qué hacer; no sabía si ir a buscarla a su casa de Mimosas, como otras veces, o esperar a que me llamara. Quería creer en que vendría conmigo, pero llegó la hora de salir, y nada. Al final me fui a la terminal solo, muy sacado de onda y enojado.

¿Y dónde está tu chica, wey?, me dijeron mis amigos cuando me vieron llegar solo. Les dije que no sabía, y que no me siguieran molestando. En eso, uno de ellos dijo: ¿No es ella esa de allá?, señalándola. Y sí, ahí estaba Liliana, a lo lejos. No lo podía creer. Sí había venido. Me llené de felicidad instantáneamente, sin importar lo que había pasado antes. Fui corriendo hacia ella, como en las películas, los brazos en alto, tan eufórico que no me percaté que ella no avanzaba hacia mí. Ella estaba inmóvil, en el centro de un montón de mochilas. ¿Qué onda?, le pregunté cuando finalmente estuve junto a ella y, en lugar de saludarme de beso, me extendió la mano. ¿Estás bien? Le pregunté. Hubo algunos cambios de último minuto, dijo. Y yo guardé silencio. Lo siento, Raúl, dijo. Ya, dímelo en corto, le contesté. Sí voy a Oaxaca, dijo, pero con mis amigos de arquitectura. Estoy cuidando las mochilas, pero deben aparecer de un minuto a otro. Me quedé atónito. Una vez más tenía la boca abierta, sin poder articular palabra. Pero compramos los boletos, le dije automáticamente, sin pensar, tartamudeando a medias. Yo cambié el mío hace un par de días, me dijo. Ahí me dio un vuelco el corazón. Ya sabía que Liliana no me quería como yo a ella, pero nunca me había imaginado que me hiciera algo así. Me sentí en medio de una mala broma, sin saber qué hacer o qué decir, excepto que no era una broma: todo era demasiado real.

Es mi cumpleaños, Liliana, le dije, tratando de apelar a su lado más suave. Hazlo como un regalo para mí. Le estaba rogando ya de plano descaradamente que, por favor, hiciera el viaje conmigo. Viaja con tus amigos, si quieres, Liliana, pero encontrémonos en Oaxaca, le supliqué. Pero no cedió. ¿Al menos podrías darme un abrazo de cumpleaños? Le pedí otra vez. Ella se acercó a mí y, muy tímidamente, me rodeó con sus brazos. Yo cerré los ojos. Ya no estaba en una terminal ruidosa, llena de gente, en la Ciudad de México, sino en ese otro lugar al que siempre me transportaba cuando aspiraba su aroma. Su calidez. Su dulzura. Su estar ahí. Tenía un montón de sentimientos encontrados, pero la quería muchísimo y ese abrazo lo sentí como un verdadero regalo. Todavía me quedé platicando un rato más con ella, pero era muy incómodo, sobre todo con la presencia de los arquitontos, como ella les decía a sus amigos. Así que me despedí, sintiendo que todo esfuerzo que hacía para estar con ella era inútil.

[ana ocadiz]

Tiendas de campaña. Mochilas de explorador. Latas de atún y chiles jalapeños. Muy poca lana y muchas ganas, en cambio, de ir a esos lugares de ensueño: Oaxaca, Huatulco, Puerto Escondido. Todos sabíamos esos nombres, pero ninguno había tenido la oportunidad de visitarlos. Nos organizamos pronto. Todo fue cuestión de traer a colación la idea en alguna de nuestras pláticas y ahí prendió. Iríamos, claro que sí. Fernando, que a mí me gustaba mucho y a veces como que andábamos y otras como que no, dijo que contáramos con él; Leonardo, que estaba interesado en Liliana, dijo que iría; y Carlos, un chavo alto y güero, dijo que también se uniría al grupo. Viajamos de noche, en autobús. ¿Y quién siente la incomodidad o el desvelo cuando tienes veinte años y vas con destino a la belleza y la libertad?

[raúl espino madrigal]

Ya en la ciudad de Oaxaca, al día siguiente, cuando esperábamos a que nos dieran nuestra habitación en un hostal, uno de mis amigos me dijo: Mira, ahí va tu chava. Y justo iban pasando por esa calle. Salí para hablar con ella y le volví a pedir que siguiéramos de viaje juntos, pero me dijo que mejor así. Ni modo. Aprovechamos el día y fuimos a Monte Albán.

A la mañana siguiente, fuimos a la terminal de camiones a comprar los boletos para Puerto Escondido. La idea era salir en la noche y amanecer allá. Estaba muy quitado de la pena, viendo hacia la nada, cuando alguien me empujó por un costado: era Liliana, que se acercó a saludarme y me sorprendió mucho. Nos reímos de la coincidencia, ya que ellos habían ido también, pero para comprar boletos hacia Huatulco. Pensé en ti toda la noche, le dije cuando nos sentamos en las sillas de plástico de la terminal. Yo también, admitió ella. ¿Y no es entonces ilógico que estemos en lugares separados pensando el uno en el otro, en lugar de estar en el mismo sitio? Le pregunté. Esa situación resumía nuestra relación: queriendo estar juntos sin realmente estar.

Pasamos todo el día en la ciudad y, en un momento dado, uno de mis amigos me los señaló otra vez. Ya de plano nos reímos y, obvio, yo era la burla de todos. Yo me sentía atrapado con mis amigos e imaginaba que a ella le pasaba lo mismo con los suyos. Quise desatorar la situación, incluso si precisaba de hacer algo drástico o desesperado. Aviéntate, me dije. Estaban en una tienda de artesanías o una zapatería, no me acuerdo bien, pero fui directamente con ella y la tomé del brazo. Ya hay que dejarnos de chingaderas, Liliana. Tú sabes que te quiero, y yo sé que tú me quieres a mí, acabemos de una vez con este juego infame. Me hubiera gustado decirle algo así, pero logré decirle algo similar con otras palabras más suaves. Me pidió que bajara la voz y me arrastró hacia la banqueta, para que habláramos lejos de sus amigos, aparte. Tal vez fue mi actitud o tal vez fueron mis palabras, tal vez ella no se la estaba pasando tan bien con sus amigos después de todo, pero finalmente estuvo de acuerdo en venirse conmigo. Liliana dijo sí, me iré contigo, y un mundo entero se abrió ante mis ojos. Fuimos a su hostal para recoger su mochila, y luego la llevamos al mío para dejarla ahí. ¿Y ahora qué? Le pregunté. Tengo ganas de ir a Monte Albán, me dijo, añadiendo que sus amigos no habían querido ir con ella el día anterior. Yo estuve ahí ayer, le dije, pero te acompaño con todo gusto hoy. Vale la pena, añadí. Así es que allá fuimos, los dos solos al fin, un hombre y una mujer de camino a Monte Albán.

Fue lo mejor del viaje. Nos encontrábamos en un lugar excepcional, en un momento muy tranquilo. Después de haberlo planeado y esperado tanto, yo estaba muy feliz de estar con Liliana por fin. Liliana y Raúl, nosotros dos. Aunque el sitio estaba lleno de turistas, nosotros íbamos a nuestro aire, en nuestro propio mundo. Nos quedamos mucho rato en lo alto de una superficie que daba a todo el valle de Oaxaca, que estaba muy verde y, debido a la hora del día, muy dorado por la luz del sol de la tarde. Un viento suave, tremendamente tibio, nos arremolinó los cabellos.

No recorrimos toda la zona arqueológica ni anduvimos por todos lados, sólo nos subimos por las escaleras de esa pirámide y permanecimos ahí, en la cúspide, la mayor parte del tiempo en silencio, disfrutando del momento tal como era. Juntos. Se acercó un señor y, como en lugar de ver las ruinas veíamos el paisaje, nos preguntó: ¿Les gusta? Y Liliana contestó: Muchísimo, señor, hablando por los dos sin dejar de ver la inmensidad. Muchísimo era lo que me gustaba ella a mí en ese momento. Entre mi timidez y su siempre alejarse, me costaba mucho trabajo acercarme a Liliana. Esta vez le pedí una de sus manos. Liliana sonrió, el sol del atardecer sobre su cabello luminoso, y sobre sus grandes ojos amables. Estiró sus brazos y me las ofreció. Ahí estábamos, sentados uno al lado del otro, sobre una pirámide ancestral, tomados de las manos. Sonriendo. Murmurando cosas. Pronunciando palabras que a esas alturas ninguno de los dos entendía ya más. No sabía qué más le podía pedir al mundo. Me sentí bendecido.

Un momento eterno. Eso es lo que fue: un momento eterno.

[leonardo jasso]

Liliana empezó el viaje con nosotros, pero luego, después de la breve estancia en Oaxaca, desapareció. Todo pasó muy rápido y con gran discreción. Algunos ni cuenta se dieron de que Liliana ya no viajaba con nosotros, pero como yo me había unido al grupo para estar cerca de ella, me di cuenta de inmediato. Liliana se fue con un novio que tenía. Era un tipo alto y delgado, que había ganado recientemente un premio importante de diseño. En la escuela se hablaba de él. Yo la eché de menos. Pero tampoco quería arruinarme el viaje. Así que seguí con todos hacia la costa.

Fue una verdadera sorpresa cuando Liliana se nos volvió a unir en la playa.

[fernando pérez vega]

Era el viaje de nuestras vidas. Se podía morder la emoción, la intensidad, las ganas de divertirnos y de disfrutarlo todo.

Cuando dejamos Oaxaca atrás, hablábamos de la playa como si fuera un pequeño dios compartido. Éramos un grupo de chilangos sin mucha noción del mar. Cargamos las mochilas en la espalda y caminamos hasta la estación de autobuses en la noche. Llevábamos un walkman de pilas, que me habían regalado mis papás no hacía tanto, y algunos cassettes. Era un lío ponernos de acuerdo con la música. Liliana detestaba los éxitos de moda. Algunos preferían rolas en inglés. Pero entre Madonna y Paula Abdul, nos quedábamos con "Like a Prayer". "La incondicional" de Luis Miguel estaba de moda, así que ni siquiera teníamos que tocarla nosotros para escucharla en todos lados.

No me acuerdo por qué Liliana se separó de nosotros un día, a lo sumo dos, lo que sí sé es que la encontramos en Huatulco después, caminando sola por la playa. Se volvió a unir al grupo y ya no se separó de nosotros, incluso cuando fuimos a Acapulco en el camino de regreso, cosa con la que nunca estuvo de acuerdo.

[raúl espino madrigal]

Cuando atardeció, regresamos a Oaxaca y nos reunimos con mis demás amigos para irnos a Puerto Escondido en la noche. Fuimos directamente a la playa. Estaba amaneciendo y nos metimos al mar con la ropa puesta. Después fuimos a buscar un hotel y rentamos una habitación grande para todos. Comimos algo a media tarde y Liliana empezó a sentirse resfriada. Y nos fuimos ella y yo a descansar, esperando que se recuperara. Como se estaba celebrando un torneo de surf, había música en la calle principal y nos unimos a la algarabía en la noche. La gente bailaba, alegre. ¿Quieres bailar conmigo?, le pregunté, extendiéndole la mano. Desganada, un poco distraída, Liliana sonrió cuando me dijo que no. No me siento nada bien, Raúl, dijo. Deberías buscarte una mejor pareja de baile. Pero yo me quedé con ella, disfrutando de la música y la gente. Creo que mejor me voy a dormir, dijo después de un rato, y empezó a alistarse para irse. Su actitud independiente siempre me sacaba de onda. Te acompaño, le dije, tratando de alcanzarla. Regresamos al hotel, ella se tomó unas pastillas para su malestar, y nos quedamos dormidos. Ni siquiera notamos cuándo llegaron mis amigos; ni cuando salieron del cuarto temprano a la siguiente mañana. ¿Quieres que te traiga algo de desayunar?, le pregunté. La verdad, Raúl, sólo necesito un rato sola. Entendí que necesitaba espacio y salí del cuarto.

Cuando regresé a ver cómo seguía o si necesitaba algo, Liliana no estaba. Me había dejado una nota en su letra tan clara explicando que no se sentía bien y que quería seguir el viaje sola. No sabía si se regresaba a México o a dónde iba, pero sabía que, en cualquier caso, no era conmigo. Y dejaba el dinero de su parte del costo de la habitación. Yo estaba devastado otra vez. Ya eran muchas idas y venidas. Ya estaba muy desgastado. Ahí, con su mensaje todavía entre las manos, en medio de un cuarto que la había contenido no hacía tanto, supe que no podía seguir haciendo lo mismo y decidí dejar de insistir.

Regresé con mis amigos y, después de un rato en la playa, vimos que por ahí andaban los amigos de ella, y Liliana también. Me había preocupado por ella, temiendo lo que le pudiera pasar a una mujer sola en la playa o en el camino, así que me sentí aliviado al verla de lejos. Parecía relajada y feliz con sus amigos. Se veía tan linda como siempre. De lejos, era difícil distinguir lo que la atormentaba por dentro. Me acerqué. ¿Te sientes mejor? Le pregunté, ya sin ninguna esperanza de nada, sólo quería que me dijera qué había pasado y si se sentía mejor. Nos sentamos sobre la arena. Yo la veía a ella y ella observaba el mar a lo lejos. Anoche me sentí muy enferma, Raúl, me dijo. No me sentí bien. Titubeó un poco y luego dijo: No se sentía bien todo esto. Me miró de frente, sus ojos tan abiertos que podía entrar en ellos. Quería dejarlo todo atrás, dijo. Pero me encontré con mis amigos por casualidad en la playa. La interrumpí, sinceramente sorprendido. ¿No andaban ellos en Huatulco? Sí, pero no les gustó y se regresaron a Puerto Escondido. ¿Puedes creerlo? No podía creerlo. Claro que no. Y me invitaron a que siguiera con ellos el viaje, y ya. Me volví a verla de nueva cuenta. Su piel, salpicada de arena. Sus labios, que se movían de arriba hacia abajo mientras pronunciaba las palabras con las que nos despedíamos. Sus dientes. Las puntas de su cabello. Y esos ojos que, algunas veces, habían sido amables conmigo. Supe que no la volvería a ver nunca así en la vida. Y ya, repetía sus palabras dentro de mi cabeza.

Y justo eso fue lo que entendí, que ya.

[ana ocadiz]

En Puerto Escondido nos llevamos un buen susto. Liliana y yo nos metimos al agua sin notar lo alto que estaban las olas. Estábamos justo como aparecemos en la foto que después mandamos enmarcar: ella con shorts largos encima del traje de baño, y yo con ese amplio vestido playero, totalmente ridículo, ropa bastante estorbosa ya de por sí, y mucho más cuando está mojada. Caminamos por la costa a paso lento por mucho rato. Pasamos una zona de rocas hacia donde se surfeaba, y por ahí decidimos meternos al océano. Las olas eran muy fuertes y la corriente nos empezó a jalar hacia adentro. Ella había practicado natación, y hasta había llegado a ganar alguna que otra competencia, pero ahí, en la playa, nada más éramos un par de loquitas sonriéndose la una a la otra mientras experimentábamos un miedo atroz. Por un momento temí por las dos. Liliana permaneció en calma mientras eso pasaba. Yo iba a entrar en pánico, pero cuando la vi, toda serena y tranquila, me calmé también. Después de unos minutos tensos, salimos del remolino nadando casi al mismo tiempo hacia la costa. Nunca hablamos nada al respecto. Pero verla segura de sí misma entre los remolinos fue parte de lo que nos hizo salir a salvo.

[agosto 1989]

Quisiera retener un momento, llegar quizás a la sublimación, ¿y no es acaso eso la felicidad? Un momento, una imagen, un color, un gesto. No sé a dónde me lleve escribir estas letras. ¿Sabes, Ana? Yo te quiero, y es tan fácil decirlo, y fue tan grato darme cuenta de ello. Quizás el sol, el cielo tan azul, el mar tan cercano, la arena. Un tronco solitario. ¡Carajo! Fue tan fácil sentirlo. Releo lo escrito y parece una declaración de amor. Y me da risa. Detesto llegar a lo cursi, pero hoy no lo puedo evitar. No creo llegar a darte esto (mentira). Espero dártelo. Quizá para cuando me atreva el momento ya haya sido digerido. De una u otra forma no creo poder olvidar lo feliz que me sentí a tu lado, junto al mar.

Con cariño, Liliana.
Agosto 1989. Puerto Escondido, Oaxaca.

[agosto 19 1989]

Creo que te has puesto en huelga, no hemos recibido carta tuya, y pensamos que es una medida de presión, ¿será?

Traté de escribir desde Oaxaca y no lo logré, de pronto me encontré con tanto dentro de los ojos y del corazón, que no supe qué de todo eso podía escribir. Ahora y aquí, me parece que fueron seis días muy hermosos. Estuve en Oaxaca, la capital, en Huatulco, en Puerto Escondido. Y, por último, a pesar de mis negativas, en Acapulco. ¿Conoces Oaxaca?

[agosto 24 1989]

Estoy limpiando mi "casa". Está muy sucia y no sé por dónde empezar. También estoy fumando, aunque sé que no debería hacerlo. Además, estoy viendo una novela boba. Y todo está tirado: un zapato por allá, el aceite, la salsa, las tijeras, los calcetines. Y huele mal: agua de flores viejas, baño tapado, humedad.

Y, sin embargo, no me siento mal.

De hecho, me siento bien. Me siento muy bien.

[ana ocadiz]

Miércoles 4 de octubre de 1989.

4 de octubre de 1969...
20 años ya....

Felicidades!

Y hoy todas las personas que te conocemos y queremos, nos estremecemos de alegría por saber que contamos con tu presencia un día más.

Quisiera decirte mil cosas, mil sentimientos y pensamientos que el tenerte cerca desencadenan en mí.

¿Sabes? He descubierto que eres realmente <u>alguien</u> en mi vida... puedo charlar contigo de las cosas que me pasan, de mis miedos y extrañezas, y no me juzgas, sino que me escuchas y apoyas. Quiero que sepas que te agradezco de la manera más profunda el que seas mi amiga, y el apoyo que me brindas cuando lo necesito.

Quiero también desearte la más completa felicidad, paz y salud, no sólo hoy en tu cumpleaños sino por toda tu vida y para siempre...

Ah, ojalá seas mi amiga unos 394 años más, ¿ok?

Me despido sólo por el momento.

Con mucho cariño
Ana.

[octubre 6 1989]

Querida y nunca bien ponderada Ana:

Primero que nada, escribo en hoja amarilla porque las rosas están muy cursis (comentario extraoficial).

¿Sabes? Estoy un poco triste y sacada de onda. ¿Te cuento un secreto? Creo que estoy enamorada. ¡Otra vez al agujero! y no sé qué voy a hacer para salir de este asunto. Querer me hace daño y, sin embargo, ¿no es todo esto lo que nos hace felices?

En fin, ese no era el punto importante. ¡Lo importante! ¡Lo sorprendente! ¡lo extraordinario! Lo... Lo... es que si no dispones otra cosa nos vamos a Tampico. Espero verte mañana a las 8:30 pm en la terminal del norte, enfrente del Tres Estrellas de Oro (si las encuentras, me avisas, y nos las robamos).

Bueno, esta sólo era una nota y no quiero que pase de ahí.

Con cariño
Liliana.

P.D. Después del embate de las mujeres del Atalaya; después de que el señor del gas me vio cara de casada. Después de todo eso, no me siento mal a pesar de todo.

[manolo casillas espinal]

Ya sabía que Liliana no quería tener novio. Le tenía tirria a eso. Yo, por supuesto, quería que fuera mi novia. O ser el novio de ella. No quiero escenita ni reclamos, Manolo, me decía. No soporto los celos. Quiero mi libertad. Yo la escuchaba con paciencia, con mucho cariño, esperando que pronto cambiara de parecer. El día que se iba con Ana a Tampico yo había quedado de llevarlas a la terminal de autobuses. Pasé por ella a su casa y, como todavía no estaba lista, pasé adentro. Su desorden habitual: un libro aquí, su ropa allá, las maletas. No te vayas, Lili, le dije de la nada. Ella estaba sobre su colchón, poniendo unos lápices en una bolsita de tela. ¿Y eso por qué?, me preguntó, sin apenas levantar la cabeza. Porque te voy a extrañar mucho, le dije mientras me sentaba a su lado. Me aproximé todo lo que pude a ella, acomodándole una madeja de pelo detrás de su oreja. Y la besé. En octubre. A eso de las 5:00 de la tarde. En su casa. Nuestro primer beso. Todavía no lo podía creer cuando iba manejando a la terminal y, de regreso, ya solo en el coche, me tocaba los labios con los dedos en completa incredulidad. La sonrisa de idiota que debí tener en ese momento en la cara.

Ya pasábamos mucho tiempo juntos antes, pero después de eso estuvimos más cerca todavía. Hacíamos trabajos en equipo juntos, íbamos al cine, que le encantaba, juntos también; platicábamos a todas horas, platicábamos sin cesar. Con el tiempo, pasamos de los besos a las caricias. Ella me mordía los hombros; yo alguna vez le llegué a tocar los senos.

185

La cintura. Pero nunca nos besamos en público ni anduvimos de la mano en la universidad. Eso le parecía cursi. Tampoco tuvimos relaciones sexuales. Liliana era cuidadosa, y tenía miedo, nunca me dijo bien a bien por qué y yo, como la quería bien, no quería presionarla. No me urgía intimar con ella así, físicamente. Me gustaba irla conociendo poco a poco y cada vez más, de cerca, todo lo que ella era.

[leticia hernández garza]

Cuando las vi, ya venían llenas de arena. Supongo que fueron a la playa antes de llegar a la casa, pero ahí estuvieron con nosotros unos seis días en Tampico. Fue una visita bien incómoda porque lo de Ana era un celo excesivo. No me dejaba platicar con ella a solas, como estábamos acostumbradas, y siempre que le hacía yo una pregunta a mi prima, Ana se adelantaba a contestar. Actuaba como si la conociera mejor que yo, que la conocía de toda la vida. Lili era muy ingenua. Muy cariñosa. Muy paciente. Era obvio que Ana era muy posesiva. Para nada una influencia positiva en su vida. De hecho, se aisló mucho después de conocerla. No hacía nada sin ella. Iban a todos lados juntas, como si fueran siamesas. No sé si esto tuvo que ver con la rabia de Ángel, pero su cercanía era asfixiante.

En esa visita de octubre, Liliana parecía tener una infección en sus partes íntimas. Yo le hice una cita con mi ginecóloga y pensaba ir, pero en el último momento, sin avisarme siquiera, se fueron las dos. Liliana ni se despidió de mí en esa ocasión.

[gerardo navarro]

Manolo y Liliana sí anduvieron, pero lo ocultaron siempre. Nunca lo demostraron abiertamente. Era algo muy por debajo del agua. Ella era muy reservada. Siempre fue así. Te digo que nunca la vi con alguien. Yo supe lo de Manolo porque él me lo contó.

[othón santos álvarez]

Cuando anduvo con Manolo, formaron una pareja muy amena. Manolo siempre tuvo un carácter así, muy dado a la risa, y el sentido del humor de Liliana era tremendo, así que la hilaridad los seguía por donde quiera que andaban.

[ángel lópez]

Anduvieron intermitentemente. A veces sí, a veces no. Cuando a Manolo se le notaba triste, era que no andaba con Liliana; y cuando andaban, pues le salían chispas por los ojos. Algo de lo que me acuerdo muy bien, sin embargo, fue su gesto para el cumpleaños de Manolo. Liliana llegó a la escuela con un gran ramo de cempazuchiles envuelto en un periódico. Un ramo en verdad enorme. ¿Dónde está el cabrón?, preguntó. ¿Quién? Manolo, ¿quién más iba a ser? Y en eso se apareció Manolo, todo rojo y verde, apenado y emocionado a la vez por el detallazo.

Eso fue un 7 de marzo.

[manolo casillas espinal]

Alguna vez vi a Ángel en la escuela; alguna vez divisé su sombra por la calle de su casa. Era como un fantasma. Una nube negra. Sabía que andaba cerca cuando oía el ruido de su motocicleta. Liliana había titubeado antes. A veces parecía que se llevaba bien con él, y otras no. Pero, después de un tiempo, agarró fuerza y le dijo que ya no la buscara. Eso me lo hizo saber varias veces: ya no debe buscarme. Ya se lo dije. Un día, sin embargo, estábamos un grupo de amigos en el departamento de Liliana y él se apareció ahí. Festejábamos algo, de seguro, porque la atmósfera era festiva. Yo me puse de un humor de perros, porque ella me había dicho que ya le había puesto un ultimátum. Le molestaba que fuera por ella, que se apareciera por su casa entre semana sin avisar. Se lo había dicho claramente, me aseguró otra vez. Le dije que no me busque ya. Que ya todo se terminó. Que nunca más. Pero ahí estaba. Agazapado por las esquinas. Mirándonos a todos desde lejos, con una sospecha absurda o una de esas furias contenidas. Realmente no tenía nada qué hacer ahí. Era obvio que no checaba con nosotros. Yo me salí del departamento, enojado, creyendo que Liliana no se decidía por mí. Tiempo después empecé a salir con una chica que no era de la escuela. Con ella fui alguna vez a una conferencia en uno de los auditorios de la universidad, y Liliana y Ana se enojaron mucho al vernos. No tenían por qué, puesto que para ese tiempo Liliana y yo nos habíamos separado un poco. Pero, justo al siguiente día, Liliana y Ana le bajaron el aire a las llantas de mi coche, ese viejo Valiant Barracuda color rojo.

[27 de octubre 1989]

Querida Lety

Ay, qué idiota título, bueno, no te molestes, sí te quiero, pero el título es idiota. Mi gato juega, y yo estoy ahogándome en recuerdos. Estoy tremendamente triste, trato de ponerme borracha, todavía no lo logro, todavía puedo escribir en mi libretita del 6° semestre. Ja. Qué pendeja. Quedan muchas cervezas por tomar, muchos cigarros por quemar, muchas lágrimas por llorar. ¿Dónde quedó la niñez, Leticia? No la veo por ningún lado. Busco en el absurdo desorden, entre este casi miedo que me produce la noche y la soledad... Y el pinche cigarro se apagó. Estoy fumando Delicados. No he comido, no tengo dinero, y estoy más borracha de tristeza que de alcohol. Sólo añoranza de otros tiempos, de las tardes soleadas, del polvo, de las vacaciones del verano. Estoy sola, terriblemente sola, ¡de qué manera el tiempo nos vuelve monstruos!

Fui por otra cerveza y se me fue el avión.

Limpio el polvo de mis gastados zapatos. No espero mandarte esto, ¿o sí?

[31 octubre 1989]

Querida Ana: Estimada Ana: Amada Ana, Ana, ¿qué se oye mejor? Ana, en fin. Ana, otra vez. ¡Zaz!

Ana, pues sí, todo llega. Hasta los veinte años nos pudieron alcanzar.

Quisiera decir lo preciso, pero ¿qué te podría decir yo? Avivar algo que tú deseas avivar, alentar los sueños escondidos que echarán a volar cuerpo y mente. No podría decir más de lo que tú ya sientes, porque todo ello está tan, tan dentro de cada uno de nosotros, dentro de ti, Ana, Ana fuerte, Ana amor, Ana niña. Ir hacia el deseo con toda nuestra osadía sin respetar el tiempo (puede ser cuatro siglos desde Napoleón o dos días después del otoño), sin respetar distancias (porque si es necesario volaremos desde la más lejana mina de diamante en África hasta los mismísimos hielos del Ártico), sin respetar barreras ni trabas.

Ir hacia el deseo con una alevosía tal que nos permita nuestras creencias y carencias. ¿A qué podríamos temerle entonces? Hacia donde tú decidas ir, te seguirá mi apoyo; mientras no desistas. Porque no hay responsabilidad más sagrada y atroz que la que nos obliga a ser nosotros mismos.

Con amor
Liliana

P.D. Ah, se me olvidaba, ¡Feliz cumpleaños!

[ana ocadiz]

T.Q. Ana.

difuso, que irradia todo un mundo de sentir en mí.
feliz seguir contando con el apoyo de ese punto
para decirte que... te quiero, y me haría muy
y lo voy a hacer, pero no para casarme, sino
que de un momento a otro voy a pedir tu mano,
vaguedad bien definida... vaya, vaya... parece
y entendí (o eso creí) tu esencia y observé tu
también me fui... pensé en ti todo el tiempo...
de correr y abrazarte... te vi marcharte y yo
tener... Lili... Si supieras las ganas que contuve
hacia una amiga, a la amiga que siempre quise
que pudiera sentir un amor tan grande y tangible
presentas como ser humano... ¿Sabes? Nunca creí
gritos, con todo lo que eres, piensas, sientes y re-
locura, y tu profundidad, con tus silencios, y tus
comprendí cuánto significas para mí... con tu
cuánto quisiera detener ese instante en el que
plo... el verte en el camión, despidiéndote...
do que ya ha pasado, y que perdura... ayer, por ejem-
cuando lo que se retiene es una imagen, un segun-

esto… ¿sabes? A veces no es fácil encontrar palabras…
(sin cotorreos), ojalá estés muy eufórica cuando leas
será el intento… Hola Lili… ¿Cómo te encuentras?
ples palabras? … Pues sí… O ese cuando menos
¿Y se puede crear coherencia tridimensional con simp-
traña, llena de sinceridad, color, forma…
Hola, este es el intento sano de hacer una carta ex

Viernes 24 de noviembre de 1989.

[a veces vivo de símbolos]

TO:

FROM

Y ESTE ES UN ENCARGO ESPECIAL...
4° DE PRIMARIA
REGALO DE
MÓNICA CONTRERAS CUEVAS...

YO SÉ COMO PUDE CARGAR CON ESTO
DURANTE TANTO TIEMPO... CREO QUE
ES AMOR AL RECUERDO...
AÑORANZA...
Ahora esto es todo... meramente
simbólico... PERO ESTOY.

Con amor
Winona

P.D. CREO QUE
PODRÍA LLORAR...
A veces vivo de
símbolos.....

VIII

QUÉ GANAS DE DEJAR DE SER HADAS EN UNA TIERRA DE HIELO

[para abril o para mayo]

Reconstruir los últimos meses de la vida de Liliana no es sencillo. Además de la muchacha lista y luminosa, la amiga confiable y a veces protectora, la jovencita dicharachera y burlona que sabía sanar y herir con las palabras; además de la joven estudiante que se iba enamorando más y más de su campo de estudio; la sagaz, como la describió alguno de sus amigos, la carismática, la líder; además de la mujer que creía cada vez más en sí misma, estaba también la Liliana que, por más que revolvía el mundo, no encontraba un lenguaje para nombrar la violencia que la seguía de cerca.

Tal vez existió el diario que alguna de sus amigas, no la más cercana, asegura que escribía. Yo no lo encontré entre sus cosas. Lo que sí encontré fueron numerosas notas manuscritas que fue garabateando aquí y allá en sus cuadernos escolares, entre sesudas disquisiciones sobre cimbras y planificación de viviendas, historia del arte y múltiples tareas. Traspapeladas entre las hojas de los cuadernos o selladas en cajitas de estaño o dentro de algunas bolsas de mano y carteras de piel, también estaban los recados que se escribía a sí misma o los que recibía de otros. Son piezas de un rompecabezas muy complejo que nunca acabaré de armar del todo. Una sobre la otra, estas escrituras son capas de experiencia que se han sedimentado con el tiempo. Mi tarea, ahora, es des-sedimentarlas. Con el cuidado del arqueólogo que toca sin dañar, que desempolva sin quebrar, mi intención es abrir y preservar a la vez esta escritura: des y recontextualizarla en una lectura desde el presente. Ni Liliana, ni los que la quisimos, tuvimos a nuestra disposición un lenguaje que nos permitiera identificar las señales de peligro. Esa ceguera, que nunca fue voluntaria sino social, ha contribuido al asesinato de cientos de miles de mujeres en México y en el mundo. Como bien lo ha argumentado Snyder en *No Visible Bruises*, lo que no sabíamos sobre violencia doméstica, sobre terrorismo íntimo o de pareja, al inicio de la última década del siglo xx, en un país en que la violencia contra las mujeres iba alarmantemente en aumento, invadió una noche a la vivienda de mi hermana en Azcapotzalco, le colocó una almohada sobre la cara, y le quitó la vida. Muerte por sofocación. Pero su trabajo, el trabajo soterrado y constante de la violencia, había iniciado muchos años atrás, cuando mi hermana era apenas una adolescente. Y Liliana, valiente y amorosa, intentó por todos los medios lo que tantas mujeres en su lugar han hecho: se le opuso, trató de escaparse, la negó, se acopló a ella, se le resistió, la desactivó, negoció con ella, hizo todo lo posible y lo imaginable hasta que, apenas un poco tiempo antes del feminicidio que le quitó la vida, se fue de él. Se fue de Ángel. Emocionalmente. Físicamente.

De acuerdo a Snyder y a la cronología de creciente peligro que propone para relaciones signadas por violencia de pareja, las mujeres están en mayor riesgo de perder la vida a manos de sus exparejas en los tres meses posteriores a la separación, o en los tres meses posteriores a que el manipulador se da cuenta de que, esta vez, la separación es real. Definitiva. Si esto es cierto, si en algo han acertado las conclusiones a las que han llegado los especialistas con base en miles de datos cuantitativos y miles de testimonios invaluables de mujeres violentadas, algo debió haber pasado a inicios de 1990 entre Liliana y Ángel, algo nuevo y rotundo, algo lo suficientemente cierto como para abrirle la puerta de par en par a la violencia feminicida. Algo, tal vez, entre marzo y abril. Algo en mayo.

[un sistema de cuadernos y notas sueltas]

Sus cuatro cuadernos estaban dentro de una caja de cartón entre muchas otras cosas más: pinceles y calcomanías, plumillas, cutters, papel albanene y papel fabriano, tarjetas, libros, aretes y pulseras, cajitas varias. Eran los dos cuadernos Scribe tamaño carta y los dos de forma francesa, ambos con espiral y con hojas cuadriculadas de cuadro chico, que le sirvieron para tomar apuntes desde el quinto hasta el octavo semestre, el cual no llegó a concluir. Las notas en esos cuadernos, muchas de ellas fechadas, se convirtieron en la espina dorsal de un sinfín de notas sueltas que fueron apareciendo en otros lados. A Liliana le gustaba guardar cosas, especialmente cosas pequeñas. Tenía, por ejemplo, ordenados cronológicamente, todos los recibos de compra de la papelería Lumen desde 1988: un fajo grueso, doblado en dos, que da cuenta de sus habilidades organizativas y, también, de su labor como la archivista a la que no sólo le importaba el pensamiento abstracto o la confesión íntima, sino también los aspectos más pedestres de la vida material. Algunas de las notas en esos cuadernos, sin embargo, aparecen sin fecha. Y es ahí cuando el color de la tinta o el trazo de la letra me han ayudado a ubicar, al menos aproximadamente, la fecha en que fueron escritas.

Una vez establecido el cronograma mayor, al menos el más estable, me di a la tarea de intercalar las otras muchas notas que fueron apareciendo en papelitos sueltos o en servilletas o en abonos del metro. Algunos de ellos venían con fechas, otros no. Utilicé el mismo método: color de tinta, tipo de trazo, tema que trataban. También añadí las cartas, así como las notas sueltas o recados que recibió durante ese periodo. Lo transcribí todo, intentando conformar un cronograma más o menos legible. Intentando habitar cada uno de sus trazos. Tomé notas a mi vez, en pequeños post-its de colores. Esos fueron los que coloqué, a un lado de los materiales, en orden cronológico sobre la mesa rectangular del comedor cuando el espacio del escritorio no se dio abasto.

Lo que emergió fue un mapa, o más precisamente: un plano. Estaban ahí las líneas que señalaban cimientos y paredes, pero también las que le abrían espacio a la ventana y la claraboya. La tentación de reconstruir la vida de Liliana como una víctima inerme ante el poder avasallador del macho fue grande. Por eso he preferido que hable ella misma: tengo la impresión de que, a cada vuelta del camino, aun en los momentos más oscuros, Liliana no perdió la capacidad de verse a sí misma como autora de su vida. Como muchas mujeres en su situación, Liliana lo intentó todo —rodearse de un nutrido círculo de amigos, enamorarse de otros chicos de maneras más libres, dedicarse con ánimo a la arquitectura, prepararse para una vida autónoma— pero, a cada vuelta del camino, en los momentos menos pensados, Ángel la sorprendía ahí, una y otra vez, diciéndole que la amaba, pidiendo disculpas, asegurándole que iba a cambiar. Ángel no se limitaba a pedir. Ángel también exigía una respuesta que, de ser contraria a sus deseos, podía desatar una furia que se expresaba en celos, golpes, acoso constante, amenazas de suicidio y, tal vez, amenazas contra otros seres queridos. Y eso Liliana lo sabía bien. Lo había sabido bien por al menos seis años. Su contexto la maniataba con la camisa de fuerza del machismo

normalizado y las aristas más violentas de un sistema patriarcal que hasta hace muy poco pasaba por ser el estado normal
de las cosas, pero Liliana, que se describía en algunas ocasiones como triste o decepcionada, estuvo dispuesta hasta el
final a no dejarse caer. Literalmente. O a levantarse una vez
más, en caso de haber caído. Yo creo profundamente en esa
Liliana. Yo amo profundamente a esa y a todas las Lilianas.
Pero aquí, lo que cuenta, es su voz y su letra, sus letras.

[marea verde]

Es un cuaderno Scribe dual, tamaño carta, de cien hojas cuadriculadas y con espiral. Sobre el color rojo de la portada
aparece la imagen de la Estatua de la Libertad y, cerca, una
luna llena de un amarillo tenue. Alguien ha escrito en enormes letras negras 5° TRIMESTRE, le ha colocado unos
lentes oscuros a la luna, y ha dejado otra marca: una pequeña
telaraña hacia la esquina inferior izquierda. La luz de una
mañana de domingo me permitió vislumbrar unas diluidas
letras en tinta azul que se me habían escondido por meses:
Estoy aburrida, escribe Liliana, Othón no se apura (APÚ-
RALE). Othón escribe muy despacio (gritaré). No, es la
biblioteca, no puedo gritar. (Ya acabó). 240789. Al darle
vuelta a esa portada ya llena de símbolos, aparecen hojas sueltas, algunas con letra ajena y otras con la letra que ya conozco bien. Son apuntes de clase. Son señas de camaradería.

En la primera página está otra vez el anuncio: 5° TRI-
MESTRE, y por debajo del título, viene el horario de clases
y el nombre de dos profesores:

| Tecnológico | 7 – 8 | KB 17 Gabriel Jiménez |
| Interdisciplinar | 8:30 – 10:00 | EB 10 |

Operativo 10 – 3 LO13 Guillermina López
Teórico 7 – 8:30
Metodológico 8:30 – 10
Laboratorio 10 – 3

En una letra firmemente controlada, combinando el lápiz y la tinta del bolígrafo, empiezan los apuntes propiamente. Hay bosquejos. Hay más letras, algunas en minúsculas, y otras completamente en mayúsculas para acentuar la importancia de lo nombrado. Arquitectura de transición. Cimbra de primerísima calidad. Papel mantequilla. 10:15 hora de entrega. Muy pronto, sin embargo, el flujo de la clase se interrumpe y, con la misma letra, como si se tratara del mismo tema, aparece la primera nota personal el 130689:

...y sin embargo
Cuántos deseos de dejar de ser hadas en una tierra de hielo. Cuánta necesidad de compañía.

Excepto por una lista de nombres, acaso sus compañeros de equipo (Juan Carlos Sierra, Armando, Ana, Fernando, Eduardo), ninguna explicación acompaña a las frases. Los puntos suspensivos y el adversativo de la línea introductoria producen el efecto de continuidad con una circunstancia que, por oposición, parece ser positiva. A pesar de eso, o tal vez a causa de eso, hay deseos, otros deseos. El deseo, sobre todo, de ir más allá de ese estereotipo femenino del hada buena, por ahora encapsulada en una tierra hostil: una interpretación que se ve reforzada por el deseo, también, de la compañía, presente en la tercera línea.

Porque el origen de la nota no se devela, la nota parece venir de la nada.

Pero ninguna escritura viene de la nada.

Era una tarde cualquiera. Liliana y Laura se encontraron en la explanada justo enfrente de la biblioteca como solían hacerlo, pero parecía distinta. Estaban acabando el trimestre y el año, y ese otoño de 1988 había sido especialmente seco y claro, pero los titubeos de Liliana intrigaron a Laura. ¿Te pasa algo? Le preguntó porque Lili seguía dándole vueltas a las palabras sin atinar a decir algo en concreto. Creo que estoy embarazada, Laura, le dijo por fin. Se lo dijo con mucha dificultad, otra vez con evasivas y medias verdades. Lo único que era claro y resultaba difícil de ocultar era la angustia. Tenía mucho miedo y no sabía qué hacer, pero no quería que nadie lo supiera tampoco. No quería compartirlo. Es de Ángel, ¿verdad? Le pregunté eso no porque lo dudara, sino porque no supe qué otra cosa decirle en ese momento. Ella asintió. ¿Quién más iba a ser? Añadió, y se alzó de hombros. No quiero ser mamá, Laura, le dijo. No me veo como mamá todavía. Además, recalcó, apenas tenemos un año en la universidad. Un poco más de un año, suspiró Laura, como si se acabara de dar cuenta de lo rápido que pasaba el tiempo. El futuro, dijo Liliana. El futuro es tan grande todavía. Estaban sentadas sobre las bardas de piedra que las habían escuchado bromear, cotorrear, burlarse de la vida tantas veces antes. Pero ahora Liliana inclinaba la cabeza, mirando directamente al suelo, como si buscara una respuesta en el pasto reseco. Todo va a estar bien, le susurró Laura, y Liliana la oyó incluso entre el ruiderío de los estudiantes. Cualquier decisión que tomes será la correcta, y cualquiera, al final, será una decisión valiente, le dijo. Lo sé, le contestó Liliana, desganada. Hizo una pausa y luego volvió la cara hacia ese cielo enojosamente azul. Sé que es mi decisión, dijo. Que esta decisión me corresponde sólo a mí, Laura. Pero me siento muy sola.

No era fácil abortar en México a finales del siglo xx. Y las movilizaciones organizadas a lo largo del siglo xxi por las feministas argentinas, en lo que se conoce como la Marea Verde, han dejado en claro que la lucha por el derecho al aborto no es cosa del pasado. Mostrar un pañuelo verde en signo de apoyo es tan necesario hoy como siempre. Mientras más y más mujeres toman las calles, marchando juntas para demandar abortos gratuitos y seguros, logrando congregar a mujeres de todo el continente en abierto apoyo del aborto, las historias de chicas solas y asustadas a la entrada de clínicas clandestinas no han dejado de aumentar. Las muchachas jóvenes de la clase media han podido recurrir a doctores que, por sumas pocas veces módicas, están dispuestos a extraer el producto en consultorios oscuros, de apariencia apenas legal, pero no sin echar toneladas de culpa y maltrato sobre sus cuerpos. Las más pobres han tenido que recurrir a métodos de dudosa reputación que con pasmosa frecuencia terminan con sus vidas, ya sea debido a hemorragias o a infecciones. El aborto es y ha sido un riesgo enorme para las chicas embarazadas porque es ilegal.

En un medio donde la educación sexual en los sistemas de educación pública se resumía a una que otra plática hecha con ilustraciones baratas y un lenguaje abstracto y poco informativo, y en el que el cargar condones en la cartera era visto como seña de depravación moral, especialmente entre las mujeres, no era raro que un buen porcentaje de las jóvenes que iban tras su deseo terminaran embarazadas. Aunque todo mundo estaba al tanto de los métodos anticonceptivos en uso, tomar la píldora o ir a colocarse un DIU implicaban la admisión, más o menos obvia, de que la actividad sexual no había sido pasajera, producto de algún arrebato juvenil, sino una práctica constante. Una nueva forma de vida. Muchas jovencitas no estaban listas para admitir, ante ellas mismas y ante sus parejas, que éste era el caso. Además, los anticonceptivos nunca han sido 100% seguros. Pocas muchachas hablaban abiertamente, mucho menos en casa, de sus deseos más íntimos, de la agitada vida de sus hormonas y de su libido. En general, se esperaba de ellas un recato a toda prueba o una discreción que no alterara las apariencias en caso de que lo primero fallara. Se les quería hadas, ciertamente, hadas en una tierra siempre hostil.

El aborto no fue legal en la Ciudad de México sino hasta 2007, año en que se autorizó el uso del Zacafemyl-Mifepristona para interrumpir los embarazos de hasta doce semanas. Mientras escribo, el aborto únicamente está despenalizado en la Ciudad de México, y en el estado de Oaxaca, y eso apenas desde 2019, como resultado de las movilizaciones de la Marea Verde. Los estados de Guanajuato y Querétaro lo autorizan sólo en caso de violación. En el resto de los estados, el aborto es legal en caso de violación, riesgo de salud y muerte para la madre. En algunos estados, como Yucatán, también consideran la inviabilidad económica de la madre como una causa legal de aborto. En el contexto de América Latina, las mujeres tienen derecho a abortar en Cuba, Guyana y Uruguay, y desde el 30 de diciembre de 2020, luego de las masivas marchas populares en todo el continente, en Argentina. Si Liliana viviera entre nosotros, quedara embarazada y decidiera abortar, más le valdría no dejar de vivir en la Ciudad de México. O mudarse a Oaxaca o a Buenos Aires. La situación, quiero decir, ha cambiado poco. Unas 450,000 mujeres recurren al aborto cada año y la criminalización continúa poniendo sus vidas en riesgo. Los abortos siguen existiendo y, aunque una parte de la sociedad mojigata y conservadora, aliada sempiterna del machismo, los considera todavía como una cuestión de moral, es cada vez más aceptado que los abortos son asuntos de salud pública en los que la decisión final corresponde tomarla a las mujeres. El lema sigue siendo tan válido ahora como cuando lo corearon por primera vez las feministas argentinas mientras ondeaban sus pañuelos verdes por el mundo: educación sexual para decidir, anticonceptivos para no abortar, aborto legal para no morir.

A mediados de noviembre de 1988, Liliana escribió un texto, de manera por demás inusual en verso libre, en el que lo ausente irrumpe con una fuerza desoladora. Y ahí, en cada línea rota, se debaten por igual los profundos deseos de desatarse y la nostalgia que la acomete ante lo perdido. La inscripción de las palabras Gonadotropina coriónica —la hormona que se detecta con un análisis sanguíneo en caso de embarazo— tanto en la última página de una de sus agendas de direcciones como en una de las esquinas de su abono del metro de la primera quincena de diciembre de 1988, me hicieron pensar que este texto y el aborto estaban ligados. Hay vasos comunicantes entre la soledad, el abandono y las ganas de romper amarras.

15 de noviembre de 1988
¿Si el desatarse estuviera simplemente en levantar los brazos?

¿Si el transcurso en espiral del tiempo fuera la evolución de una escalera eléctrica que se entierra y sobrevive?

Vamos a contar los soles que no salieron
las cosas que destruyeron el lleno hoy
vamos a contar el infinito

las manos que no nos tocaron
y todos los vacíos que nunca llenamos.
Vamos a hacer contables estas tardes de noviembre, las enteras soledades que no están presentes, las nuestras, los
   ausentes

¿Qué hago ahora?

Contar las no ocurrencias
los amores excluidos
las más tímidas cercanías
los NO
el complemento de lo que está y es
y este paisaje cúbico, geométrico, negro-blanco.
Contar el aire que no está
las nubes que faltaron.
Contar las acciones susceptibles a ser observadas
las lejanías
tu no presencia cuantas veces acaecida
vamos a contarla.
Ahora sí están saliendo gotitas de los ojos
las nubes rasas
el sudor angustioso.
No quiero contarlas
así no.
Me están llenando de presente
rotunda y siempre.
Ya formo parte, entonces, de tu universo.

Vamos a contar las cosas que no están
entre todas ellas, cuéntame.
Ahora ya puedes hacerlo.

Como le sucedió a algunos de sus textos, éste reapareció algunas veces, ya en parte o con modificaciones mínimas en varios cuadernos. Pero el original, el borrador sobre el que fue trabajando a lo largo de los meses, se originó en ese noviembre en que temió o empezaba a saber de la posibilidad de un embarazo.

Liliana, que pasó por la experiencia del aborto sola a fines de 1988, tuvo suerte. Un médico la hizo sentir de lo peor, pero no la mató. Ahora la diviso desde aquí, llena de angustia, haciendo preguntas de forma discreta, buscando información que nunca está a la mano. Aquí va, bajando las escaleras del metro y caminando después sobre las banquetas estrechas, siempre llenas de grietas, de Naucalpan, un municipio de clase trabajadora en el Estado de México, ubicado al noreste de la capital, mientras trata de discernir un número sobre esas paredes llenas de pintas de colores y anuncios. Quiero unírmele, entrar con ella a la salita oscura y húmeda donde le preguntan una y otra vez si está segura. Lo estoy, dice en voz baja, y yo la tomo de la mano y le coloco mi brazo sobre sus hombros. No estás sola, Lili. Yo estoy aquí contigo. Ahora y siempre. Yo te apoyo completamente, absolutamente, de todo corazón. Y, así como tú me has escuchado a lo largo de los años, aceptándome y amándome como soy, así te amo hoy yo a ti, sin juzgarte. Estoy aquí para ti. Quiero que estés segura de eso; que lo sepas bien. Estoy aquí contigo, totalmente de acuerdo con tu decisión.

Un par de semanas después, en la misma explanada en que le había confiado su predicamento, Lili le dijo a Laura que ya lo había hecho. Se vieron a los ojos. Laura le colocó una mano suavemente alrededor del antebrazo y, luego, no volvieron a tocar del tema. Ya voy tarde a clase, le dijo al momento de retirarse. Y Laura la observó, como tantas veces antes: allá iba a toda prisa, por esos pasillos largos que permitían ver la distancia que se acumulaba en lejanía, una mujer libre. Liliana acababa de asegurar una vida futura que no incluía ni los hijos ni la unión definitiva con Ángel. Acompañada de ella misma y nadie más, se curó sus heridas poco a poco los días que siguieron. Aunque fue discreta sobre su aborto, compartió su experiencia con Ana, llegado el momento, y se lo contó también a Manolo, cuando la trataba de convencer de tener sexo. Ninguno supo los detalles de la experiencia, ni siquiera la fecha exacta en que se había llevado a cabo, conformándose con hablar de eso como algo que había acontecido en "el pasado". Liliana estaba segura de que ya no quería ser un hada, si es que algún día lo había sido.

[yo trato de ser honesta]

Las notas intercaladas entre los apuntes del Cuaderno Uno continuaron en la primavera y verano del 89. Por un lado, estaban los dibujos y números de una estudiante cada vez más atenta, y la mejoría de sus calificaciones así lo confirman, y por otra, el garabato hecho a toda prisa por alguien que titubeaba cada vez con mayor fuerza entre dejar su pasado atrás y atender a las nuevas tentaciones que le ofrecía su nuevo entorno. Entre una cosa y otra, Liliana aspiraba a algo básico pero complejo: ser honesta. El 6 de junio de 1989, volvía al tema de la desolación:

160689

Soy la niña sobre la tristeza
Soy la que se convirtió en pastel de manzana.

Pero pronto, apenas una semana después, me escribía sobre sus entusiasmos académicos en una de esas notas que nunca llegaron a convertirse en cartas bien a bien:

junio 27 1989
Martes

Querida hermana favorita:

Me siento un poco culpable por no haber escrito antes (creo que siempre digo lo mismo, no lo recuerdo), pero he tenido trabajo. Presiento que este trimestre estará muy pesado (y muy interesante también). El proyecto es ahora un conjunto vacacional en Tequisquiapan, Querétaro, ya tengo todo el trabajo de campo, pronto (hoy) empezaré a proyectar. Por fin llevo Historia de la Arquitectura Mexicana, me fascina esa clase. El jueves empezamos las visitas a construcciones. Pienso que... más bien tengo planes de estudiar reconstrucción de monumentos, ya sabes, después de la licenciatura. En realidad, eso pienso cuando salgo de Laboratorio (así se llama la clase) y cuando salgo de Teórico o de Metodológico, pienso en el urbanismo. No sé.

El mes de julio ya aparecía en su calendario emocional con la marca del trauma desde el verano de 1987, cuando por primera vez se enteró de una infidelidad de Ángel, ocasionando una ruptura que duró apenas un par de meses. Julio de 1989 no sería tan diferente. A inicios de mes, una nota críptica dejaba entrever que su bien cuidada reserva estaba siendo mancillada y por ahí aparecía, merodeando ominosamente, la cara de brujo maldito del otro.

030789
Mi privacidad está siendo bombardeada, mi individualidad. Me siento vigilada, observada. La soledad que me protegía sufre res-

quebrajos, esa capa que tanto cuidé está siendo aqujereada. Toda esta invasión viene de mí misma (eso es lo peor). Me invado. No lo soporto. Gusanos.

julio 6 o 7 (no sé si ya pasaron de las 12) de 1989
Me parece tonto escribirte, sobre todo cuando tengo tanto trabajo, pero me siento rara, quizás es que te quiero.

100789
Mientras vivimos, mientras nadamos en vacíos universos, día a día en esta pecera de escasez, mientras el mundo no pierde su estúpido centro gravitacional, parece que todo es normal, benigno, entonces, sin pensarlo, aparece el miedo, el espanto instantáneo, el apenas percibir la otra posibilidad —la todo el tiempo añorada, la todo el tiempo esperada— que nos brinda el rostro irreconocible del otro, un fantasma, un brujo maldito atosiga el espacio inhabitado de nuestra soledad.

Sigo siendo yo, sigo sobre el pastel de manzana, devorando la tristeza.

Y, sin embargo, cuánta necesidad de compañía.

Ya sin fecha clara, pero en el mismo espacio del cuaderno donde quedaron asentados los hechos de julio de 1989, se asomaba otra vez una nueva ruptura traumática con Ángel:

Hubiera querido que todo fuera diferente, pero somos tan terriblemente depresivos, tan endemoniadamente complicados, que no había otra salida. Estoy triste, terriblemente triste, quiero escapar de todo esto, de los últimos tres años, de mi maldad,

209

de mi incomprensión, de los recuerdos de ti, no sé a dónde nos llevaba esto. Aún así, a pesar de la lógica, de la razón, a pesar. Qué terriblemente mal me siento. Hace dos años viste a Araceli. Creo que todos nuestros momentos trágicos sucedieron en julio. Ya no habrá más julios nuestros, ni más discusiones, ni más respeto. ¿Por qué? ¿Por qué las cosas tienen que ser así?

¿Ves?, te lo decía. Nada es eterno y creo que eso es lo que me desespera. Esa es la rabia. Y, más allá de la razón y la lógica.

*

Los recuerdos. Me ahogo en imágenes, monstruos sin cara me engullen. Se acabó. ¿Cuántas veces te lo dije, Ángel? Nada es eterno. Y la rabia, más allá de la lógica, más allá de la razón. Sería cruel si dijera, mejor así. No lo concibo. ¿Será acaso eso lo que duele? ¿Será que el terrible fin de la niñez llegó? ¿Será que la adolescencia ya pasó? ¿Será? ¿Por qué, Ángel? Ángel loco, Ángel bueno, Ángel ángel. ¿Cómo no repetir tu nombre? No hay espacio para el rencor. No lo hay para el odio. No volverás a oír nada de mí. Soy un punto difuso. Vamos a contar los soles que no salieron. Las nubes rasas. El sudor asfixiante. Vamos a contar los amores excluidos.

Los temas regresaban una y otra vez, como en una melodía malsana. Improntas emocionales. Los hechos del verano del 87 se entremezclaban con la letra del invierno del 88. Vamos a contar los amores excluidos. Vamos a contar lo que no pasó, lo que no alcanzó a ser. La ruptura no sólo acababa con una relación que se había desarrollado sobre el periodo de tres años universitarios, sino con los que se contaban desde la preparatoria. Y Ángel se transformaba, entonces, en un recuerdo a la vez añorado y vil. Se conocían bien. Se sabían todos sus dialectos. Esta vez, sin embargo, la responsabilidad del desmoronamiento no sólo le correspondía a la personalidad individual de ellos mismos, sino a algo más amplio, algo que Liliana llamó el posmoderno, un término en boga no sólo entre alumnos de arquitectura, en lugar de decir patriarcado. En ese mismo mes, y a diferencia de las rupturas anteriores que eran monotemáticas, aparecieron dos nombres más en su cuaderno: Raúl Espino Madrigal y Leonardo Jasso. A estos dos muchachos, a quienes accedió encontrar en el terreno íntimo y familiar de Toluca, les dijo que no creía en el noviazgo, que no quería ser posesión de nadie. Se trataba de un tema recurrente desde sus escritos de la preparatoria, pero aparecía ya con una claridad cada vez más reluciente.

300789

Estoy entre un loco suicida y masoquista, un pseudo-intelectual vulnerable y depresivo, y un loro pseudo-fresa coco vacío.

300789

Quisiera que la respuesta a ¿qué onda? saliera tan espontánea como la pregunta. No puedo. No puedo decir que ya no te quiero, simplemente ya no tengo 17 años, posiblemente ya no sea tan vulnerable, posiblemente lo sea más. Estoy harta de todo. Todo es resultado del posmoderno. Soy resultado de la época, todo esto es un desmadre bien organizado y yo soy el resultado de todo eso. Tú haces show frente a mí. Yo lo hago frente a ti. Eso es una relación posmoderna. Bueno, si lo entendieras así, pero tiene que llegar todo ese idealismo (de mierda) sobre sentimientos, sobre fidelidad, sobre casos particulares. Estoy hasta la madre de mí misma, soy una pinche niña cabrona y mentirosa. No hay razón para nada. Me extraña que no lo sepas.

Quisiera verte. ¿Por qué no? ¿Por qué sí? Porque no. ¿Por qué sí? Porque no. Porque sí.

Ángel González Ramos. Leonardo Jasso Ortega. Raúl Espino Madrigal.

Desde que empezó a escribir, Liliana siempre fue cuidadosa al incorporar nombres propios en sus notas. Y se volvió más discreta con el tiempo, a instancias explícitas de su prima Leticia, quien le aconsejó que omitiera nombres de sus cartas para prevenir que cualquier chismoso se enterara del mensaje incluso en caso de que hubieran podido abrir los sobres. El nombre de Ángel figuraba con mayor frecuencia en sus papeles, como una especie de acción automática, pero no los de otros destinatarios de sus escritos. Por eso es particularmente llamativa la carta que pasó dos veces en limpio antes de hacérsela llegar a Raúl Espino Madrigal en el verano de 1989. Raúl la había rondado ya por bastante tiempo para entonces y Liliana, aunque tentada a veces, lo había rechazado una y otra vez. Él parecía no entender algo que Liliana tenía muy claro: no quería juegos, manipulaciones, estratagemas. A estas alturas, los podía reconocer muy bien hasta de lejos. La honestidad era un concepto fundamental en su vocabulario íntimo.

No pensaba escribirte, pero tengo una hoja enfrente, posiblemente no lo vuelva a hacer.

Lo sabes, ¿verdad? Nunca estaré contigo. Nunca perteneceré a alguien. Y eso, en ocasiones, me pone triste. Y sé que lo interpretarás como presunción, tú sabes que no lo es. He luchado tanto por ser así, por sentir las cosas tan espontáneamente como sea posible, por no condicionar mi vida. Y el resultado es un estado constante de incertidumbre. Sigues pensando que es presunción y no te das cuenta que es tan sólo una respuesta a tus planes frustrados. Lo es.

Quizá todo se fue al traste mucho antes de que empezara, cuando leí tu diario por primera vez y sentí asco al pensar que la persona que creía que iba en busca de algo parecido a la libertad estaba condicionado a las oportunidades, a la planeación de situaciones, condicionado a un amor totalmente egoísta. Traté de olvidarlo, o por lo menos de restarle importancia y, sin embargo, quizá fue eso.

*

No pensaba escribirte, pero tengo un pedazo de hoja enfrente. Posiblemente no lo vuelva a hacer.

Trato de ser concreta y convencionalmente honesta por un rato, lo sabes, ¿verdad?

Nunca estaré contigo completamente.

No soy, ni por asomo, lo mejor para ti.

Creo que todo lo que pueda decir lo interpretarás como presunción. Eres tan terriblemente parcial. Has dividido al mundo en los de la verdad absoluta, los inobjetables; y los pendejos. ¿Y yo, Raúl? ¿Yo dónde estoy? En medio, quizás abajo recibiendo de ti todas las reacciones de unos u otros. Sí, estoy exagerando. ¿Estoy exagerando?

Traté durante mucho tiempo de llegar a donde estoy en la casi nada. Sí, lo interpretarás como presunción ¿o no? Pero, ¿lo entiendes realmente? Seguro piensas que es la salida más fácil, pero quiero que esto sea una forma de vida, y no lo has podido entender. No sé por qué se te ocurrió que podrías llevarme de aquí para allá. No, siento que no entiendes nada de todo esto. Todo lo consideras como una desesperada lucha por ser diferente, lo crees porque ésa es tu lucha. La mía no, yo trato de ser honesta.

[¿qué haces si te ataca un oso?]

Liliana inició la última década del siglo XX escribiendo una carta para Ana Ocadiz. En papel blanco y escrita a máquina, la misiva se abre y se cierra a la vez. No es fácil leer un texto en el que han desaparecido todos los espacios y se han juntado todas las letras de todas las palabras en renglones seguidos. De hecho, es del todo imposible leer una carta así con prisa, pasando nada más los ojos sobre el papel. Lo que Liliana ha utilizado aquí es un método de opacidad que no sólo requiere determinación por parte de la lectora, sino también complicidad. Siempre hay que callarse algo, había dicho Liliana adolescente años atrás, hay que saber dosificar. Y aquí, colocando por escrito un mensaje que quiere ser visto, y comprendido, pero que, a la vez, se resiste a la lectura fácil o instrumental, Liliana se era tremendamente fiel a sí misma.

El año anterior la había marcado de múltiples formas. Pero, después del viaje entrañable a Oaxaca en el verano del 89, después del beso con Manolo antes de partir nuevamente a Tampico a mediados de octubre, después de las cartas apasionadas que intercambió con Ana hasta el final del año, dándose cuenta y aceptando que el amor entre ellas era real, el nombre de Ángel volvía a surgir. Borroso, confundido entre las letras enmarañadas de la cuarta línea de la carta con la que saludaba a una nueva década, el nombre continuaba ahí.

Enerocuatrodemilnovecientosnoventa.estaeslasegundacartaqueescribo
enladecadadaprimerafueparamanoloyesoenrealidadesestúpido¿sabes
ana?avecespiensoquesoylosuficientementesinverguenzacomoparaenrre
darmeconalguiensabiendoqueangelestaahílopeoresquenomeparecemoun
struosohastaciertopuntomeparecenormalypensandolobienestotalmente
sanoapesardeloqueunopuedallegaraprovocarsentirperosentirhonesta
mentesentirengrandeliberarsedemoralinasestupidasessanoapesardeto
dosequemeentiendestodoesteasuntomellamalaatenciónporqueparece
malomegustaporqueescomounjuegoporquenosecuantopuedallegaraperder
nosecuantopuedallegaraganarbuenoestohastaciertopuntoesmorboso
¿peroacasonotenemostodosciertacantidaddeeso?todoesunjuegoaldecir
sentirnohablosolodeamorhablodesentirtodoloquesepuedaesjugaraser
amantessinserlorealmenteesalgomuycomplejoyalavesmuysimpleenfin
elcasoesjugarseganeosepierdaveolasillaquemeregalasteeldiaque
cumpliveinteañosveomismuñequitosenlaventanaoigoelcassettemilveces
escuchado(nosecomoseescribecaset)veoelmanualdelarquitectodescal
zodescalzoesunapalabrabonitatantocomoquizameverasvolarporlaciud
addelafuriameverascaercomounaflechasalvajemeverascaerentrevuelos
fugacesmevedejarasdormiralamanecerentretusviernassabrasovultarme
bienydesaparecerentrelanieblaesaesunacancioncachondaymegusta
bastantehoymesentiamuydenrimidaporesonofuialaescuelanoqueriaver
anadielimpiemicasaunseñuelohayalgoocultoencadasensasionquizapar
ecesospecharparecedescubrirenmidebilidadlosvestigiosdeunahoguera
micorazónsevuelvedelatorpordescuidofuivictimadetodoalgunavez
esacanciontambienmegustatequieromuchotequierotequierotequiero
tequieroaunqueavecesseaslaescusaparamistontoscelosyestoenrelidad
estontoporqueyomismamehagopendejaestoesserconvenencieraenrelidad
soncelosmuycomodosnohayproblemaenellosmesentimuyidiotasquella
vezqueaunqueunpocoebriameencontrabaenmiscincoenqueunotratade
darsecuentahastaquepuntounomismopuederesultarjoditivohastaque
puntounosepuedeautodañarchingandoalosdemasyasabessiemprehay
disculpasnosabialoquedeciaestababorrachaocosaasiperoesonoesla
ideayonoquieroquemedisculpesquieroquemeconozcassequenosoymala
yesoeslopeorlosetequieroynohaypruebamaslatenteparamiyparatiquea
laibertaddesentirmevulnerableesonopasatodoslosdiaselconocer
aunqueseaunpocoaalguienespeligrosoelconocimientodeotraspersonas
algomuygruesoeslaoportunidaddelavulnerabilidadyesoesterribley
hermosonohablodelconocimientototalniconcretoaesonuncasellega
perohayalgomasvaliososeguyoenesodelsemiconocimientoodelconocim
ientoabstractoyasonlasdiezyyonomehabiapercatadodeesonotefijes
muchoenlasfaltasdeortografiaconamorliliana.

No sé como me puedo enredar con alguien si sé que Ángel sigue ahí. A unos días antes de la caída del Muro de Berlín, el fantasma de su nombre también parecía atravesar la desazón de la nota con la que empezaba el Cuaderno Dos:

06 noviembre 1989
...A pesar de todo, me encuentro aquí.
    Nos encontramos aquí, formando parte de un núcleo estúpido. ¿Hay salidas? ¿Puertas? Quizá, si tan sólo existiera una ventana.
    ¿Qué pasa? El mundo da vueltas, y yo sigo aquí, como si no pasara nada, estática. Inmóvil.

¿Por qué continuaba Liliana regresando una y otra vez a una relación que, al menos desde afuera, le ofrecía sólo inestabilidad y daño? En *No Visible Bruises,* Snyder propone dos preguntas alternativas. La primera: ¿por qué regresa una y otra vez el depredador? La segunda: ¿Cuál es la reacción más lógica cuando alguien es atacado por un oso? La respuesta a la primera pregunta abre el campo de lo mucho que hay todavía por saber acerca de las masculinidades atrofiadas en un contexto patriarcal. La segunda, añadía Snyder, nos lleva directamente a un momento de decisión, a una decisión de vida o muerte. Si un oso te ataca, ¿lo atacas a su vez, sabiendo que puede herirte con facilidad, o te haces el muerto y cedes? Snyder me hizo entender algo fundamental con esta descripción: "Las víctimas se quedan porque saben que cualquier movimiento súbito va a provocar al oso. Se quedan porque con el tiempo han podido desarrollar algunas herramientas capaces de calmar, a veces con éxito, a la pareja furiosa: ruegan, suplican, prometen, adulan, demuestran públicamente su afecto por el depredador y su alianza contra la gente que, como la policía o los licenciados o los amigos o la familia, podría salvar sus vidas. Las mujeres maltratadas se quedan porque ven que el oso se aproxima. Y quieren vivir".

Con mucha frecuencia, los sistemas institucionales contra la violencia doméstica y el terrorismo de pareja fallan, y lo hacen rotundamente, contribuyendo así a aumentar el poder material y simbólico del depredador. En 1990, cuando nadie hablaba de estas cosas, cuando a la violencia de pareja se le seguía asociando estrechamente a erupciones de pasión que, a veces, se convertían inadvertidamente en crímenes, cuando ni las víctimas ni sus seres queridos ni siquiera los victimarios tenían un lenguaje capaz de describir, y luego entonces de definir, y más aún contrarrestar, la violencia ejercida en nombre del amor, con la excusa del amor, era fácil, dolorosamente fácil, no estar al tanto del riesgo mortal que dicha violencia implicaba. En esa carta opaca, de difícil lectura, Liliana hablaba sobre un juego. Un juego en el que sabía que podía ganar y que podía perder. Una lucha de gigantes en una ciudad de la furia. Hasta el último momento, mi hermana pensó que podía ganar. Hasta el último momento, Liliana pensó que se podía enfrentar sola al patriarcado y que podía ganarle.

[fausto y la kinski]

El Censo General de Población y Vivienda se lleva a cabo cada 10 años y, ese arranque de 1990, Liliana y Ana decidieron formar parte del equipo de encuestadores que irían haciendo preguntas puerta tras puerta. Tomaron el curso requerido, luego se hicieron de un mapa y, siguiendo las recomendaciones de los burócratas encargados, se dirigieron a la zona que les asignaron un viernes a mediodía, bajo un cielo muy nublado. Juntas, que es como hacían todo en esa época, se dirigieron a los edificios de San Pablo Xalpa, unos multifamilares adyacentes a la UAM, para irse familiarizando con el entorno antes del verdadero censo, que se llevaría a cabo el lunes siguiente, el 12 de marzo. Una vez ahí, al buscar cada una su propio edificio, descubrieron sin ánimo que tenían que separarse.

Cuando volvieron a coincidir en la planta baja, Liliana ya traía una gatita pequeña entre los brazos. Me tocó ver justo cuando abrían la puerta de un departamento y la sacaban a la fuerza, dijo por toda explicación. La aventaron por las escaleras, añadió con un poquitín de drama. Liliana les había reclamado, enojada. No es de nosotros, le contestaron los inquilinos sin mayor empacho. ¿No la quieren de verdad? Porque me la voy a llevar, los amenazó al final. Pero ellos sólo atinaron a encogerse de hombros sin interés alguno y ella, sin otra salida digna a la mano, se dio la media vuelta con todo y gata.

¿Y qué vas a hacer con Fausto?", le preguntó Ana, extrañada, recordándole a ese gato neurótico, medio loco, que vivía con Liliana. Fausto las atacaba de la nada con mucha frecuencia y, después, como si no hubiera hecho nada antes, como si su violencia fuera un mero pigmento de la imaginación, se les acurrucaba entre las piernas cuando veían televisión. ¿Qué voy a hacer yo?, repitió Liliana con una gran sonrisa traviesa. ¿Qué vas a hacer tú, Ana María de los Ángeles Ocadiz Eguia Lis, con Clementina Camila Natasja O'Gorman, alias La Kinski?

Ana recibió el regalo con beneplácito, sin pensar en las consecuencias. Y, en una carta escrita a máquina mientras esperaban más información en la oficina del INEGI, una carta igualmente hecha de trozos de lenguaje sin espacio entre las letras, le dio las gracias con mucho gusto. A últimas fechas le iba mal en las clases y un ánimo oscuro, francamente alicaído, la dominaba durante las horas que no pasaba con Liliana. Estimada y adorada Lilianita, le decía. Te quiero mucho mucho mucho. La Kinski vino a alegrarle un poco la soledad en ese lejano lugar de la incivilización, así lo llamaba ella, donde vivía, muy lejos del campus universitario.

[desprotegida]

Namibia consiguió su independencia el 21 de marzo de 1990. Y, pensando en la reunificación de Alemania, Liliana se preguntó: ¿La unión de las Alemanias incubará, otra vez, el huevo de la serpiente? Ese inicio de primavera, hizo una lista de las cosas por hacer: Vacuna de gato, Comida de gato, Arena de gato, Hablar a Mónica, POMO, Papel fabriano, Trabajo metodológico, Reporte de TEC (trabajo contrato), Pagar la luz. Y luego, como si se tratara de una orden burocrática, firmó la nota con su nombre completo. También le dio tiempo para anotar otro recado para Ángel:

DÍA DE LA PRIMAVERA
Ojalá fuera capaz de hablar.
 " fuera paciente.
 " que toda la vida me consideres igualmente maldita.
 " existan paliativos (para ti).
 " yo no haya sido uno de ellos.

Abril la sorprendió con carta de antiguas compañeras de la preparatoria y del equipo de natación en el que había entrenado años enteros y, en respuestas que más bien se escribía a sí misma, se preguntaba insistentemente en qué se estaba convirtiendo. Ya no se reconocía en esa muchacha que había sido tres o cuatro años atrás. Y el cambio le gustaba. En alguna nota apresurada, casi escondida entre otro montón de trazos, se preguntaba dónde andaría Ángel el 5 de abril. Por esas mismas fechas, empezó a visitar con más frecuencia la cafetería de su primo Emilio, a donde iba tanto por la compañía como por el poco dinero que ganaba atendiendo la caja registradora. Alguna vez Ángel se presentó en el lugar y Emilio lo corrió nada más al verlo, sin preguntarle nada a Liliana. Emilio sospechaba que Ángel la golpeaba, y también temía que anduviera armado, aunque no tenía pruebas concluyentes para ninguna de las dos cosas. Por si las dudas, dio la orden a los guardias de la Delegación donde funcionaba su cafetería de que nunca dejaran pasar a un muchacho güero y chaparro, de ojos claros y mal talante, cuando estuviera de visita su prima. Y así lo hicieron un par de veces. En algunas ocasiones, en lugar de irse de regreso a Mimosas 658, Liliana aceptaba de buena gana acompañar a Emilio e Iliana a la casa que compartían en San Lorenzo Acopilco, a la salida de la Ciudad de México. Allá fumaban cigarrillos y contaban chistes. Allá hacían carne asada y tomaban vino. Allá platicaban de películas y, aunque Iliana era terapeuta, Lili nunca discutió su predicamento con ella. Por los ventanales de la sala, las luces eléctricas de la ciudad de junto daban la apariencia de ser luciérnagas.

Yo me había ido a Houston desde el verano de 1988, pero había regresado en las vacaciones de diciembre, y después de concluir el semestre de primavera ese 1990, regresé la primera semana de mayo de visita y pasé unos días con Liliana en Azcapotzalco. En el breve recado que dejé sobre su restirador le anunciaba, en tinta roja: "Mayo 1990 (se me olvidó el día). MASA: Es como la una y apenas me estoy yendo.

A ver qué pasa. Si me voy, te hablo en la noche. Si no me voy, aquí me tendrás otra vez. Adiosito.

Tu hermana favorita".

No recuerdo cuántos días estuve ahí con ella en esa ocasión, pero lo que sí sé es que no noté nada en particular. Nada en su voz, en la manera de comportarse, en su temperamento, me alarmó. Nada me hizo presentir el peligro. Nunca, ni por asomo, me mencionó los sufrimientos que le causaba Ángel. ¿Los veía ella misma con claridad? ¿O los veía tan claramente como para saber que sería peligroso develarlos? Nunca, ni por asomo, sugirió que se sentía desprotegida, o que tenía miedo o que temía por su vida. Esos días de mayo que pasé con ella reímos juntas, cocinamos sándwiches y, al cruzar la puerta de la casa, cada una eligió su camino de entrada en la ciudad.

Días más tarde, regresé a Houston para tomar clases durante el semestre de verano. En las fotos que tomamos cuando salíamos rumbo al aeropuerto, Lili y yo estamos frente a nuestra antigua casa, gesticulando cómicamente la una ante la otra, y después hacia la cámara. Delgada, con las manos dentro de los bolsillos de una larga falda blanca, con el cabello recogido en una cola de caballo, Liliana me observa con cuidado mientras cierro los ojos y saco la lengua hacia la cámara. Luego, en la siguiente imagen, yo me le quedo viendo mientras ella inclina el cuello hacia la izquierda y tuerce la boca en un gesto que nos provoca risa. ¿Nos burlábamos de algo? Seguramente. Tal vez de nosotras mismas. El sol cae de lleno sobre las paredes blancas de la casa y resalta el tinte dorado de las columnas de ladrillos que sostienen la marquesina sobre la puerta de la entrada. Es la luz seca anterior a la temporada de lluvias. El cielo que no aparece en la fotografía debió haber sido enojosamente azul.

En su Cuaderno Cuatro, detrás de la hoja doblada que anunciaba el inicio de la sección de su Seminario Interdisciplinario, Liliana anotó el 24 de mayo una lista de canciones que, según su prima Leticia, estaba oyendo una vez que hablaron por teléfono mientras ella lloraba. Como Liliana no tenía teléfono en su departamento de Azcapotzalco, y como el 24 de mayo fue jueves, es posible que Liliana estuviera en otro lado. O que el recuerdo estuviera mezclado con otras fechas y espacios.

INTERDISCIPLINARIO
Mayo 24 1990

*

Mi situación es absurda y trágica. Bueno, según mis límites.

--Payaso
--Llegando a ti.
--Qué bonito amor.
--Ella.
--Paloma querida.
--Un mundo raro.
--Corazón
--Amarga navidad
--El jinete
--Cuatro caminos
--Vámonos
--~~Muy despacito~~
--Amor del bueno
--Serenata sin luna
--Llegando a ti

--Lágrimas de amor
--Amigo organillero

--Sombras.
--Entrega total.
--Carabela
--Las rejas no matan
--Bésame y olvídame
--Esclavo y amo
--Renunciación
--El loco
--En mi viejo San Juan

Las voces viriles de Javier Solís y de José Alfredo Jiménez han acompañado las rupturas amorosas en México décadas enteras. Son canciones cursis, dolidas, teatrales hasta la ignominia. Más que despecho, estas canciones refrendan un amor que se sabe no correspondido pero que, aun así, o tal vez por eso, no termina. El amante humillado, dejado atrás, se regodea en su dolor, y jura no dejar de amar a la mujer querida. Esas son las canciones que Liliana escuchaba un 24 de mayo, entre lágrimas.

El sábado 26 de mayo, Liliana anotó en el margen superior de una hoja suelta color mamey, con una letra inusualmente pequeña, algo que había sucedido un día después de su sesión con canciones románticas de José Alfredo Jiménez y Javier Solís:

Ayer sucedió. Y hoy parece haber desaparecido. La euforia pasó. No hay desencanto, todavía soy feliz. Todavía. Ahí estás, a pesar de todo... Te encontré. Tú eres el conocimiento, tú eres, ¿eres?, el amor y la pasión y el deseo al conocimiento. Tú eres. Tú. Liliana.

El cambio era mayor ahora. No apostaba por alguien más después de otra ruptura, sino por ella misma. Ella y el conocimiento. Ella y su futuro. Tal vez, ese mayo, Liliana estaba por fin lista para partir. Tal vez, ese mayo, Ángel se dio cuenta de que, ahora sí, la intención era firme. Tal vez ese mayo supo que ya no podía controlarla más, y que la había perdido. Cuatro días más tarde, Liliana se describió a sí misma como desprotegida por primera vez en todo el tiempo que pasó en la Ciudad de México. Fue una nota parca, escrita en la última hoja de su Cuaderno Cuatro, una línea en finísima letra a lápiz, sellada con un signo de exclamación en tinta morada:

Es, fue casi insoportable. El viaje en metro tan desprotegida. ¡Estoy en casa, este espacio me pertenece!

No hay ningún otro dato en sus cuadernos o en sus notas sueltas que ayude a desbaratar ese acertijo. La amenaza, claramente, venía de afuera. No se generaba en el transporte colectivo en sí, pero ahí se había hecho presente en forma de una indefensión sobre la que no elaboraba y que, por lo tanto, no nos dejó ver. ¿La veía, en toda su profundidad, ella misma? Unos días más tarde, en una carta que escribió el 4 de junio para Raúl Espino Madrigal, pero que no le mandó, volvió a utilizar el mismo término: desprotegida.

junio 4 1990

Tuve de repente la necesidad de ir por mi libreta y escribir (y escribirte). Ahora no sé qué decir. Busco y busco una hoja escrita por ti, no la encuentro... me siento mal, yo sé que alguna vez escribiste sobre esa hoja...tiemblo, no es frío, estoy nerviosa, creo que al fin estoy entendiendo lo que pasó conmigo con respecto a ti. No sé explicarlo, y creo que el entendimiento no es objetivo, sólo siento ternura y tiemblo, no es frío.

¿Dónde está esa hoja? No me aferro al pasado. Sé, al fin, que el tiempo pasa ("y nos vamos poniendo viejos"). ¡Sé que tiene que estar aquí!

Mi historia ya no es histeria.

Te pienso, pienso en ti, en ti pienso, y me da miedo porque tu imagen siempre ha ido acompañada de recelo, de angustia, de desconfianza, cómo quisiera pensarte sobre un fondo azul, sin manchas. Ayer vi Santa Sangre, sigo impactada, excitada. Cómo convencerte de que algunas cosas no son poses.

    "   "   de que no me clavo en cualquier cosa,

cómo decirte que me siento desprotegida, cómo decirte que...
¿qué?

Recuerdo aquel día en Monte Albán, aquel momento, ese único momento eterno entre tú y yo. En realidad, no creo que importe ya. Detesto sentir que quiero que alguien me conozca, eso siempre es riesgoso. Alguna vez te amé, posiblemente te sigo amando. Esto es estúpido y vale madres.

[¿conoces a alguna persona que me haga desear tantas cosas?]

...Aún escucho el romper de las olas a nuestro lado, Ana, todavía aspiro el olor a mar, y sin embargo nos encontramos en otro momento y otro espacio. ¿Te das cuenta? Las cosas, siendo las mismas, son diferentes. La llegada de nuevas personas a nuestras vidas, la llegada de nuevos conocimientos y sentimientos. Quizá hemos cambiado: un año, un día, quizá hasta un segundo son demasiados para permanecer estáticas. Nunca te lo dije, quizá nunca te enteraste de todo el dolor que me causó no haber seguido el camino juntas. Dirás: no nos hemos separado. ¿Acaso podrías asegurarlo? Pensarás que la escuela, las clases son algo demasiado terreno como para pensar que son la causa de las cosas, pero ¿no nos fuimos descubriendo este tiempo y en este espacio escolar? Sí, aún estoy dolida, aún irritada. Quizás eso me haya hecho cambiar. ¿Lo has sentido? Creo que algunas veces hasta violenta resulto. Como ayer, el grito, el reproche se disfraza de un simple "la estás regando, a mí no me gusta". ¿Y por qué no gritar "no estás conmigo", "no estás compartiendo ni angustias ni alegrías conmigo"? ¿Por qué no estás conmigo? ¿Por qué no luchaste lo suficiente por una materia, una simple materia? ¿Por qué? Sí, ya sé, quizá la universidad no sea lo único ni lo más válido (parafraseando a Miguel

Murillo), pero ¿no fue lo que escogimos? A veces soy dura para juzgar, a veces enfrente del espejo te critico demasiado. A veces soy injusta. ¿No eres tú la única que debería hacerlo? Soy tan egoísta que he llegado a pensar que mi dolor es más grande que el tuyo.

Me asusta la no añoranza. Creo que nunca debería haber dicho esto. Ya no sé qué decir. Quiero disculparme y regañarte, acariciarte y golpearte, besarte, sentirte cerca, gritar, jalarte de los cabellos, ¿conoces a alguna persona que me haga desear tantas cosas?

Sabes que te quiero. Sabes que te amo.

Liliana.

[porque en la sombra hay algo que acabó para siempre]

Además de la presencia de armas de fuego o de las amenazas de suicidio por parte del depredador, además de los celos violentos, el acoso constante y las huellas de la violencia física y sexual, la Prueba de Diagnóstico de Peligro que analiza Snyder en *No Visible Bruises* incluye de manera preponderante el aislamiento creciente de la víctima. Poco a poco a lo largo de 1990, el grupo de apoyo de Liliana se fue resquebrajando, aunque no lo perdió del todo. Ana, quien había sido su compañía constante, su brazo derecho, la presencia más cercana y tibia durante el último año, tuvo problemas con una materia y decidió cambiarse de turno, lo cual redujo dramáticamente el tiempo que pasaban juntas. Ya no estás conmigo, le había reprochado Liliana en una carta que nunca se decidió a enviarle. Tanto Raúl como Leonardo habían encontrado trabajos de medio tiempo que los alejaban de la universidad, y ambos empezaron a salir con chicas que, con el tiempo, se convirtieron en sus esposas o en sus parejas estables.

Yo vivía en Estados Unidos desde hacía dos años. Justo a fines de junio, mis papás emprendieron el ansiado viaje a Europa. Era la primera vez que mi padre podía costear el boleto de mi mamá y, aunque era un viaje de trabajo que los llevaba sobre todo a Alemania y Suecia, aprovecharían para pasear juntos. Era la coronación de toda una vida de sacrificios. Era, al menos simbólicamente, la meta que se habían fijado más de veinte años atrás, cuando dejaron para siempre los campos de algodón, y ahora estaban, por fin, a punto de cruzarla. Manolo, quien después de un breve alejamiento volvía a pasar la mayor parte de su tiempo libre con Lili, les hizo el favor de manejar su viejo Datsun blanco, de cuatro puertas, hasta el aeropuerto. Ahí se besaron las mejillas, despidiéndose con mesura. Estoy feliz por ustedes, les dijo Liliana mientras los abrazaba a los dos al mismo tiempo. Y después, como ellos lo habían hecho tantas veces antes, Liliana observó cómo crecía la distancia entre sus padres y ella a medida que se acercaban a la puerta de embarque. Todavía voltearon una última vez, ondeando las manos en el aire para decir adiós. Cuídate mucho, Lili, le dijeron. Manolo y Liliana manejaron el auto de regreso hasta Toluca y volvieron después en autobús a la Ciudad de México. Sin ser novios oficiales, como era el deseo de Liliana, poco a poco, sin embargo, se convertían en pareja. Compartían tareas en equipo y caminaban juntos, aunque no de la mano, por las veredas de la universidad. Él pasaba por ella con frecuencia a su casa, un poco antes de las 8:00 de la mañana, en su Barracuda rojo.

La madrugada del 15 de julio de 1990, cuando, según los testigos de la calle, Ángel se saltó la barda para entrar subrepticiamente en Mimosas 658, Liliana no estaba aislada completamente, pero, excepto por Manolo, carecía justo en ese momento de la compañía de sus allegados más cercanos. El índice de riesgo en la Prueba de Peligrosidad tendría que haber sido ya alto en mayo, a inicios del octavo trimestre, pero ahora, a inicios de julio, acababa de subir otro grado todavía más. El índice de riesgo de una prueba que no existía en México, ni siquiera en la imaginación, acababa de indicar que el riesgo era letal.

Algunos de sus amigos más próximos se habían retirado, su familia entera estaba fuera del país, y su mejor amiga andaba atribulada con cuestiones académicas y personales. Liliana, sin embargo, no estaba sola: en el piso superior, inmediatamente arriba de su departamento, dormía la familia Álvarez, y en el cuarto adyacente a la recámara-bodega, cuya puerta daba directamente hacia el comedor donde estaba el colchón sobre el que descansaba Liliana, dormía Basilia, la joven que trabajaba en el arreglo doméstico. ¿Cómo pudo un hombre asesinar a una muchacha en esas condiciones sin que nadie oyera nada?

Junio no fue un mal mes. Según Fernando Pérez Vega, Liliana había adelgazado bastante para entonces y, por primera vez en todo su tiempo como estudiante de la UAM, había dejado atrás la chamarra de piel, las blusas abultadas y los pantalones anchos. En lugar de eso, empezó a usar vestidos. Había uno en particular, uno con pequeñas flores rosas y azules contra un fondo blanco que se ponía con unas ballerinas claras, que le remarcaba la cintura y acentuaba los hombros y la hacía lucir esbelta y muy guapa. ¡Era fabuloso descubrir que Liliana tenía cuerpo! Había un aire renovado en todo lo que hacía. Caminaba más aprisa; sonreía más. En el Cuaderno Tres anotó brevemente sus opciones para maestrías y doctorados. Y, justo a mediados de junio, escribió una nota que fechó equivocadamente, pero de forma por demás interesante, como de 1986. Cuatro años atrás. La letra era irregular y deforme, enorme para sus estándares, y se repartía en dos columnas con el cuaderno de forma francesa sostenido en forma horizontal. A diferencia de tantas otras notas, ésta resultó difícil de descifrar.

Todavía estoy bajo los influjos del alcohol, no escribo así por eso, sino porque el camión se mueve (voy rumbo a Toluca). Todavía me siento en una nube de atenciones sutiles, no sé a quién va dirigido esto, quizá a ti, Ángel (Ángel hermano),

160686

O a ti José Luis (José Luis nueva ilusión), o a ti Sergio (detallista en la sensualidad).
    Los quiero hoy. Los quiero.
    ¿José Luis?

Hasta el momento, ninguno de los amigos de Liliana ha podido ayudarme a identificar a ese par: José Luis y Sergio, que convivieron con ella un sábado en la tarde, un poco antes de partir hacia Toluca. Liliana, en todo caso, estaba emocionada. Y hablaba ahí, incluso, de una posible nueva ilusión. Ángel, por su parte, aparecía ya no como un interés romántico o carnal, sino como un hermano. Y aquí, tal vez, esté una vez más el guiño que delata un distanciamiento emocional inédito. Ángel ya no jugaba el papel de la pareja o del objeto de deseo. Ángel se acababa de convertir en un pariente. Tal vez, incluso, en un objeto de conmiseración. Acaso eso explique el súbito y redoblado esfuerzo de Ángel por volver a inmiscuirse en el lenguaje del amor, conquistándola de vuelta. Y, tal vez de ahí, entonces, el apunte del 25 de junio, que Liliana escribió muy airada y sólo en mayúsculas, con un trazo que denotaba el peso de todo el cuerpo sobre la punta del bolígrafo:

25 junio 1990
NO TE ENTIENDO,
¡DE VERDAD QUE NO TE ENTIENDO!
¿ACASO ESTÁS JUGANDO A QUERERME?
¡NO ME GUSTA ESTO!
AHORA SÍ, MAÑANA ¿QUIÉN SABE?
¡VALIENTE SITUACIÓN!

25
Veinticinco de junio d

Unas páginas después, todavía con la misma tinta, aunque con un trazo más controlado, Liliana volvió a anotar la frase de Albert Camus con la que alguna vez consoló a una muchacha traicionada:

En lo más crudo del invierno aprendí al fin que había en mí un invencible verano.
Albert Camus.

¿Estaba despertando? ¿Había encontrado la forma, esta vez, de consolarse y aconsejarse a sí misma? ¿Estaba su propio invierno a punto de llegar a su fin? Debajo de la nota, que funcionaba como una especie de epígrafe, Liliana dejó fluir su desazón, su lenguaje, las imágenes que la poblaban:

Y la luz se condensará...
Y cabrá en una sola de mis orejas.
El azul entrará en mi boca

230

Y nos bañaremos de él, ello.

¿Ello?

El azul no es un ello, ni siquiera una ella, un nosotros...

No "nos".

No. Grasa. ¿La grasa mata la grasa?

¿Será lógico esto?

¿El estómago será un caldero?

Un caldero de bruja...bruja con verruga en la nariz.

En la montaña rusa de su ánimo, el 28 de junio la sorprendió de buenas:

28 de junio

De pronto descubro, miento al decir "de pronto", esto ha estado latente en mí durante mucho tiempo: ojos, escenas, manos, ojos, miradas, la idea de quién sea no importa, ¿no lo vi así la semana pasada? Nace en uno y en otro. No quiero realmente amor. ¿Recurrente? junio. junio. junio. Fantástico 28 de junio 1990. junio. junio. junio. junio. junio. junio. junio. junio. junio. junio.

Es difícil saber qué pasó entonces. Pero la revelación fue mayúscula: la niña que contra viento y marea se había puesto siempre del lado del amor, cuestionaba ahora su posicionamiento. Si el amor, como había dicho no hacía tanto, le hacía daño, esta renuncia al amor la colocaba firmemente del lado del gozo y la libertad. Otro amor era posible. Otra manera de cercar los cuerpos. Un día después recibió un regalo porque una nota sin firma, escrita en tinta verde, le anunciaba: "Sorpresa", utilizando las comillas y las letras en mayúsculas. "Para ti que eres 'muy especial'. 29-06-90".

Tal vez ese súbito recelo del amor la obligó a hacerse de agallas. Liliana parecía estar decidida a tomar las cosas en sus manos a inicios de julio. En la agenda que utilizaba esos días, una pequeña libreta de hojas cuadriculadas y pastas de plástico color café, anotó en su acostumbrada letra uniforme y grácil:

Lunes 9 de julio de 1990
Pretendo que sea un día favorable. Pretendo que mañana todo salga bien. Hay muchas cosas por hacer y temo no lograrlas... Temo al enojo, a mi carácter. Revisión de operativo. Trabajo de inter. Datos sobre vientos... Atlas. Estudiar Laboratorio. Trabajo Laboratorio. Revisión de TEC. ~~Albañilería.~~ Acabados. Instalaciones. Preparar clase de TEC. Hacer croquis y acetatos.

Si los comentarios de sus amigos son de fiar, esa es la fecha en que Liliana finalmente rompió con Ángel. Y Lili aquí teme su propio carácter, pero no le tiene miedo a él. Como en la carta que escribió después de su ruptura de julio de 1987, Lili está dispuesta a creer que Ángel es agresivo, temperamental, incluso un poco tonto, pero no que es una mala persona. Liliana no sabe, no tiene forma de saber, no conoce el lenguaje que claramente diga que Ángel, quien dice quererla más que a nada en el mundo, quien dice adorarla, puede ser capaz de quitarle la vida. Liliana todavía no huele el tufo del peligro que la persigue.

Muy pronto, el 11 de julio, Liliana leyó una nota escueta, escrita a lápiz y en letras mayúsculas, en el revés de un pequeño anuncio de un ciclo de *Arquitectura religiosa mexicana del siglo XVI, ayer y hoy (génesis). Arquitecto Carlos Lira Vásquez, miércoles 13 de junio a las 10:00 hrs. K-001*. La nota, que estaba firmada por Ángel, a lápiz y en mayúsculas, decía: "Con amor para Liliana, 11/julio 90".

No sé a ciencia cierta, hasta ahora, si Liliana encontró a Ángel ese día en la universidad o si la nota acompañaba a un regalo que dejó en su casa. Juzgando por la selección del papel —un viejo flyer que bien pudo arrancar de las paredes de los edificios de la facultad— el gesto no parece haber sido planeado con tiempo. Porque el mensaje incluye las palabras "con amor", es posible imaginar que venía junto con algo más, algún objeto sin palabras, o sin espacio para ellas. El amor, insistente y letal, maligno y atroz, seguía ahí.

Liliana pasó su último fin de semana en el departamento de Mimosas, trabajando en equipo con Juan Carlos Sierra y Manolo Casillas en un proyecto que tenían que entregar el lunes 16 de julio temprano en la mañana. Era una clase demandante y sabían bien que el trabajo final iba a requerir largas horas de dedicación y algunas más de desvelo. El viernes 13 en la mañana, mientras esperaba la revisión de un proyecto de la clase de TEC, que enseñaba el profesor Alejandro Miramontes, escribió con tinta morada en su Cuaderno Cuatro todavía desde el salón de clase:

13 DE JULIO 1990
Antes de revisión de TEC
desde un restirador, viéndote
Cara tierna
Rostro infantil
Ojos llenos
Pecas
Cabellos rebeldes
Cabellos de luna
Manos hábiles
¿Cómo confundir esas manos con la expresión de un niño haciendo sus primeros garabatos?
Podría decir tu nombre
Podría decir que hoy te amo

Pero ambas cosas serían mentira
Tu nombre, el amor, serían falacias.

Los nombres cambian porque el amor va de un lado a otro, nunca podré considerarlo un absoluto.

Yo amo.
No importa la cosa, el nombre, el tiempo, o el espacio.

Vuelvo la vista, sigues ahí. Esa expresión me agobia, me persigue, me llena. Cabellos de luna.

¿Quién es esa persona a la que Liliana observaba, medio distraída, medio aburrida, desde un restirador mientras esperaba que el profesor calificara su proyecto? La ausencia de pronombres hace difícil esa tarea. Incluso cuando aparece la mención a un niño, el sustantivo es lo bastante universal como para carecer de género específico. Ana era la única entre los amigos de Liliana que tenía pecas en la cara. ¿Era su cabello crespo, algo despeinado, lo que Liliana llamaba amorosamente "cabellos rebeldes", "cabello de luna" mientras la miraba de lejos? ¿Eran sus manos, presurosas sobre un plano, las "manos hábiles" que no podía confundir con las de un niño? No tengo respuestas para estas preguntas. Todavía no sé quién fue esa persona a la que Liliana decía amar ahora, después de haber puesto en duda el amor. Como en la pelea que tuvimos muchos años antes, encerradas dentro de un carro enfrente de un mercado, Liliana se puso aquí, sin titubeos, otra vez del lado del amor. Pero, para entonces, el amor ya era otro distinto. Su talón de Aquiles, sí, pero también, como lo aseguraba Ana, su súper poder.

Liliana hablaba aquí, como lo había hecho desde su infancia, sobre un amor libre. No el amor egoísta que ataba a las parejas, sino un amor tan enorme, tan absoluto que no se inclinaba ante nada, fuera esto cosa, nombre, tiempo o espacio. Un amor mercurial, cambiante, que se ataba y desataba de la materia del mundo a voluntad, ése era el amor de Lili. Pero algo andaba mal. Algo la había alertado porque al día siguiente, el sábado 14, también por la mañana, Liliana insistió en su capacidad de no dejarse caer, en su capacidad de levantarse de nueva cuenta. Quizás el sermón acerca del amor, su insistencia en un amor que atravesara de manera libre cuerpos y mentes, surgió como respuesta a las presiones que el amor egoísta trataba de imponer una vez más sobre ella. Fue entonces que mencionó, por primera vez, y eso de manera oblicua a través de la cita de la letra de una canción, una amenaza contra su vida.

La ira y la desazón, la incredulidad y el sarcasmo, se entremezclaban con cada una de las palabras transcritas. La letra de la canción que, por más que he buscado no he dado con ella, asegura que el amante no puede atentar contra la vida del otro porque el otro ya contiene en sí la vida de los dos. ¿Y podría ese amante en realidad atentar contra su propia vida en ese caso? Liliana remataba la transcripción con una ironía: bonita canción, ¿no?

14 JULIO 1990
Me acabo de despertar.
Amanecí nerviosa, triste... pero pienso y me repito que no me puedo dejar caer... no puedo, por mí y por ti... lo que dijiste ayer me dolió, no puedes dejarme así como así... además no lo permitiría.

"porque digas lo que digas
ya soy parte de tu vida,
y contra ti no has de atentar".
(bonita canción, ¿no?)

Ese sábado ya en la tarde, después de haber trabajado todo el día, Juan Carlos Sierra invitó a Manolo y a Liliana a una fiesta por el rumbo de Echegaray, en el Estado de México, y para allá fueron los tres. Pensaron que sería una buena manera de relajarse antes del empujón final, que sería el domingo. Se divirtieron un rato, tomaron un par de cervezas, y regresaron temprano. Manolo fue a dejar a Liliana en la noche hasta Mimosas. Cuando se despertó ese 15 de julio, a las 10:30 de la mañana, Liliana escribió:

15 JULIO 1990   10:30 am

¡Cuántos deseos de dejar de ser hadas en una tierra de hielo! Cuánta necesidad de compañía.

Juan Carlos estaba cansado y no vino ese domingo. Manolo llegó temprano, y se pusieron a trabajar en el acto para terminar su proyecto a tiempo. Y estuvieron ahí, entre que platicaban y no, intercambiándose el uso del restirador y revisando notas. Prendieron la cassettera y escucharon otra vez "La ciudad de la furia". Tal vez tomaron un par de cervezas. A eso de las 10:00 de la noche, ya cuando había oscurecido, Manolo le dijo a Liliana que tenían que parar. Se iba satisfecho porque casi estaba todo listo. Todavía podrían mejorar una que otra cosa, pero lo importante ya estaba listo. Quédate, le propuso Liliana. Así nos vamos temprano juntos mañana. Manolo dudó. ¿Significaba que Liliana apostaba por él ahora?

¿O era una de esas invitaciones que Liliana arrojaba como al descuido con cierta facilidad sólo porque se sentía sola? No puedo, Lili, le dijo. Quedé con mi mamá de llegar a casa hoy. Liliana lucía decepcionada, pero no insistió. Parecía cansada, más bien exhausta, pero, aun así, cuando Manolo se acercó para despedirse de beso, la encontró hermosa. No te me achicopales, güera, le dijo. Mañana paso por ti temprano, como siempre. Ya verás que llevamos esta cosa juntos a la universidad y así terminamos el trimestre.

Es difícil saber con certeza qué hizo Liliana entre las 10:00 de la noche de ese día nublado, con algo de lluvia, y esa hora todavía vaga de la madrugada, cuando Ángel irrumpió otra vez en su espacio. A juzgar por la tinta en que están transcritos, es posible que haya utilizado algunas de esas horas nocturnas, cuando todavía estaba a solas, para escribir en su propia letra los poemas que estaba leyendo. Ocupó una página cuadriculada de su Cuaderno Cuatro para pasar en limpio "Presencia", el poema que José Emilio Pacheco le dedicó a Rosario Castellanos, la poeta que murió electrocutada, accidentalmente, al tratar de encender una lámpara en Jerusalén. Y, en la siguiente página, transcribió un párrafo de Chaucer, sin título; así como el poema "Luz y silencio", del libro *Los elementos de la noche*, de José Emilio Pacheco:

Presencia

Homenaje a Rosario Castellanos

¿Qué va a quedar de mí cuando me muera
sino esta llave ilesa de agonía,
estas pocas palabras en que el día
deja cenizas de su sombra fiera?

¿Qué va a quedar de mí cuando me hiera
esa daga final? Acaso mía
será la noche fúnebre y vacía
que vuelva a ser de pronto primavera.

No quedará el trabajo ni la pena
de creer y de amar. El tiempo abierto,
semejante a los mares y al desierto,

ha de borrar de la confusa arena
todo lo que me salva o encadena.
Mas si alguien vive yo estaré despierto

[José Emilio Pacheco]

Cuando tendido en mi cama dormido completamente despierto
estaba para mí, pero porque no podía
descansar yo no lo sabía, porque ningún ser terrenal
(como yo supongo) tenía más dolencias
que yo, porque yo no tenía males o enfermedades

[Chaucer]

Todo lo que has perdido, me dijeron, es tuyo.
Y ninguna memoria recordaba que es cierto.

Todo lo que destruyes, afirmaron, te hiere.
Traza una cicatriz que no lava el olvido.

Todo lo que has amado, sentenciaron, ha muerto.
Porque en la sombra hay algo que acabó para siempre.

238

Todo lo que creíste, repitieron, es falso.
Cayeron las palabras en que empezó tu tiempo.

Todo lo que has perdido, concluyeron, es tuyo.
Una luz fugitiva anegará el silencio.

[j.e. pacheco]

El médico forense estableció las 5:00 de la madrugada del 16 de julio de 1990 como la hora oficial de su muerte. Mis padres atravesaban el Mar del Norte en una avioneta en ese momento.

Había tormenta.

IX

OSCURO CRIMEN

If you pick up a flower, if you snatch a handbag, if you possess a woman, if you plunder a storehouse, ravage a countryside or occupy a city, you are a taker. You are taking. In ancient Greek you use the verb ἁρπάζειν, which comes over in Latin as rapio, rapere, raptus sum and gives us English rapture and rape— words stained with the very early blood of girls, with the very late blood of cities, with the hysteria of the end of the world. Sometimes I think language should cover its own eyes when it speaks.

ANNE CARSON, *History of War: Lesson 3*

[hallazgo]

Fue un día lluvioso. Manolo llegó a las 7:10 de la mañana a casa de Liliana, justo como se lo había prometido. Se había levantado temprano para bañarse, acomodarse ese cabello rebelde en el que, a veces, todavía se notaba el reflejo rojizo de la niñez. Había tenido tiempo incluso para desayunar con calma. Cuando se subió al Barracuda rojo que le había regalado su padre sólo pensaba que ya faltaba menos para concluir el trimestre. No había sido fácil terminar ese último trabajo el fin de semana, pero se sentía conforme. Listo para lo que viniera. Listo para el futuro. Traía una canción de Óscar Chávez en la cabeza cuando se estacionó frente a la casa de Liliana. Qué cursi, se recriminó. Y luego se sonrió a solas. Así le hubiera dicho ella: qué cursi. Tocó al portón de la entrada y Basilia, a quien Liliana le había presentado apenas un par de semanas atrás como la nueva trabajadora doméstica de la familia Álvarez, vino a abrir la puerta. Buenos días, le dijo. Atravesó el patio y abrió la puerta de la entrada del apartamento de Liliana, que no estaba cerrada con llave, pero tampoco entreabierta. Como no la vio de pie, le gritó algo desde la estancia. Tenía prisa. Había que entregar el trabajo al que le habían dedicado mucho tiempo y más les valía ser puntuales. Del otro lado de la estancia, en el espacio que le correspondía originalmente al comedor, estaba la cama de Liliana, y sobre ella, bajo las colchas, se dibujaba la silueta de su cuerpo. Todo lo demás parecía en su lugar. No había orden, pero tampoco desorden. Con el tiempo se había familiarizado con las reglas del barullo de Liliana y, sabiendo que habían trabajado hasta tarde, entendía que no había tenido tiempo de arreglar el cuarto. Apúrate, güera, que se nos va a hacer tarde, le dijo cuando se dio cuenta de que no se levantaba. Echó un vistazo a la cocina y vio que todo ahí estaba como lo había dejado la noche anterior. La falta de respuesta de Liliana lo intrigó. Caminó hacia ella. Lentamente. Una broma. Seguramente era uno de esos juegos que Liliana organizaba de cuando en cuando para divertirlos a todos. Se le hizo raro que toda ella, incluida la cabeza, estuviera cubierta por la colcha de cuadros. Lili, le dijo otra vez, descubriéndole el rostro, preparado para la carcajada con que de seguro lo saludaría esa mañana. Te caché, le diría.

Liliana tenía los ojos cerrados. La boca entreabierta. Estaba recostada sobre su brazo izquierdo y los cabellos lacios, todos juntos, le cubrían la cara. Parecía dormir, pero había algo extraño en su inmovilidad. Algo flácido y pesado a la vez. Algo que nunca había visto en ella. Lili, le dijo otra vez. Cuando descorrió más la colcha se dio cuenta de que estaba completamente vestida, su pantalón de mezclilla puesto y la blusa abotonada. Pero no se movía. Por instinto, le rozó la mejilla y un frío atroz, un frío que no había sentido antes en su vida, se le pegó a las yemas de los dedos y se le trasminó por todas las células del cuerpo a una velocidad demencial. Luego, toda a la vez, la desesperación se le introdujo en la espina dorsal. Gritó. Fue entonces que gritó. Gritó su nombre y, luego, pidió ayuda. Pronto, ya estaban en la pieza, cerca de él, tanto José Manuel Álvarez como Basilia, los dos con la respiración agitada detrás de su cuello. Algo le pasa a Liliana, les avisó. Se vieron entre sí. La vieron a ella, tumefactos, sin saber qué hacer alrededor de su colchón. Liliana está muerta, añadió sin pensarlo. Sin saber a ciencia cierta qué decía. La observaron otra vez sin atreverse a tocarla. El dueño del inmueble regresó a su casa, subiendo las escaleras a toda prisa para mandar traer una ambulancia. Liliana está muerta, murmuró Manolo. Incrédulo. Paralizado por completo. Lili, dijo otra vez, en cuclillas frente a ella. Entonces notó las marcas alrededor del cuello y los dos moretones en la cara. Los labios morados.

Las cosas, después, pasaron muy aprisa. Llegó la ambulancia. Manolo no se dio cuenta si los enfermeros hicieron el intento de revivirla o si se limitaron a confirmar el veredicto que había saltado de sus labios cuando su cuerpo supo, antes que él, lo que había pasado. Hubo otras llamadas por teléfono, esta vez a la policía. Pronto, llegaron los peritos y los comandantes. ¿Tú quién eres, le preguntaron? Un compañero de la escuela. Venía por ella para irnos a clase. ¿Un compañero de la escuela? Repitieron con una sorna mal contenida. Mientras los agentes de la delegación fisgoneaban por el cuarto y empezaban las rondas de preguntas por la calle, Manolo se dirigió al piso de arriba para pedir prestado el teléfono y hablar con Fernando Casillas, un primo que era abogado. Le contó aprisa, atropelladamente, lo que estaba pasando. ¿Tú fuiste el último que la vio con vida? Le preguntó. Parece que sí. ¿Y fuiste el que la encontró sin vida? Sí, dijo. Estás en un problema, resumió. No contestes nada hasta que llegue. Antes de salir, Fernando marcó a una oficina de la universidad y logró contactar a Ana Ocadiz. Algo pasó, le dijo. Tienes que ir a casa de Liliana de inmediato. Manolo, mientras tanto, se comunicó con Ángel López. Le resumió los hechos como pudo y le pidió que fuera de inmediato también. Unos minutos más tarde, ya en la universidad, Ángel López tomó a Gerardo Navarro por el codo y lo apartó de los otros estudiantes. ¿Qué crees?, le dijo. Mataron a Liliana. Estás bromeando, le contestó. No, no estoy bromeando. Vamos. En el camino se encontraron a Juan Carlos Sierra, con quien Liliana había estado trabajando el viernes y el sábado anterior, los saludó y, después de oír la historia, los siguió en otro auto.

Los judiciales empezaron a hacer preguntas entre los vecinos. Así supieron que un joven chaparro, de cabello güero y ojos claros, había estado rondando la cuadra la madrugada anterior. No les fue difícil reconocerlo porque lo veían seguido, ya esperando a Liliana dentro de su auto o ya manejando a toda prisa una motocicleta muy escandalosa por el barrio. Manolo les dijo que se llamaba Ángel. ¿Era su novio? En realidad ya no, titubeó Manolo. Era un tipo que Liliana ya no quería ver. ¿Estás seguro de eso? En silencio, empezó a atar cabos: tal vez Ángel había rondado la casa de Liliana todo el fin de semana y los había visto ir y venir desde el viernes por la tarde, desapareciendo a ratos detrás de unas paredes que le impedían la vista, y poniendo en entredicho, luego entonces, su control. Tal vez eso lo había enfurecido. ¿Qué iba a hacer Ángel, convencido como estaba de que Liliana le pertenecía a él, y nada más que a él? ¿Cómo iba a reaccionar un cobarde manipulador sino esperando afuera de su casa hasta estar seguro de que ella se había quedado sola, triste, nerviosa?

El cerebro de Manolo trabajaba con celeridad, a veces en círculos concéntricos, a veces en reversa, a veces hacia puntos de fuga por donde se le iba el aliento. Tal vez los había visto salir de fiesta el sábado. Tal vez ese domingo lo vio entrar a él, a Manolo, en la casa de Liliana un poco después de las 10:30 de la mañana, y no lo vio salir sino hasta las 10:00 de la noche, imaginándolos juntos, cerca, retozando. ¿Y si él había tenido la culpa? ¿Y si había sido él la causa de sus celos y su odio? Lo que alcanzó a oír mientras ataba y desataba cabos fue que Ángel le había dado tres mil pesos a los teporochos de la cuadra, unos chavos adictos que vivían justo enfrente de Mimosas 658 con los que había hecho migas porque les pagaba con droga la información que pudieran darle respecto a los ires y venires diarios de Liliana. La tenía vigilada siempre, masculló Manolo entonces, y sintió cómo el pulso aumentó debajo de sus muñecas. La noche anterior, ya en la madrugada, alcanzó a oír que decía otro testigo, Ángel encontró el portón cerrado y le pidió a uno de los drogos que lo ayudaran a saltar el muro de la entrada, que de cualquier manera no era muy alto, colocando las manos juntas para que él se impulsara desde ahí. Manolo, impávido, se volvió a divisar el cielo nublado de la mañana, luego la calle: aun cuando Ángel venía de vez en cuando, aun cuando seguía viviendo en Toluca, se las había arreglado para tenerla bajo su control. El pulso otra vez en las muñecas, las sienes, los tímpanos.

Cuando Ana llegó, la casa de Lili se había convertido ya en la escena de un crimen. Ella confirmó que el nombre que le correspondía a la descripción de los testigos era el de Ángel González Ramos. Traía los rizos desperdigados sobre la cabeza y la mirada herida. Quería ver a Liliana cuanto antes para poder creerlo, para abrazarla, para sentir que no la había perdido para siempre. No puede ser, se repetía una y otra vez. ¿Verdad que no es cierto? Estaba dispuesta a creer, incluso ahora, que todo era una broma pesada o, cuando mucho, un malentendido muy elaborado. ¿Y tú quién eres?, le preguntaron. Los vio de frente, recuperando el control sobre el temblor de los labios y la voz. Soy su amiga. Soy la amiga de Liliana. Soy de ella. Lo que alcanzó a oír Ana mientras la hicieron esperar en el patio de la casa fue que, en la madrugada, Ángel le pidió prestada una escoba a un borrachito de la casa de enfrente para abrir el pestillo interior del portón. Una vez adentro, había quitado con mucho cuidado una de las piezas de la persiana de cristal para poder abrir la puerta del departamento de Liliana por dentro. ¿Lo conocías? Le preguntaron los judiciales. Sí, dijo. ¿Puedes describirlo? Tengo una fotografía en la casa, si eso pudiera ayudar.

Lo que Gerardo alcanzó a oír tan pronto como llegó, apresurado, sudoroso, con la boca llena de sed y llena de espanto, fue que el vecino de enfrente, no los drogadictos, le prestó la escoba a Ángel muy entrada la noche. Si ese vecino no hubiera estado despierto, nada de esto habría pasado, pensó. Luego, como nadie le puso atención, entró en el departamento de Liliana, que no había sido acordonado, y lo recorrió palmo a palmo. Liliana yacía, como había declarado Manolo, sobre el colchón, completamente vestida. A simple vista no se veía ningún moretón sobre la cara, pero sí un tinte morado en la piel. Luego, mirándola con más cuidado, Gerardo notó que un botón de su blusa estaba desabrochado y medio abierta la cremallera del pantalón. Una mancha a la altura de la cadera le dio a entender que Lili se había orinado. Todo lo demás estaba en orden. Era el cuarto de Liliana, intacto. Lo recordaba a la perfección porque había pasado ahí muchas horas de trabajo y muchas horas de celebración. Aquí, se dijo, me emborraché por primera vez. Y, en ese momento, lloró.

A Manolo, que se había convertido en el principal sospechoso del crimen, se lo llevaron a la Delegación a seguir con el interrogatorio. Mientras tanto, los judiciales que ya habían levantado la información sobre Ángel, analizaron la fotografía que les compartió Ana y le pidieron que los acompañara hasta Toluca, al número 2006 de la calle Pino Suárez, un sitio que ella había visitado una vez. Sabes que es con cariño, todavía rezaba la dedicatoria detrás de la imagen.

Marzo 1990. Una mujer de mediana edad atendió la puerta de metal. Pero, cuando preguntaron por él, les dijo que no lo había visto recientemente. Ana, que trataba de divisar hacia el interior de la vivienda, alcanzó a reconocer en la cochera la caribe negra que Ángel manejaba esos días. Luego, por instinto, volteó hacia los techos de las casas que quedaban dentro. Días después, supo que uno de los vecinos declaró que Ángel había emprendido la huida precisamente por los techos de las casas cuando supo que se aproximaba la policía. Lo habían tomado desprevenido. No contaba con que los amigos de Liliana encontraran su cuerpo tan pronto en la mañana, apenas un par de horas después de su huida, ni que la policía fuera a dar con él tan pronto.

Todavía era antes del mediodía cuando Tomás Rojas Madrid, reportero de *La Prensa*, llegó a Mimosas 658. Delgado, hábil en su oficio, observó la escena del crimen con ojos expertos. Había sido testigo ya de innumerables matanzas, rabias homicidas, cuerpos decapitados. La noticia de una joven asesinada, especialmente de una chica universitaria, tenía potencial para la primera plana del periódico. Pero la muchacha estaba totalmente vestida y la casa en orden. No tiene el suficiente impacto para la fotografía central, masculló mientras prestaba oído a los interrogatorios. Entre una cosa y otra, formuló sus preguntas y escuchó, con atención, las respuestas. Como se requería la presencia de un familiar para la identificación del cuerpo, un grupo a cargo de Ángel López tomó camino hacia Toluca, donde sabían que vivían los padres de Liliana. Y otra comitiva salió con la misión de encontrar a ese primo de Liliana que vivía en la ciudad, del que Ana sólo alcanzó a decir que tenía una cafetería por la Álvaro Obregón. Los que llegaron a Toluca pronto se dieron cuenta que no había nadie en casa. Tocaron a la puerta por un rato, sin obtener respuesta. ¿Quiénes son ustedes? Preguntó la vecina de la casa de enfrente. ¿Qué quieren aquí? Somos compañeros de Lili, sus amigos de la universidad, dijeron. Queremos hablar con sus padres. ¿Para qué? Los atajó la vecina otra vez, recelosa. Ha pasado algo terrible, atinaron a decir. La vecina les facilitó la llave de la casa y entró junto con ellos a buscar algún número de teléfono, alguna dirección, cualquier cosa que les permitiera localizarlos en su viaje. Buscaron furibundamente en agendas y papeles. Revisaron algunas libretas. Leyeron los recados que se quedan a un lado del teléfono. No encontraron nada. Es posible que yo tenga un número, dijo finalmente la vecina. No de ellos, pero sí de alguien de su familia, aclaró. Tal vez ellos puedan encontrarlos. Marcaron el número de una hermana de la madre que vivía en Tamaulipas. Y fue hasta entonces, después de esa llamada por teléfono, que se regresaron. Iban desechos. Entre más pensaban en lo que acababan de hacer, menos lo creían. El efecto de la adrenalina había terminado y ahí quedaban ellos, cuerpos como costales repletos de piedras sobre los asientos de un auto viejo. En el coche oloroso a tabaco sólo se oía el murmullo del motor. ¿No vivía su única hermana en Houston? Preguntó uno de ellos en voz alta. Sí, recordaron al unísono, mientras observaban los sombríos pinos de La Marquesa a ambos lados de la carretera.

[1703 albans]

La hora es confusa. Hay demasiada oscuridad para ser una tarde de verano y demasiada luz todavía como para ser verdaderamente de noche. El choque de los nudillos contra la madera pintada de blanco. Una vez, y otra más. La extrañeza entera de esa acción: tocar a la puerta. Nadie hace eso sin avisar, no en los Estados Unidos. Nadie se presenta a la puerta de un departamento de la planta baja de un pequeño edificio al final de un *cul de sac* sin antes anunciar la visita. Nadie, excepto los Testigos de Jehová o las *girl scouts* que venden galletas en Navidad. Por la mirilla diminuta de la puerta es posible ver las cabelleras oscuras y lacias de dos mujeres que vuelven la cabeza de derecha a izquierda. Inquietas. Extraviados, sus ojos. Las bolsas de piel colgando de los antebrazos. ¿Es familiar de Liliana Rivera Garza? Basta la primera pregunta, esbozada tímidamente en español, para saber que se trata de algo extraordinario. Algo fuera de lo común. Son mujeres que trabajan en el Consulado de México en Houston. Sus nombres y sus puestos se pierden entre oraciones entrecortadas y miradas que se repliegan hacia el interior del cráneo. Lo lamentan mucho. Bajan la vista o se ven la una a la otra, tratando de decidir quién dirá la siguiente frase. Ha habido un accidente. El silencio que sigue a ciertas declaraciones dichas a medias. La imposibilidad de continuar. No, no está en un hospital. Ha sido. Susurran. Fatal. No tienen más datos. Sólo tienen esa misión esta tarde de julio: avisarle al único pariente que pudieron localizar. Darte por enterada. Ponerte al tanto.

Alguien debe apretar las teclas cuadradas de siete números para hacer la primera llamada por teléfono. Alguien debe pronunciar las palabras, cuidadosamente. Alguien observa, mientras tanto, la tensión que mantiene intacto el cable en espiral que une el aparato negro a la bocina. La tensa distancia entre los dos. Alguien debe dar la noticia que, a su vez, se transformará en noticia en otra bocina negra. Alguien cuelga. Alguien pone un par de cosas en una maleta de mano y espera. Alguien se aproxima a la puerta. Alguien arranca el motor. Alguien compra el boleto de avión frente a un mostrador, ofreciendo datos personales, documentos migratorios, y un cheque sobre el cual ha quedado estampada una firma nerviosa, casi ilegible. Alguien se posa sobre el asiento solitario en la sala de espera y, un poco más tarde, en el asiento del pasillo de un avión. Las rodillas flexionadas y juntas. Las manos sobre los muslos. Alguien camina. Alguien se deshace de la mano que intenta tomarle el codo con un movimiento rápido y brusco. Alguien mira hacia el frente. Alguien ve por la ventana: alguna vez amé con toda el alma a la Ciudad de México. Alguien cierra los ojos. Las manos. Los oídos. La nuca, ligeramente hacia la izquierda, contra el respaldo que parece de piel pero no es de piel. Que haya tenido un gran amor, murmura alguien tímidamente, en inglés. Alguien abre los ojos de improviso. La tensión en las manos otra vez. La mandíbula, apretada. El latigazo de reconocimiento que recorre la espina dorsal: caer en cuenta, saberlo todo de golpe, no tener la menor duda. La conciencia funciona a veces así. Alguien conecta los puntos sobre las íes. Sus ojos, recuerda. Sus ojos atribulados. Todo el sol del invierno sobre sus cabellos castaños y, en el rostro a contraluz, en el rostro casi velado, esos grandes ojos detrás de los lentes de aro dorado. Incrédulos. Mortificados. Una pregunta en llamas. Sus ojos, los ojos de mi hermana, y la turbina del avión. Y el paso veloz de las azafatas. Y el aire viciado de tantas respiraciones juntas.

[recibir un cuerpo]

Emilio Hernández Garza recibió la noticia el lunes 16 de julio a las 5 de la tarde. Ricardo Herrera y Óscar de los Reyes, que eran abogados y amigos de su hermano Fernando, lo trataron de alcanzar en la cafetería pero, para cuando llegaron, él ya había cerrado, así que se fueron directo hasta la casa de San Lorenzo Acopilco que conocían bien. Nada más de verles las caras a lo lejos supo que pasaba algo grave. Ricardo lo abrazó y le dijo: te tengo que dar una mala noticia. La parálisis fue algo súbito que se le subió al cuello y no lo dejó reaccionar. Luego, como si fuera la voz de otro mundo, alcanzó a oír que, como era el único pariente cercano disponible, tenía que ir a reconocer el cuerpo a la Agencia Azcapotzalco. Su hermano andaba en Michoacán, pero ya venía en camino de regreso.

Los abogados lo llevaron directamente a la casa de Mimosas, que para entonces estaba acordonada, pero ya se habían llevado el cuerpo de Liliana al Semefo, por donde tenían que pasar todos los que morían en condiciones de violencia o a causa de muerte sospechosa. Sin pensarlo mucho, se dirigió hasta allá mientras Ricardo y Óscar se hicieron cargo del papeleo. Qué lugar tan helado. Los zapatos se le resbalaban sobre pisos llenos de agua por donde a veces se deslizaban los cadáveres que no reclamaba nadie. No fue sino hasta la una de la madrugada que pudo verla. Su prima. La chica que alguna vez lo fotografió dormido sobre la banca de un parque y lo despertó después con una carcajada festiva. La muchacha con la que iba al cine devotamente, con una adicción compartida. La que se le colgaba del cuello mientras caminaban sólo para decirle, tú eres mi primo favorito. Su prima. Estaba desnuda, tan hermosa en la muerte como lo había estado en la vida. ¿Podía decir que detrás de sus ojos cerrados se sentía algo de paz? No había, en todo caso, ningún rasgo de dureza o de espanto en su rostro. Temiendo el maltrato de su cuerpo esbelto, de su cuerpo jovencísimo, se quedó esperando muy cerca de ella, sin quitarle la vista de encima. Su prima. A quien había visto crecer. A la que, hacía tantos años, alguna vez le había escrito una carta que, estaba seguro, conociéndola como la conocía, todavía conservaba en algún sitio. Cuando les preguntó a los judiciales qué había pasado le dijeron, sin prudencia alguna, en el lenguaje más directo que encontraron, que el asesino le había puesto un cojín sobre la cara y la había asfixiado. Muerte por sofocación. ¿Quién le puede hacer algo así a una chica? ¿Algo así como qué? Como matarla primero y violarla después. Los empleados que se cubrían las bocas y las narices canturreaban entre ellos mientras manoseaban los brazos y piernas de los cuerpos desamparados. Su prima.

Le entregaron el cuerpo de Liliana el martes 17 de julio, a las 2:00 de la tarde. Tal vez un poco después. Tal vez, incluso, un par de horas después. No había dormido ni comido nada, pero tenía que continuar. Traía la misma camisa y el mismo pantalón del día previo. El olor a sudor y el olor a tristeza se le confundían en las axilas y en la entrepierna. Gracias a una secretaria del Semefo que le permitía recibir llamadas, se enteró de que ya estaba por llegar a Toluca el tío Aristeo desde el Poblado Anáhuac, y que algunos miembros de su propia familia, entre los que se contaba su padre, estaban conduciendo un auto casi destartalado desde Tampico. Un antiguo vecino de la familia, Rafael Ruiz Perete, también de Toluca, llegó a tiempo para contratar el servicio de la carroza que llevaría a Liliana desde el Semefo hasta el pedazo de tierra del cementerio en la base de un volcán que su madre había comprado años atrás sin pensar, sin imaginar siquiera, que la niña menor, que su hija más pequeña, lo ocuparía primero.

[¿quieres verla?]

Alguien se aproxima entre el gentío del aeropuerto. Alguien abraza, su mentón pesado en el hueco que produce el cuello y el hombro. Alguien habla. Alguien calla. El sonido se filtra a través de válvulas y tambores hechos de carne, de distancia, de más ruido. Es imposible reconocer las palabras que saltan de las bocas a medio abrir. Distorsionar es un verbo sin control. Los dientes se asoman a través de los labios que no dejan de moverse, pero el sonido que con toda seguridad acompaña a esas palabras tarda mucho tiempo en tomar forma en el aire que respiramos. Es cierto que respiramos. Es cierto que seguimos vivos. Las caras, descompuestas, se colocan frente a otras caras igualmente descompuestas. Canales de televisión con problemas de interferencia. Ruido sucio. Alguien calla, entumecida. Alguien se niega a hacer preguntas por terror a oír las respuestas. Alguien empuja los hombros hacia delante y encorva la espalda y se toca los codos con las manos opuestas. Alguien obedece: vamos por aquí. Alguien observa el piso, el mármol gastado del piso, y obedece. Salgamos de aquí. Alguien ve la noche a través de la ventanilla. Hay que tomar la avenida Constituyentes para salir de la Ciudad de México rumbo a Toluca. Pronto, la ciudad se quedará atrás y empezarán los ralos caseríos sobre las montañas. Un poco después, aparecerán los pinos y los oyameles. Y estaremos ya, como por arte de magia, en las tierras altas. Huixquilucan. La Marquesa. El Instituto Nacional de Investigaciones Nucleares. San Mateo Atenco. El Paseo Tollocan. ¿Cuántas veces hemos recorrido esta carretera bordeada de postes de alumbrado público y de señales de tráfico? Las ramas de los sauces tocan precavidamente el borde del camino. Los sauces llorones, ¿te acuerdas? Los sauces que tanto te gustaban. Arriba: las nubes abigarradas dentro de la noche. La promesa de la lluvia que es la promesa del verano.

Hay una oficina. Alguien abre la puerta de una oficina. Una puerta de un metal carcomido. Un metal que alguna vez pudo tener el color del oro. Atrás de esa puerta hay un cuarto oscuro, de techos muy bajos, que se transforma, pronto, en muchos otros cuartos. El espacio despide un olor a humedad, a instrumentos sólidos e inútiles, a tiempo contenido. Luego llega el aroma. Algo desconocido, algo todavía sin nombre, busca la nariz y, bruscamente, sin pedir permiso u ofrecer explicación, asciende por las fosas nasales, alcanzando con gran ímpetu, con presteza casi, la mucosa olfativa para, de ahí, partir y prolongarse por micro-orificios hasta llegar al bulbo olfatorio en la parte anterior del cerebro. ¿Cuánto tiempo lleva todo ese proceso? El sistema límbico. El hipotálamo. La corteza cerebral, temporal y frontal. Lo que llamamos conciencia. Lo que llamamos: darse cuenta. Una aguja química a través del cerebro, el sistema nervioso, el giro emocional. Todo está en alerta. ¿Quieres verla?

Alguien me pregunta eso.

Pregunta: ¿quieres verla?

[martes 17 de julio 1990, *La Prensa*]

Tomás Rojas Madrid supo de inmediato que esta noticia iba a las páginas centrales de su periódico. Tenía tiempo trabajando para la nota roja de *La Prensa* y se necesitaba mucho para conmoverlo o para escandalizarlo, pero ver a esa niña ahí, sola ella y su alma en ese colchón al ras del suelo, le encogió el corazón. No todos los días morían asesinadas estudiantes de la universidad en los barrios de la Ciudad de México. Había llegado temprano a la escena del crimen y, con calma, poniendo la atención de siempre, fue juntando poco a poco el material que necesitaría para escribir su nota. Lo hizo metódicamente, sin escatimar detalles. Había calculado el tiempo tan bien que hasta tuvo oportunidad de comerse una torta y tomarse dos refrescos antes de decidir el título. Era un crimen atroz, eso era cierto, pero nada claro. Si había sido un crimen de pasión, ¿por qué todo estaba en orden dentro de la habitación? Si él había entrado a la fuerza a la casa de la muchacha, utilizando la ayuda desleal de algún vecino, ¿cómo es que nadie había escuchado nada en el interior de un inmueble de dimensiones modestas, donde las paredes compartidas podían prestarse para que todo se oyera? Si había sido atacada, ¿por qué estaba vestida en su lecho de muerte? Oscuro crimen, eso era. El adjetivo antes del sustantivo. El editor del periódico decidió darle el encabezado a la palabra terremoto, porque uno había azotado a Filipinas el día anterior, y la imagen de la portada al rostro de un criminal con pasado de dandy. Pero, conociendo el talante de sus lectores, dejó en la esquina inferior derecha el balazo en letras de color azul claro, que contrastaban con el color negro de su suéter del hombre, en el que anunciaba el tema de sus páginas centrales: Estudiante estrangulada.

OSCURO CRIMEN

Hallan a una joven estudiante estrangulada en su departamento. Joven estudiante de arquitectura fue hallada asesinada por estrangulamiento en el interior del pequeño apartamento que rentaba al norte de la ciudad, y la policía busca al asesino entre algunos de sus amigos.

Liliana Rivera Garza, de 20 años de edad, estaba en el interior de una habitación de su domicilio en la calle de Mimosas, de la colonia Pasteros, perímetro de la delegación Azcapotzalco.

El crimen fue descubierto alrededor de las 8:00 de la mañana por sus vecinos que se extrañaron de no verla salir poco antes de esa hora como siempre acostumbraba.

Advirtieron que la puerta principal de acceso al departamento se hallaba cerrada, pero uno de los vidrios había sido destrozado de un golpe.

José Manuel Álvarez, propietario del inmueble, y quien vive en la parte alta del lugar, llamó insistentemente a la joven sin encontrar respuesta, por lo que rápidamente decidió dar intervención a la policía. En pocos minutos las autoridades penetraron en la habitación para hallar muerta a la joven que vivía sola y trabajaba para sostener sus estudios, según dijeron sus amigos y vecinos.

Liliana Rivera fue objeto de estrangulamiento y es muy posible que también haya sido atacada, afirmó el médico legista de la demarcación. Detectives de la fiscalía de homicidios de la delegación regional de la procuraduría en Azcapotzalco investigan en el lugar de los hechos y se han reservado información en el sentido de si hay huellas de violencia en el interior del aposento.

A pesar de todo ello, la policía ha informado que el crimen tuvo lugar en las horas de la madrugada, ya que así lo evidencia el cadáver de la joven estudiante.

Lo que no se explican los vecinos es el por qué no escucharon cuando el vidrio fue destrozado o los gritos —si es que los hubo— de la joven asesinada.

El Agente del Ministerio Público llegó posteriormente al lugar de los hechos y pidió a los peritos un riguroso rastreo de huellas en el interior de la habitación para determinar si la joven fue objeto de un ataque o no.

Liliana Rivera era bien vista por sus vecinos, mismos que indican que ella tenía buen comportamiento y le conocían pocos amigos.

Radica en sus amigos sobre todo la sospecha sobre el crimen; tal vez un novio despechado acudió a ella para charlar y aprovechó el momento para matarla, dijo uno de los detectives que acudieron a Mimosas 658.

El crimen de esta joven estudiante ha levantado diversos comentarios debido a que es la zona de Azcapotzalco donde existe un poco de tranquilidad y la vigilancia policiaca es frecuente, pero con este tipo de hechos el temor de los ciudadanos va en aumento.

Del crimen se levantó el acta 40/913/990-07, informaron las autoridades.

[hay buenos elotes en inglaterra]

Fernando se aproximó a Norma muy lentamente, mordiéndose los labios. Ven, tengo que platicarte algo, le dijo, poniéndole el brazo sobre el hombro. El tiempo dio un vuelco dentro de sus venas. Los árboles del campus cambiaron de color. Lo volvió a ver como si no supiera quién era ese joven alto, de ojos negros y de rizos oscuros que tenía tan cerca. No puede ser, dijo. Liliana no pudo haber muerto así. Liliana no pudo haber muerto, se corrigió. Empezó a esculcar de inmediato en su propia memoria. ¿Había habido alguna señal que anunciara la tragedia que a ella le hubiera pasado desapercibida? Lo primero que irrumpió frente a sus ojos fue la ternura de Liliana, las muchas maneras en que la fue protegiendo con el tiempo. Desde aquella vez en que le regaló la frase de Camus hasta las muchas en que la había hecho reír con sus puntadas. La gente solía pensar que Liliana era ruda porque era directa y, llegado el momento, no se guardaba sus ideas. Pero con ella, con esa muchacha de colegio de monjas que alguna vez leyó *Selecciones*, había sido tierna. Sí, esa era la palabra. Liliana fue siempre tierna con ella, como si la hubiera convertido en su propia hermana menor. Todavía dentro del abrazo, sin despegar el rostro del rostro de ese chico que, de repente, volvía a reconocer, le dijo: no puede ser, Fernando. Simplemente no puede ser. Y se echó a llorar. Estuvo así un poco más de una hora. Incrédula. Temblando.

Poco a poco, mientras recuperaba la respiración, se acordó que, aunque Liliana nunca le mencionó ningún problema de violencia o de acoso directamente, sí le llegó a insinuar que existía este chavo, este chavo de su pasado, alguien con el que había habido una historia, que insistía mucho en regresar. ¿Había habido alguien tan obsesionado con ella como para decir que si no era de él no iba a ser de nadie? ¿Era ese el caso? Tantas canciones de moda hablaban de lo mismo; todas esas canciones que no le gustaban a Liliana. Se acordó que, en alguna ocasión, alcanzó a oír que Ana le decía a Liliana que debía dejar a Ángel. Pero, por más que quiso ahondar en esos recuerdos, lo que emergió del vaho de la memoria no fueron revelaciones sino imágenes de Liliana a su lado, platicando, riendo, viendo hacia los árboles, jugando. Su amiga, su protectora.

No fue mucho tiempo después que sus compañeros de clase se empezaron a organizar para ir a Toluca. Sabían que el funeral y el entierro se llevarían a cabo allá, en las tierras altas, y ninguno dudó que era necesario ir. La universidad les autorizó el uso de un camión oficial y un docente muy allegado al grupo, el arquitecto Gabriel Jiménez, fue con ellos. El silencio de los viajes funerarios. A veces, las ventanillas se vuelven túneles de tiempo. Norma alzó las rodillas contra el respaldo de enfrente y se abrazó a sí misma debajo de su chamarra. Del otro lado del cristal se erguía Liliana con sus lentes chiquitos, su pelo suelto, sus tenis puma. ¿Cómo es que tú y yo, siendo tan distintas, nos llevemos tan bien?, le había preguntado la última vez que coincidieron en la universidad. Liliana tomaba un café negro y, más que sentada, parecía desparramarse sobre el asiento de la cafetería. Tengo entrega, le dijo, con prisa. Ya me voy. Pero Liliana insistió en que se quedara. Que entregue otro por ti, le dijo. No te la vas a pasar mejor con ellos. Y Norma se quedó a fumar cigarrillos y platicar a sus anchas. Oye, después de todo esto vamos a hacer una maestría, ¿no?, le dijo a Liliana, acordándose de cosas que habían conversado antes. Después de esto nos vamos a Inglaterra, le contestó convencida, alzando la taza de plástico. Guardaron silencio un rato. Nos vamos a Inglaterra a hacer una maestría, negoció después, sonriéndole. Y ella, ahora, ahí, sobre el asiento incómodo de un camión que los llevaba hasta los pies de un volcán muerto, sonrió a su vez. Qué fácil la convencía. ¿De qué se valía Liliana para salirse siempre con la suya? El verde profuso de la carretera de verano le recordó que a Liliana le encantaba la naturaleza, el olor a campo. Hay buenos elotes, le había dicho alguna vez, bromeando. Hay buenos elotes en Inglaterra.

[miércoles 18 de julio 1990, *La Prensa*]

PISTAS FIRMES PARA ATRAPAR A LOS ASESINOS
DE LA ESTUDIANTE

Liliana Rivera Garza fue vista con vida por última vez alrededor de las 22:00 horas del domingo; por la mañana del lunes fue hallada muerta por estrangulamiento y, tras las investigaciones preliminares, la policía indica que hay pistas firmes para poder atrapar a los asesinos.

La joven estudiante del octavo semestre de arquitectura estuvo con algunos amigos el domingo y, por la noche, ellos se retiraron para dejarla descansar.

Encargado de la investigación, el subdirector de Homicidios de la Policía Judicial, Gonzalo Balderas, se trasladó al lugar del crimen para inspeccionar junto con una docena de detectives la habitación donde la joven fue victimada.

Existen fuertes sospechas en algún exnovio, que por odio decidió eliminarla y cumplió con el cometido la noche del domingo, sin embargo, habrá que probar esta hipótesis, dijo la policía.

Peritos de la Procuraduría de Justicia del Distrito Federal entregarían este mediodía un dictamen en el que se sabría si la infortunada dama fue objeto de ataque y si fue estrangulada o fue asfixiada.

Es sumamente extraño para los detectives el que los vecinos de la estudiante no hayan escuchado gritos o ruidos en horas de la madrugada.

Otro detalle que no pasa desapercibido para la policía es el vidrio roto de la puerta de acceso al departamento de la estudiante.

[buscar desesperadamente una esquina]

Hay mucha gente. Hay tanta gente. Los rostros se multiplican sin cesar. Los párpados caídos, los brazos que se lanzan al aire, las manos que intentan tocar. ¿Es posible deshacerse del asedio? ¿Es posible desaparecer de una buena vez? Alguien busca una esquina. Alguien busca desesperadamente una esquina. Un ángulo saliente, la arista de todos los objetos. Un rincón. Si existiera, de repente, la falta absoluta de respiración. Alguien pregunta por documentos, archiveros, sistemas de registro familiar. Alguien pide firmas y coloca frente a sí formatos desteñidos sobre pequeñas tabletas de madera. Alguien menciona la palabra dinero. Hace falta dinero. Aquí hay dinero. Necesitamos dinero. Alguien quiere saber un número de teléfono, el nombre de una línea aérea, el de una conferencia internacional. Hay que hacer llamadas. Hay que atender llamadas. Hay que poner atención fijamente a lo que acontece frente a la mirada. Hay que hacer como si. Como si se supiera dónde ocurre todo esto, qué está pasando, qué sigue. A lo lejos, del otro lado de las ventanas, se divisa el cielo cargado de nubes. Cirrocúmulos. Cúmulonimbus. Y, cerca, con un cansino aproximarse, con ese lento rodar de las llantas viejas, con un deambular que parece no tener fin, la carroza negra, el autobús, los automóviles. Alguien busca una esquina. Alguien busca desesperadamente una esquina.

Son jóvenes. Son increíblemente jóvenes. Son tan jóvenes que siguen rejuveneciendo con el paso de los años. Esa es su virtud y esa es su tragedia. Las manchas de sol, la resequedad de la piel, los labios partidos, todo eso, que es signo de la edad, señal absoluta de estar vivo, se oculta bajo el embate de un tiempo que corre en sentido contrario. El futuro, que ya había empezado, vuelve a empezar otra vez. *Forward. Rewind. Forward.* Todavía no saben qué les espera, qué aguarda allá, al otro lado del funeral, cuando se acabe la compañía y el incesante verter de historias y los abrazos. Cuando cesen los murmullos. Y las lágrimas. ¿Qué nos pasará cuando este círculo de memoria que hemos tejido en la esquina de un cuarto rodeado de ventanas se desbarate? Alguien los ve. ¿Qué pasará cuando esta membrana delgadísima, esta mucosa de palabras y de roces, se deshaga en la intemperie, bajo la luz indiferente del sol, frente a la vastedad sola del viento? Alguien los oye. ¿Qué pasará cuando haya que salir de esta cápsula de espejos y regresar al otro cuarto en cuyo centro brilla, solo, el ataúd que la contiene, el ataúd que la cercena? Alguien los huele. La distancia en que ocurre la acción de los sentidos, la distancia que esos sentidos inauguran con su propio hacer, es lo único que cabe en la memoria. Lo demás, son retazos. Astillas. Un pedazo de boca. Una mano. La punta con orzuela de un cabello. Las marcas del acné. El lomo húmedo de la lengua. Un diente aportillado. El párpado, que se cierra. Alguien dice: fue amada. Alguien dice: la mejor arquitecta de México. Alguien dice: algunas veces masticábamos flores pequeñísimas. Alguien dice: esto es una injusticia. Alguien dice: la extrañaré. Y muchos callan.

Lo demás es este espacio vacío que vigila, desde sus cinco mil metros de altura, el pico de un volcán ya muerto.

[manifiesto]

Y NO NOS QUERÍAMOS IR.
El féretro gris había bajado, un ruido anunciaba el fondo del último reposo de aquella fosa.

En medio de aquel silencio, las piedras gritaron y se confundieron con el sollozo de sus amigos que la acompañaron hasta el último vestigio de esta vida.

El sudor de los muerteros goteaba sobre aquella tapa de acero. En su malabarismo, acomodaron una loza y luego otra. Se golpeaban unas a otras, produciendo un timbre de piedra que destacaba en aquel silencio. Sólo esos tres hombres laboraban con premura, eran los únicos que tenían prisa, los únicos que querían terminar con su trabajo.

Una muchedumbre de ojos que la vieron actuar, que la vieron querer, rodeaban aquel foso. Sus miradas se cruzaban, perdiéndose en el horizonte. Otros contemplaban en aquel silencio la oscuridad del foso, el resto no podía ni mirar. Sus pupilas estaban empapadas por el sentimiento de aquella pérdida.

Una oración fúnebre hizo nuevamente desbordar los ojos de los asistentes. Aquellas palabras fungían como un látigo que laceraba los corazones y hacía estallar los lagrimales.

Habían pasado unos minutos, sin embargo, el tiempo fue eterno. Sólo se escuchaban sollozos, suspiros, y el silbido del viento que llegó apresurado para despedir por última vez a esta hermosa criatura. Éramos espectadores del silencio.

La madre tierra que había sido ultrajada para recibir y alojar los restos mortales de aquella pequeña se había cerrado para siempre, había cobrado su tributo y, con esto, se había sellado su Historia.

La tierra con su cuerpo había escondido ya el último vestigio de su traza. Nos habíamos separado para siempre de su presencia. Su espíritu estaba ahí y reconfortaba a cada uno de los presentes. Nos saludaba y nos sonreía como de costumbre, y nosotros no lo podíamos aceptar.

Sobre aquel pedazo de tierra fue colocado un tapiz hecho con flores de colores, que significaba el amor que nos dio. Presas también de la tristeza, pronto empezaron a marchitarse. Fue necesario reconfortarlas con la improvisación de una lluvia artificial producida por un bote de agua para calmar su angustia.

Enseguida, sus amigos le platicaron, se tomaron de la mano para formar un círculo de energía, para decirle que estaba presente, para rezar una oración. La comunicación entre todos era evidente, el silencio del dolor hacía una patética presencia, y era guardado en cada uno de los corazones presionados por una taquicardia que retumbaba en aquel cielo abierto lleno de luz.

Y NO NOS QUERÍAMOS IR.

Supuestamente, y por costumbre, aquella despedida había llegado a su fin, era como la bendición que marca el final de la ceremonia, pero.

Todos los asistentes de pie, firmes, ninguno quería dar un paso adelante. Todo era silencio, no había prisa. Era un llanto silencioso que marcaba el final.

Y NO NOS QUERÍAMOS IR.

Cristina, su hermana mayor, con un nudo en la garganta, articuló un agradecimiento a la compañía. No sabíamos qué hacer.

Y NO NOS QUERÍAMOS IR.

Las flores también sollozaban de tristeza, sin embargo, estaban conscientes: tenían un privilegio, serían su abrigo. Estarían con ella siempre, siempre. La acompañarían hasta la eternidad en aquel pedazo de tierra.

De los presentes, uno a uno se despidieron de Cristina. No sabían qué decir. Algo le balbuceaban al oído en aquel abrazo de consuelo. Era lo único que podíamos hacer.

Cristina no pudo quedar sola en aquel espacio, la acompañaron en aquel instante el sol, el viento, las flores, y el espíritu de Liliana, con quien conversó, y como de costumbre, hicieron planes.

El recuerdo indeleble permanecerá latente en nuestros corazones. Se fue una Criatura del Señor, quien nos dio la oportunidad de haber platicado con una persona fuera de serie que tanto nos enseñó, que nos hizo despertar inquietudes y nos enseñó amor al prójimo, mostrándonos también la forma de iluminar el sendero de la vida.

Descansa en paz. Mientras, sabemos, tu espíritu estará presente con nosotros en el dinamismo de la flama de una vela. Hasta que te alcancemos.

Dedico estas líneas a los padres de esta hermosísima criatura, quienes la educaron con paciencia, amor y sabiduría, a sus hermanos, a sus seres queridos, y a todos sus amigos que tanto la hemos amado.

IN MEMORIAM
GABRIEL JIMÉNEZ
18 de julio de 1990
c.c.p. El resto del mundo.

[jueves 19 julio 1990, *La Prensa*]

Un día después del entierro de Liliana, el periodista Tomás Rojas Madrid, que le había dado seguimiento al caso incluso cuando ya lo habían mandado a las páginas interiores del periódico, aseguró que habían identificado oficialmente al asesino. La policía, que todavía no anunciaba su identidad, se mostraba optimista. No tardarían en dar con él.

IDENTIFICADO EL ASESINO DE LA ESTUDIANTE LILIANA RIVERA GARZA

Un grupo de detectives fuertemente armados van tras el asesino de la estudiante Liliana Rivera Garza; se dice que el homicida está escondido en un estado cercano a la capital del país.

Tras las indagaciones de los elementos de la Brigada de Homicidios de la Policía Judicial del Distrito, se ha logrado establecer la identidad del responsable de la muerte de la joven estudiante de arquitectura.

La policía no ha deseado revelar la identidad del homicida, por obvias razones, debido a que esto es dar ventaja para este individuo, dijo uno de los investigadores.

En cuanto a Liliana Rivera Garza, se informó ayer que ella no vivía sola como en un inicio lo dio a conocer la autoridad, sino que sus padres se encuentran de viaje por Europa y hasta el momento no habían arribado a esta capital.

Conforme pasan los días, y tras las investigaciones, también se ha indicado que el o los asesinos, sabían bien en qué terreno estaban al planear la muerte de la joven.

Conocían bien los movimientos de la casa y de los mismos vecinos de Liliana, por lo que se les hizo oportuno sorprenderla el domingo por la noche.

Si ella no gritó en demanda de auxilio, seguramente fue debido a que la amenazaron con alguna arma o eran conocidos de ella los asesinos, dijo la policía.

Es cuestión de horas la detención del o los responsables del crimen, se comentó ayer en los pasillos de la Policía Judicial.

[el hacha; las rodillas]

La crueldad de los niños es legendaria. Cuando el auto de los padres se aproxima lentamente hasta la casa, los niños de la calle salen a su encuentro. Eso no está en el *script*. Eso no forma parte del plan cuidadosamente fraguado por los familiares que todavía se hacen cargo de las labores domésticas y las tramas administrativas. Todo está listo. Todo está preparado para recibirlos y para evitar, también, un ataque al corazón, un colapso nervioso, una embolia. Cuando alguien avisa que ya están cerca, que el auto finalmente ha dado la vuelta en la última esquina, las tías y los primos y los vecinos abandonan sus quehaceres y dejan morosamente, sosegadamente, la casa, cruzan la calle, abren la puerta de la casa vecina y, poco a poco, empiezan a ocupar todos los lugares disponibles en la sala: las sillas, los sillones, los banquitos, los brazos del sofá. Los padres regresan de un largo viaje: desde el Mar del Norte hasta la Ciudad de México. El Océano Atlántico. La Sierra Madre Oriental. Se trata del viaje que corona toda una vida de esfuerzos, toda una vida de sacrificios. Deben estar cansados, pero contentos. Deben estar exhaustos. Pero altivos. Pronto, esa vida de esfuerzos y sacrificios va a caer destrozada para siempre. De un momento a otro, cruzarán un umbral que los depositará en una región desconocida. Todo les dolerá. La voz. El recuerdo. La circulación sanguínea. Las uñas. El hígado. El cuello. No podrán hacer nada sin dolerse. Los dientes. La faringe. Las meninges. Pronto se nos unirán en este otro mundo de arenas movedizas en el que nosotros ya tenemos los pies, y en el que nos vamos hundiendo poco a poco.

Alguien espía su arribo a través de la ventana. Alguien no puede hacer nada cuando los niños de la cuadra se adelantan, abalanzándose contra el vehículo todavía en marcha, para gritar a todo pulmón, con una algarabía horrísona, está muerta, Liliana está muerta, cuando abren las puertas del auto. Sus rostros son de incredulidad primero, luego de molestia. ¿De dónde han salido tantos niños? ¿Qué hacen todos ellos como moscas alrededor del auto? Pero cuando se abre la puerta de la casa, y me ven, y los veo verme, sé que todo es imposible. Tengo que decirles lo que no puedo decir. Dime que no es cierto, dicen los ojos. Pero lo que alcanza a decir la boca es: ¿Qué haces aquí? Tú no deberías estar aquí. Alguien dice: Liliana ya no está con nosotros. El hacha; las rodillas. La gravedad. El peso del cuerpo.

El grito sale de su estómago y de su laringe y de su paladar. El grito sobrevuela los libreros, la mesa del comedor, la estufa. El grito abre la puerta de la casa, cruza la calle y, pronto, atrae la presencia de hermanas y tíos y primas y vecinos. El grito nos une. Estamos juntos todavía en ese grito.

CERCADO EL ASESINO DE LA ESTUDIANTE
DE ARQUITECTURA

Elementos de la Policía Judicial del Distrito Federal han tendido un cerco en torno al asesino de la joven estudiante de arquitectura; el criminal ya está plenamente identificado y de un momento a otro debe ser detenido, se dijo ayer.

No sólo investigan los hechos la delegación regional, también lo tratan los detectives de la Brigada de Azcapotzalco, los cuales se han quejado de mucho trabajo. Los detectives de la Delegación y de la Fiscalía Especial de Homicidios intentan evadir a toda costa las preguntas de los medios informativos en el caso.

Liliana Rivera, de 20 años de edad, fue hallada sin vida en el interior de su domicilio al norte de esta capital la mañana del lunes.

La joven fue estrangulada y el crimen encierra muchos puntos oscuros hasta el momento, que las autoridades policiales que tienen a su cargo la investigación no han aclarado.

Hay Un Testigo

Se logró establecer que hay un testigo que puede dar la pauta para la captura del homicida, pero la policía se ha mantenido hermética al respecto.

Uno de los amigos de la joven fallecida ha dicho a la policía que la dejó en el departamento la noche del domingo alrededor de las 22:00 horas.

La mañana siguiente, Liliana fue encontrada sin vida por los vecinos, mismos que extrañados porque ella no salía llamaron a la policía que penetró al departamento y comprobó que ella había muerto.

El hecho causó conmoción entre los vecinos, debido a que según dijeron la calle en la que viven ha sido un tanto tranquila y no deja de verse vagos y malvivientes, pero ellos no se meten con nadie, según dijeron.

Por ese lado comenzó la policía a investigar, pero de los malvivientes detenidos ninguno resultó ser el asesino.

[algo todavía informe]

Hay que esperar a que todos desaparezcan para hacer esto. Alguien se lo pregunta mientras abre la puerta de un cuarto e, inmóvil, con la mano todavía alrededor de la perilla, lo observa todo con minuciosa atención: ¿ahora quién soy? La respuesta no llega. La respuesta no existe. Hay que aproximarse a la cama y sentarse ahí por un buen rato. Hay que tocar la colcha, la almohada, las muñecas. Hay que incorporarse y rozar la ropa, los libros, los cuadernos. Hay que colocar las manos sobre los pósters que tapizan la pared: Marilyn Monroe, el Che Guevara, el Golden Gate. Hay que detenerse entonces, en seco, en el centro mismo de la habitación, para dejar que el zumbido de las paredes sigilosas entre en las orejas y, luego, salga de inmediato a través de ellas otra vez. La conexión mínima entre todas las cosas del mundo: las ondas longitudinales y transversales del sonido, las ondas electromagnéticas que retan al vacío, las ondas beta, las ondas alfa, la ondas theta. Hay que ser una estatua de marfil una, dos, y tres así. Hay que ausentarse de uno mismo.

Y, cuando el hacha llega —segura, rozagante, diestra— a quebrar las rodillas, a quebrar el mar helado que, de súbito, es lo único que existe adentro, hay que caer. Hay que aprender a caer. El peso completo del cuerpo. La solidez del piso.

Todo es verdad. Todo está pasando. Todo es real.

Llorar es un acto civilizado. Pero lo que acontece ahí, en ese cuarto donde el pasado nunca será el pasado, está más allá o más acá de la civilización. Un grito es un sonido agudo y estridente que se emite de una manera enérgica o violenta. Un alarido generalmente expresa dolor o miedo. Pero esto que se esparce en ese cuarto solo, eso que no escucha nadie y que rasga, al mismo tiempo, el aire en dos, o en muchos jirones, es algo que viene de un mundo desconocido y se comunica, igual, con mundos todavía por nacer. Sea lo que sea, aparece sin nombre. No tener nombre, no tener forma, no tener límites, es su función. Y, así, te pisa los talones y respira cerca de tu cuello. Hay que agarrarse el abdomen y hacerse bolita sobre el piso. Hay que esconder el rostro. Hay que suplicar.

Sobre todo, sí, hay que suplicar.

[martes 24 julio 1990, *La Prensa*]

La noticia regresó a la portada del periódico justo una semana después de su primera aparición. Esta vez el balazo que anunciaba el contenido de las páginas centrales estaba dentro de un recuadro amarillo con pespuntes negros, a un lado del rostro feroz de Irma Serrano. Sus labios rojos, sus ojos claros, y ese lunar circular y negro entre ceja y ceja. Después de rehusarse a proveer datos sobre el asesino, la policía había decidido no sólo ofrecer su nombre a los medios de comunicación, sino también su fotografía. El optimismo con el que habían asegurado días antes que su captura era cuestión de horas había ya desaparecido.

Ángel González Ramos fue identificado como el presunto responsable de haber asesinado a la joven estudiante Liliana Rivera Garza. Según las investigaciones de la policía, a la estudiante le quitó la vida su exnovio, por lo que éste es afanosamente buscado en todo el país.

Contundente, la policía reveló ayer que a la estudiante Liliana Rivera la mató su exnovio, quien enseguida se dio a la fuga.

El asesino fue identificado como Ángel González Ramos, sujeto que es afanosamente buscado por todas las corporaciones policíacas de este país.

El Jefe de la Brigada A. de Homicidios de la Policía Judicial, Gonzalo Balderas, dijo que hay contundentes evidencias para señalar a Ángel como el responsable del crimen.

Como para corroborar esta hipótesis, a partir del lunes 16 del presente, día en que fueron descubiertos los hechos, Ángel González Ramos desapareció de su domicilio.

"Era un tipo con no muy buenos antecedentes", afirmó la policía, cuyas apreciaciones en torno al caso son en el sentido de que Ángel penetró al domicilio de la joven estudiante, charló con ella, y la sorprendió para matarla.

El lunes mencionado, Liliana Rivera Garza, de 20 años de edad, fue hallada muerta en el interior de su domicilio ubicado en la calle de Mimosas 658, en la colonia Pasteros.

Detectives, médico forense, y el agente del Ministerio Público dedujeron que había posibilidades de que ella hubiese sido atacada.

No había desorden en el interior de las habitaciones, por lo que desde ese mismo día los investigadores descartaron el asalto.

Mientras afuera de la casa decenas de personas miraban el movimiento de policías uniformados, de personal del Ministerio Público y del servicio forense, en el interior el Jefe Gonzalo Balderas y sus detectives escudriñaban palmo a palmo el lugar de los hechos.

Un vidrio estaba roto pero se descartó que esto hubiese sido obra del criminal debido a que nadie escuchó ruidos del destrozo.

Al dar fe del lugar de los hechos el agente del Ministerio Público levantó el acta 40/913/990-07 contra quien resultara responsable y en agravio de la estudiante Liliana Rivera Garza.

Ignacio Perales, uno de los comandantes que investigaron el crimen, pidió a sus elementos dirigirse hacia el domicilio del exnovio, conocido como Ángel González, pero éste ya no se hallaba en su domicilio.

Extrañamente, Ángel González no ha vuelto a pararse en su casa desde ese día y los detectives lo señalan como el autor del brutal crimen.

No se basa tal aseveración en una simple hipótesis, dijo Gonzalo Balderas. Hay un testigo que vio penetrar al departamento de Liliana a Ángel, uno de los presuntos homicidas más buscados del país.

[si te vas a quebrar, quiébrate tratando de salir y no de entrar]

¿Qué pasó esa madrugada en Mimosas 658 después de que Ángel entrara, subrepticiamente, sin ser esperado, sin que se le abriera la puerta y sólo después de haber ofrecido 3,000 pesos a un drogadicto, al espacio personal de Liliana? Nadie lo puede decir a ciencia cierta. Todo son conjeturas en ese punto. Eso es algo que sólo el asesino sabe y que ha decidido guardar para sí desde el verano de 1990, cuando se dio a la fuga. Sólo el cumplimiento cabal de la justicia, cuyo sistema giró una orden de aprehensión contra Ángel González Ramos el 29 de noviembre de 1990 "por el delito de homicidio, previsto en el artículo 302 y sancionado con pena privativa de libertad en el artículo 307 del Código Penal", podrá descorrer el velo de ese oscuro crimen.

Las preguntas que se hizo una y otra vez el periodista Tomás Rojas en sus artículos para *La Prensa* son tan válidas ahora como entonces: en un crimen tan brutal, ¿cómo es posible que nadie haya oído nada? Si lo que confiaron los testigos es de tomarse en cuenta, tanto Manolo como Gerardo escucharon que la trabajadora doméstica, cuyo nombre no recuerdan, dijo haber oído algunos sollozos, un llanto bajito, sin establecer una hora precisa del hecho. ¿Quién lloró y por qué? Está, también, el ruido que puede causar el palo de una escoba cuando, de noche, con poca luz, trata de alcanzar el pestillo de una puerta de metal. Y el aterrizaje de los pies sobre el cemento después de saltar sobre la barda. Tal vez fueron ruidos pequeños y breves que bien pudieron amplificarse, sin embargo, en el silencio de la madrugada.

En un giro en el que se huele el futuro, la nota del miércoles 18 de julio, el día en que Liliana fue enterrada, describía las acciones del asesino como guiadas por el odio. ¿Buscaba Ángel a Liliana esa madrugada de verano con el plan concreto y último de matarla, de acabar para siempre con su vida y cumplir así el mandato de la masculinidad? ¿O actuaba Ángel con la idea feroz, pero todavía ambigua, de hacerla partícipe de la pedagogía de la crueldad, propinándole un castigo ejemplar que la dejara viva, pero marcada para siempre con su sello de posesión? El silencio que no despertó a los durmientes apuntaría a confirmar la primera alternativa; el hecho de que pidió ayuda a los vecinos nocturnos, dejando ver su identidad, a la segunda. El resultado, de cualquier forma, es el mismo. Ángel ejerció una violencia letal espeluznante sobre el cuerpo de mi hermana guiado, como bien lo anotó el periodista Rojas, por el odio. El odio de género. El odio contra la independencia y la libertad de las mujeres. El odio contra Liliana, la estudiante universitaria que siempre se puso del lado del amor.

Las respuestas son pocas y, los hechos, incontrovertibles: desde hace treinta años, extraño a Liliana cada día y, dentro de cada día, cada hora de cada día. Y dentro de cada hora, cada minuto. Cada segundo. El duelo para los que han perdido seres queridos, mujeres queridas, debido a actos de terrorismo de pareja es una cosa torcida. Como bien lo ha analizado Snyder en *No Visible Bruises*, los sobrevivientes suelen culparse a sí mismos, a su negligencia o su ceguera, con una dureza inaudita. No protegieron lo que más querían; no notaron lo que debió haber sido claro ante sus ojos; no detuvieron al depredador. El dolor que no se separa, ni un milímetro, de la culpa o de la vergüenza, se atora antes de llegar propiamente al duelo, quedándose en un limbo informe donde las palabras pierden sentido y la conexión con los otros y con el mundo se desvanece poco a poco. Las familias se fugan hacia adentro, escondiéndose hasta de sí mismas.

¿Con qué derecho pueden exigir justicia al Estado cuando no fueron capaces, ellos mismos, de guarecer a los suyos, a la suya, del peligro?

El sistema a cargo de culpar a la víctima, además, empieza a funcionar cuando las cosas todavía están frescas y, luego, no se detiene de ninguna manera a lo largo de los años. Es una maquinaria metódica y aplastante. Está ahí, funcionando a la perfección, entre los que susurran: si no la hubieran dejado ir a la Ciudad de México, si no hubiera tenido novio de tan chica, si hubiera sabido elegir mejor, si se hubiera esperado al matrimonio para tener relaciones sexuales, si hubiera tomado una mejor decisión, si no se hubiera equivocado. Y está también ahí, después, sin importar el número de años, entre los que apuntan que los padres pasaban mucho tiempo fuera de la casa, la madre trabajaba, el padre no le daba suficiente dinero, los novios la asediaban, las mujeres la querían. Está en las miradas turbias y las sonrisas fingidas. En la conmiseración. En los que se sienten a salvo y elaboran esa línea moral que divide el nosotros del ustedes. Está en la exigencia imperiosa, ineludible, apabullante de que se culpe a la víctima y de que te inculpes con ella. Está en la exigencia imperiosa, ineludible, apabullante, de exonerar al asesino a toda costa.

Uno no aprende a callar; uno es forzado a callarse.

A uno le callan la boca.

Durante muchos años no supe qué responder a la pregunta ¿cuántos hermanos tienes? La mera posibilidad de escucharla me ponía a temblar. Y la contestación, cuando me decidía a darla, no era más que un galimatías en *crescendo*: había tenido una hermana, pero ya no la tenía; no la tenía ya, pero tendría para siempre una hermana; tuve una hermana; tendría una hermana. Luego del primer momento incómodo, si el interrogador carecía de modales o de empatía, seguían las preguntas: ¿y era mayor o menor? Temiendo que, luego, empezara la indagación sobre el cómo, el cuándo, el porqué, optaba por bajar la vista y alejarme. Con el tiempo, me di por vencida. Contestaba que no tenía hermanos para no llorar, para no crear una confianza que no existía, para no dar explicaciones, para defenderme y, sobre todo, para defenderla. O no contestaba del todo. Cambiar de tema es un oficio que se aprende con el tiempo.

Fueron muchos años así.

En "Poem to a Sad Daughter", Michael Ondaatje le habla a su hija de dieciséis años. Agridulce y nostálgico, el poema recorre los tropos típicos de la relación entre padres e hijos cuando se hace presente la adolescencia: la divergencia de caminos, la búsqueda de identidades propias que alejan al adolescente de la casa, la rebeldía justificada o la resistencia fútil. Liliana lo habría encontrado cursi, me temo; pero tal vez habría cedido un poco ante el cariño incuestionable que emana de la voz lírica. Aunque el padre se niega a dar consejos, tiene que aceptar, se diría que a regañadientes, que el poema es, a su manera, tal vez a su pesar, una primera lección. Un gran consejo tutelar. Quiérelo todo, le recomienda a su hija, si te vas a quebrar, quiébrate tratando de salir y no de entrar.

Tengo hasta hoy la impresión de que ese verano de 1990 Liliana estaba intentando salir. Liliana ya iba de salida. Después de tantos años de *gaslighting*, después de los años en que Liliana aprendió a acceder a las demandas del oso para así calmarlo, después de años de lucha, de resistencia, de negociación, de batalla, Liliana estaba por fin en su camino hacia fuera.

Lo quería todo y lo amaba todo. Exigir lo imposible era su vocación. Eso, que aprendimos en casa, que nos enseñaron a las dos nuestros padres, fue reforzado después en libros y poemas, planos y edificios, canciones, nubes complicadas, campus universitarios, viajes, tertulias infinitas, amigas entrañables. Cuando nos quebramos, Liliana, cuando la maquinaria patriarcal nos alcanzó para triturarnos el cuerpo y el corazón, para arrasar con el pasado y con el futuro, fue, sí, intentando salir. De eso no me cabe la menor duda. Iba ya hacia fuera, más allá, creyendo profundamente, honestamente, provocativamente, que otra vida era posible.

Otro amor.

En una bolsa que alguna vez contuvo un regalo de navidad, estrecha y tricolor, Liliana guardó la carta que nunca le hizo llegar a Ana, un par de notas arrancadas de cuadernos escolares, y las cartas que yo le escribí desde Estados Unidos. En mi última misiva, la del 9 de marzo, le contaba de mi nueva vida, de mis embates en un sistema universitario más interesado en la producción cuantitativa que en su responsabilidad social. Hacia la mitad del escrito, que era largo, le contaba también que había ido al cine a ver *Camille Claudel*, "una escultora de la que Rodin se alimentó por años y que finalmente fue recluida por treinta años en una clínica de salud mental. En vida nadie la reconoció y su obra no empezó a tener reconocimiento sino hasta los ochenta. La película me impresionó por muchas cosas, por la vocación enfebrecida de Camille, por el cuidado del padre por lo que llamaba los talentos de Camille, y obviamente por su destrucción. Creo que muchas mujeres hemos creído que nuestro final como creadoras es la destrucción como bomba romántica. Yo me llené de rabia por ese crimen, y por tantos otros que ni siquiera vislumbramos, y me convencí que, al salirme de México, yo iba escapando de esas voces que te animan: ahí está el vacío, ¿no lo ves? Tírate. Aviéntate al abismo. Porque yo no quiero para mí ni para ti, ni para nadie, un final así; porque la destrucción y el desencanto no son un romanticismo ardiente sino un romanticismo asesino. Porque estamos aquí, sí, llenas de talentos, no para alimentar la maestría vampírica de otros, ni para caer ciegas en el abismo de la locura, ni para cargar una piedra como San Jerónimo. Estamos aquí con el peso encantado de la existencia y la ligereza, la ligereza plácida del sueño, porque tenemos muchas cosas por decir, hacer, pensar, repensar, recrear; porque nuestro punto de vista es nuevo para una historia que lo ha negado, usurpado, ciento de millones de veces; porque tenemos que decir: ¡Ya basta! Ni el dogma del amor, ni el de la fama, ni el del dinero van a poder destrozar algo mucho más firme e inocente a la vez, el deseo insensato, tímido, arrebatado por vivir, por vivir y por crear otro vivir, algo más hermoso, algo más justo. Para eso es la voz y la mano".

Raúl Espino Madrigal recuerda que, alguna vez, mientras retozaban sobre el pasto de los jardines de la UAM, Liliana le prestó un libro. De entre sus páginas, inesperadamente, brotó una tarjeta postal. Era tuya, me dijo. "Una foto en blanco y negro con unos hippies encuerados a bordo de un tranvía. Al reverso, el texto: algún día vendrás aquí y la pasaremos increíble".

El actor River Phoenix murió en 1993 y, Selena, la famosa cantante mexico-americana, en 1995. Cuando me enteré de sus decesos me los imaginé juntos de inmediato. Liliana, River y Selena, y los hippies encuerados, en la ladera de una montaña muy verde, desde la cual todavía es posible avizorar las aguas rítmicas del Pacífico. Hay perros y gatos en su entorno: por ahí anda Fausto. Por ahí anda la Kinski. Hay palabras. De vez en cuando se oye el eco lejano de sus risas. Es de tarde, una tarde de verano cubierta por una fina luz dorada que, poco a poco, cede su espacio a la oscuridad. Todavía se oyen sus susurros.

Y siguen vivos.

X

NUESTRA HIJA

[ilda garza bermea]

Liliana venía atravesada. En lugar de que el feto se acomodara con la cabeza hacia abajo, preparándose ya para el nacimiento, ella se colocó en posición horizontal. Vivíamos en Monterrey entonces, de la beca que el Tec de Monterrey le había otorgado a tu papá. Apenas si nos alcanzaba para rentar un cuartito de vecindad, así que la sola idea de que el parto requiriera de cuidados especiales nos preocupaba. Un doctor muy bondadoso, al tanto de nuestras dificultades como migrantes en la ciudad, optó por un método más natural: con sus propias manos fue acomodando a Lili de cabeza dentro de mi vientre y, cuando al fin lo logró, colocó dos toallas enrolladas una al lado del otro de mi abdomen. Para evitar que se volviera a atravesar, el doctor me vendó. Así pasé los últimos meses del embarazo, con una toalla a cada lado del estómago y completamente vendada desde el torso hasta la parte baja de la cadera durante la canícula húmeda de Monterrey. Imagínate eso.

[antonio rivera peña]

Me perdí tu nacimiento porque andaba en las clases de la preparatoria en Matamoros, pero sí pude estar para el alumbramiento de Lili en Monterrey. No me dejaron entrar en la sala del parto para presenciarlo todo, pero fui el primero que constató que las dos estaban bien después de todo el esfuerzo. Pudimos haberle puesto el nombre de una de las abuelas, pero ni tu mamá ni yo sugerimos el nombre de Emilia o el de Petra para nuestra segunda hija. Liliana fue única desde el inicio —un nombre que nadie había usado en la familia. Una experiencia radicalmente nueva.

Dice tu mamá que ella eligió el nombre de Liliana porque, en esos días, Carlos Lico puso de moda una canción que le dedicaba a su tercera o cuarta hija cuyo nombre era, precisamente, Liliana. Yo creo que yo lo elegí, pero no podría decir por qué me gustaba tanto. A lo mejor era lo mismo: *tu carita cuando duerme tiene la dulzura de los ángeles del cielo. Liliana, mi amor.* Eso decía la canción. Y todavía me acuerdo de toda la letra. Lili estuvo muy apegada a tu mamá desde chica. A diferencia tuya, que siempre fuiste flaquita, Liliana pronto se volvió una bebé rechoncha y sonrosada. Pero eso no le pesaba a Ilda que la cargaba con ella a todos lados. Liliana, que se chupaba el dedo de la mano izquierda, se acomodaba en los brazos de tu mamá y empezaba a jalarle el arete con la mano derecha. Lo hizo tan consistentemente y por tanto tiempo que terminó por partirle el lóbulo en dos.

[ilda garza bermea]

No debí haber ido a espiarla ni mucho menos manejar alrededor de los patios traseros del kínder donde la habíamos inscrito. Pero fui y di de vueltas con el coche alrededor de la escuelita, pasando muy lentamente por los patios traseros, donde supuse que se encontraría. Lili me vio y empezó a llorar. Yo no me pude aguantar y entré por ella para llevarla de regreso a casa. Así terminó su carrera como estudiante de kínder en Delicias, Chihuahua.

[antonio rivera peña]

¿Quién se comió una sandía entera?, solía preguntarle eso y acariciarle la barriga al mismo tiempo. Era una señal para echarnos a reír. Un juego entre los dos. Le decía: gorda. O: gordita. Luego, conforme pasaron los años, Lili me pidió que ya no le dijera eso. Se ruborizaba. A esa niña espigada, que ya empezaba a nadar en un equipo local, no le gustaba recordar que había sido una niña regordeta.

[ilda garza bermea]

Siempre fue tan buena, tan noble, lo digo sin exageración. Desde niña fue así. Se quitaba el bocado de la boca para dárselo a quien lo necesitaba. Nunca soportó ver el dolor de los demás sin hacer algo al respecto. No quiero que te sientas mal, pero tú nunca fuiste así. Acuérdate de sus cuadernos, todos tan pulcros. El arreglo de su cuarto. La manera en que cuidaba su ropa, sus muñecas, a sí misma. A diferencia tuya, Lili siempre fue muy puntual. Lo que sufrió cuando las llevábamos a la escuela al mismo tiempo. Y, para colmo, llevándote primero a ti a la preparatoria, antes de dejarla a ella en la primaria. Malísima idea. Qué injusticia. Creo que de esa experiencia desarrolló un estrés que terminó provocándole dolores de estómago. Una colitis infantil.

[antonio rivera peña]

Cuando ya creció y pudo moverse en la cocina, no tenía empacho en prepararme un café. Para mi papá, me decía colocando con mucho cuidado la taza humeante sobre la mesa. Ninguna otra hija había hecho eso por mí antes. Ninguna lo hizo después.

[ilda garza bermea]

Poco a poco me fui dando cuenta que se hicieron novios. Liliana no me lo anunció, sino que más bien empezamos a notar que la venía a buscar muy seguido. Traía su bicicleta de carreras a veces; y, otras, venía en su carro. Llevaba y traía a Lili mucho. La llevaba a donde tuviera que ir, e iba por ella también. Yo me sentía segura por eso. Era un buen signo que se preocupara por ella, que estuviera tan al pendiente de sus necesidades. Aun así, nunca entró en la casa. Nunca fue su novio formal. Para nosotros era nada más un pretendiente muy enamorado.

[antonio rivera peña]

Cuando me fui, y cómo me arrepiento de tanto viaje, ¿para qué sirve todo eso a fin de cuentas?, sus cartas me mantenían vivo. A diferencia tuya, que me mandabas alguna carta de vez en cuando, Lili nunca dejó de escribir. No importaba si tenía exámenes o andaba de vacaciones, si estaba en alguna competencia o hacía frío. Me contaba de todo en esas páginas. Sus andanzas. Sus preguntas. Algunas veces hasta se quejaba de su mamá o de alguna amiga. Pero eran en realidad cartas felices, cartas muy íntimas, cartas de querer estar cerca. Cuando me fui a hacer ese doctorado fuera de tiempo, esa cosa que siempre había perseguido y que ahora, todos estos años después, parece tan poco, es tan poco, sus cartas se convirtieron en mi mejor reloj.

[ilda garza bermea]

Pero cómo la hizo sufrir en la prepa. No recuerdo bien cuando rompieron por primera vez, o si fue la primera vez, pero

Lili lloró mucho. La encontré en el parque de atrás de la casa. Yo estaba haciendo algo de ejercicio cuando la vi aproximarse con sus zancadas tan grandes por la calle. Venía muy contrariada, con el rostro mirando hacia el asfalto, llorando. Fui instintivamente hacia ella y la abracé. Llorar no es la palabra que busco: gimotear tal vez. Sus sollozos no la dejaban ni enunciar palabra y a mí me partieron el corazón. No alcanzaba a entender por qué las cosas tenían que ser así. Me pedía consejo y yo, creyendo que era uno de esos romances de niña que pasarían pronto, le decía que no se obsesionara. Que el mundo no se iba a acabar por eso. Que no tardaría en llegar a su vida otro amor, tal vez el amor verdadero.

[antonio rivera peña]

Nunca me voy a arrepentir lo suficiente por haberme ido ese tiempo, esos meses.

[ilda garza bermea]

Una vez, necesité llevar al aeropuerto a una hermana que había venido de visita mientras tu papá estaba en Suecia. Liliana le pidió el favor a Ángel, y él, muy correcto, nos apoyó con eso. Esa fue la primera vez que puso pie en la casa y se le veía raro, como intimidado. Liliana estaba contenta porque ese muchacho, al que en realidad veíamos como menos, se había elevado un poco ante nuestros ojos. Tal vez por eso, cuando tu papá no estaba aquí y Lili me pedía permiso para ir con él al cine o para salir a pasear en bicicleta, no se lo negaba. Luego nos dimos cuenta que iba por ella seguido a la universidad y la traía a la casa. Siempre le tuvimos bastante respeto a esa Ciudad de México, con esa reputación de metrópolis brava y apresurada. Y Lili era tan jovencita, tan confiada. Me tranquilizaba saber que no venía en el autobús.

[antonio rivera peña]

Confronté a Ángel varias veces. Una de las que más me acuerdo tuvo que ver con el hecho de que venía a verla a la casa en fachas. Liliana ya estaba en la universidad y para nosotros era un lujo tenerla en casa. Tu mamá cocinaba algo especial. Nos ponía de muy buen humor tenerla de regreso, aunque fuera unas cuantas horas. Ese día no lo pude evitar. A través de la ventana vi que él estaba ahí sobre la banqueta, a un lado del césped del jardín, con su short de ciclista, una camiseta sucia, todo desgarbado. Salí de inmediato y le dije que ésa no era manera de visitar a una novia. Le dije que cuando yo era joven, me ponía mis mejores trapos para ir a ver a Ilda. Una camisa limpia. Los zapatos boleados. El cabello limpio. También le dije que, si quería seguir visitando a Liliana en la casa, tenía que mostrar más respeto por ella, que era su novia, y por nosotros en general. El tipo se sulfuró de inmediato y yo, que también tengo la mecha corta, iba a empezar a gritarle. Liliana, que estaba entre los dos, intervino pronto para calmarnos. Yo me metí a la casa muy enfurruñado y Lili vino tras de mí. Me dijo que hablaría con él y que no se volvería a repetir. Me aseguró que tenía todo bajo control. Y me pidió, también, que no me metiera en su vida así, de lleno. Que ella sabía cómo manejar esas cosas. Luego me dijo que me quería mucho. Entonces no puse mucha atención en lo que verdaderamente me estaba diciendo, pero después tuve que darme cuenta de que la tenía amenazada. Que todo lo que hacía Liliana respecto a ese individuo estaba marcado por la amenaza de hacernos daño también a nosotros. Yo a Liliana le di mucha libertad. Como a ti. Siempre he creído en la libertad porque sólo en libertad podemos conocer de qué estamos hechos. La libertad no es el problema. El problema son los hombres.

[ilda garza bermea]

¿Y dónde está papá? Me preguntaba muy seguido, tan pronto como llegaba a la casa. ¿Está bien papá? Lo buscaba en los cuartos de la casa y, si no lo encontraba, me veía con preocupación. Tu papá está bien, Lili, no te preocupes. Anda comprando pan. O hoy se quedó un rato más en el campo. O no tarda en llegar.

Sólo respiraba con alivio cuando lo veía cruzar la puerta de la casa.

[antonio rivera peña]

No, no puedo decirte qué sentí cuando regresamos de viaje y nos enteramos que la habíamos perdido ya. Que estaba enterrada. No puedo decírmelo ni siquiera a mí. No me preguntes eso.

[ilda garza bermea]

Un día, desesperada porque no teníamos noticia alguna de la policía, le pedí a doña Benita, la mujer que me ayudaba con el aseo de la casa, que fuera a la casa de esa familia. Sabíamos que el asesino había huido, pero yo tenía mis sospechas. Fraguamos un plan pronto. Doña Benita les diría que planchaba ajeno y que andaba buscando trabajo de manera urgente porque tenía un hijo enfermo. La estratagema era descabellada, es cierto, pero terminó funcionando. Estuvo en esa casa toda una mañana, planchando y observando a su alrededor. Si usted viera eso, doña Ilda, me dijo toda contrita al regresar. Es una casa de locos. La gente entra y sale de ahí a gritos, en completo desorden. Ni pude contar bien a bien cuántos eran. Algunos jóvenes, otros no tanto. Muchos hombres; algunas mujeres. Todos se tratan con pura majadería. Hijo de tu puta madre. Pendejo. Tú, cabrón. Pero a ese muchacho que usted dice, a ése no lo vi ahí.

[ilda garza bermea]

Lo intentamos todo. Otro día, nos llegó el chisme de que una antigua novia de Ángel estudiaba Ciencias de la Comunicación en la UAEM. Y hasta allá fuimos. No tuvimos que pensarlo dos veces. Tú me acompañaste, ¿te acuerdas? Manejamos a toda prisa hasta la universidad y, una vez ahí, preguntamos por los salones de la carrera que había aceptado a Ángel como estudiante apenas un año antes. No recuerdo su nombre, pero su imagen persiste en mi memoria: una muchacha delgada, bonita, de cabellos ondulados, y los ojos llenos de miedo. Tú sabes dónde está, le grité, demandando una respuesta. Te exijo que me digas dónde está ese cobarde, insistí. ¿Estábamos por la puerta de un salón, con la mirada de todo mundo sobre nosotras mientras yo gritaba con toda la fuerza de mis pulmones? Tal vez sí. Por favor, te imploro que me digas a dónde se fue, dónde se esconde, le pedí al final, antes de darme por vencida. Te lo pide el corazón de una madre.

[antonio rivera peña]

No me preguntes, por favor. No puedo repetirlas. Las palabras que utilizaron los de la procuraduría ensucian la vida de nuestra hija.

XI

CLORO

They, like us, are alive in hydrogen, in oxygen;
in carbon, in phosphorous, in iron;
in sodium and chlorine.

CHRISTINA SHARPE, *In the Wake*

Volví a nadar otra vez cuando, después de haber vivido cinco años en México, regresé a San Diego en el verano de 2008. No había entrenado en una alberca desde hacía unos veintisiete años, justo antes de entrar a la universidad. Más por falta de instalaciones deportivas que por decisión propia, la natación y sus albercas fueron desapareciendo de mi vida conforme entraron los libros, las discusiones políticas, las prácticas de campo y el activismo. Las albercas se fueron a medida que llegó la escritura. Cuando me inscribí al YMCA en San Diego, pensaba en utilizar el equipo para hacer cardio, tal vez algunas pesas, pero sobre todo me interesó que tuviera sauna. No reparé en la alberca sino tiempo más tarde. Y, luego, me llevó todavía más tiempo hacerme de todo el equipo: el traje de baño, los googles, la gorra. La primera vez que me metí al agua nadé apenas unos doscientos metros, pero salí exhausta. El agua, además, se sentía extraña: dura, compacta, como si estuviera nadando en un carril que iba de subida. Resultaba claro que mi condición física era deplorable, pero el desgaste fue tan grande, también tan inexplicable, que mejor me concentré en los ejercicios de piso. A veces, si me daba tiempo, corría un poco en la pista. Pero, mientras visité el gimnasio, le saqué la vuelta a la alberca.

En otoño de 2012 pasé un semestre de sabático en la Universidad de Poitiers. Decidí sacar a mi hijo de la secundaria donde estudiaba y me lo llevé conmigo en un viaje que iniciaba en Francia y terminaría con el semestre de primavera en Oaxaca. Nos hospedamos en un departamento universitario que quedaba cerca del liceo en el que había inscrito a Matías, y bastante lejos de la oficina que me habían asignado en la facultad de estudios de literatura latinoamericana. En lugar de ir hasta allá todos los días, aduciendo una cosa u otra, opté por quedarme en casa a escribir durante las mañanas. Mi anfitriona en la universidad, Cecile Quintana, me llamó por teléfono una tarde de finales de septiembre. Estaba preocupada porque tenía tiempo de no verme y proponía que nos reuniéramos en la alberca donde ella practicaba natación. ¿Me gustaba nadar?

Pasó por mí al departamento y, después de facilitarme un traje de baño viejo, y de adquirir los googles y gorro en una maquinita del mismo sitio, cruzamos los vestidores y las regaderas antes de pasar por un estrecho pasadizo donde toallas de distintos colores colgaban de ganchos estilizados. Había muchos nadadores a esa hora. Un equipo de principiantes entrenaba en el extremo angosto del rectángulo de la alberca y, otro, de nadadores más avezados, lo hacía a lo largo del costado derecho. La lógica me decía que tenían que chocar continuamente unos contra otros, pero la realidad era que nadaban de tal manera que los entrenamientos continuaban sin alteración alguna. A los visitantes nos tocaba nadar en el costado izquierdo. ¿Usualmente cuántos metros nadas?, me preguntó Cecile. Hace siglos que no nado. Yo hago tres mil casi siempre, dijo como si nada. No te preocupes, te espero en las gradas si salgo antes.

Si hubiera nadado sola, como lo había hecho en San Diego, seguramente habría desistido igual. Pronto, se me alteró la respiración y, en lugar de avanzar a brazadas rítmicas, mi cuerpo se crispó bajo el agua, produciendo una serie de movimientos torpes y deslucidos. Hubo un momento en que tragué agua y pensé que, si no hacía algo, iba a ahogarme.

Si no hubiera sido porque Cecile nadaba acompasadamente, pasando a mi lado una y otra vez en completo control de sí misma, me habría salido del agua de inmediato. Esa tarde nadé apenas trescientos metros, pero ya bajo la regadera esa distancia se sentía como una verdadera hazaña. Estaba cansada y estaba, también, extrañamente contenta. Delirante incluso. Una alegría inédita recorría los músculos sin pasar por la cabeza. Cuando Cecile sugirió que comprara boletos para venir cada semana con ella durante el otoño, decidí que lo haría. Esa noche, cuando regresé a casa, tuve que pedirle a Matías que me ayudara a sacarme la camiseta por encima de la cabeza porque no podía levantar los brazos. Nos echamos a reír mientras hacía unos desfiguros enormes para facilitarme la tarea.

Tal como se lo había prometido a Cecile, nadé cada semana desde ese entonces, a veces una vez y a veces tres. Ella pasaba por mí, platicábamos en el camino y, después, nos zambullíamos en la alberca para nadar en esos carriles demenciales donde nadie, de manera por demás milagrosa, chocaba contra nadie. Mi condición física mejoró rápidamente y, poco a poco, mientras volvía a poner atención en mi brazada y en mi patada, me di cuenta de que nadar era algo que sabía hacer bien. Recordé lo orgullosa que había estado de mi estilo: el brazo al vuelo, el cuello virando de izquierda a derecha, la respiración rítmica y uniforme.

Debió haber sido en noviembre, o en todo caso cuando ya el clima afuera estaba frío y el agua tibia de la alberca despedía un vaho entre espectral y tenebroso en las últimas horas del atardecer, que salí súbitamente del agua. Iba a ir hacia los vestidores, pero no alcancé a llegar. Sin decisión personal de por medio, me quedé sentada sobre las gradas de madera, con los googles y el gorro en la mano. Estaba quieta y despavorida, chorreando agua por todos lados. La respiración alterada. Me quedé observando a los nadadores que iban y venían y, de repente, sin ningún aviso de por medio, me eché a llorar. No hice ruido y las lágrimas se confundieron fácilmente con el agua, pero aun así me cubrí la boca.

Su nombre me atravesó los labios sin darme tiempo de pensarlo. Dije: Liliana. Y entonces lo oí. Me quedé paralizada un rato. El olor a cloro, que inundaba el lugar, se introdujo de súbito por las narinas y me llenó por dentro. Esto es algo que yo siempre hice contigo, dije. Y oí eso que dije. Desorientada, sin saber qué hacer, me zambullí de nueva cuenta en el agua en lugar de ir a los vestidores. Toqué el piso con los pies y, con ellos, me impulsé con fuerza hacia la superficie. Liliana, dije al salir. Liliana Rivera Garza. Y volví a repetir su nombre bajo el agua, llenándome la boca de burbujas, mientras intentaba tocar el piso de la alberca otra vez.

He dicho en numerosas ocasiones que uno nada para estar sola. Pero eso es cierto únicamente a medias. A veces es necesario ir a solas, avanzar por uno mismo, al lado de nadie, para asistir a una comunión en el agua. A la cantidad de tiempo que le lleva a una sustancia dejar el océano atrás —dejar el agua atrás— se le llama tiempo de residencia. El sodio, por ejemplo, tiene un tiempo de residencia de 260 millones de años.

En las albercas de Poitiers logré nadar mil metros seguidos. Después, aproveché todas las oportunidades de zambullirme en el agua. Nadé todos los días que estuvimos en Oaxaca. Caminaba una media hora para llegar a un pequeño balneario cuyo atractivo principal era una alberca de casi 25 metros de largo y dos trampolines de un escandaloso color naranja. El agua de la alberca, que venía del manantial de la montaña, era casi insoportable de tan gélida. Ahí logré nadar dos mil metros al día. Nadé en la alberca de la universidad, cuando regresé a San Diego. Y en todas y cada una de las albercas que quedaban cerca de los lugares a donde fui a dar pláticas o impartir talleres de escritura. En lugar de preguntar por el honorario, preguntaba, primero, si había una alberca cerca del hotel o del auditorio.

Un tiempo antes de convertirse en estudiante de arquitectura, en una de esas tardes que le ganaba el aburrimiento y la flojera, Liliana se quejó de la resequedad en la piel que producía el cloro de la alberca. No dijo, aunque también era cierto, que todos esos años de entrenamiento, al menos tres horas diarias en el agua, nos habían dañado el cabello, dándole esa textura áspera y ese sospechoso lustre amarillo a las puntas. Tampoco mencionó el olor de nuestros cuerpos. Era tan obvio, tan persistente, que con el tiempo se transformó en nuestro perfume natural. A eso olía nuestro ser entonces, a cloro. CL en la tabla periódica de los elementos. A eso huele todavía ahora nuestra niñez, juntas.

Ella continúa aquí, con nosotros. Sí, Christina Sharpe tiene razón, ella, como tantos otros, sigue a nuestro lado, no como mera metáfora, no como la ensoñación de un sufriente o varios sufrientes, sino como carbono y fósforo, como sodio, y, también, como cloro.

Recuerdo su patada poderosa. La manera en que el traje de baño dejaba ver su barriga de niña antes de volverse una espigada adolescente. La marca de los googles sobre la cara. La manera en que corríamos, vueltas fantasmas ya en la noche, cuando la alberca empezaba a despedir su vaho tibio. Las chanclas de hule. Speedo. Arena. Nike. El grito que emitíamos bajo la regadera de agua fría a cuyo chorro violento nos sometíamos al terminar de bañarnos. Su vuelta de campana. La vez en que descubrió el vello sobre mi pubis y me preguntó: ¿y eso mismo voy a tener yo? La forma en que arqueaba el cuerpo para deslizarse apenas unos centímetros bajo el agua. Cómo contenía la respiración. Las yemas arrugadas de todos sus dedos. La manera en que comparábamos nuestros tiempos después de alguna competencia. El ruido del silbato. La primera vez que la vi hacer bucitos. La risa, sobre todo. Los destellos del sol sobre la superficie del agua que compartíamos.

Nadar era lo que hacíamos juntas. Íbamos por el mundo cada una por su lado, pero acudíamos a la alberca para ser hermanas. Ese era el espacio de nuestra más íntima sororidad.

Y todavía lo es.

Hace casi un año me lastimé el hombro derecho y tuve que suspender mis visitas a la alberca. El manguito rotador. Una tendinitis. En lugar de nadar, empecé a escribir este libro. Si la herida se cierra, volveré a nadar.

Quiero volver a encontrarla en el agua. Quiero nadar, como siempre lo hice, al lado de mi hermana.

liliana

liliana
rivera
garza

NOTAS FINALES

Mi hermana, Liliana Rivera Garza, construyó un archivo meticuloso de sí misma a lo largo de su vida. Este libro se basa en los cuadernos, notas, apuntes, recortes, planos, cartas, cassettes y agendas que se encontraron entre sus pertenencias, que nadie había tocado en treinta años.* Pero esos documentos, que nos comunicaron con el pasado, no hablaban directamente con el presente. Se requirió de la determinación y la incansable labor de Saúl Hernández Vargas como detective amateur para localizar a los amigos más cercanos de mi hermana en el mundo de hoy: Ana María de los Ángeles Ocadiz Eguía Lis, Manolo Casillas Espinal, Raúl Espino Madrigal, Othón Santos Álvarez, Gerardo Navarro, Ángel López, Fernando Pérez Vega, Norma Xavier Quintana. Meses más tarde, después de leer un mensaje fúnebre en un tweet, Laura Rosales se puso en contacto conmigo por el mismo medio. Los testimonios de todos ellos fueron centrales para los capítulos V, VI y VII, aunque también aparecen, como referencias indirectas, en otros más. Durante estos dos últimos años, he conversado con mis padres —Antonio Rivera Peña

---

* **N. de la E.** Todos los documentos fueron copiados, con fidelidad, del archivo personal de Liliana Rivera Garza, por lo que dichos fragmentos pueden presentar una variedad de estilos tipográficos, faltas de ortografía o inconsistencias sintácticas.

e Ilda Garza Bermea—, así como con otros miembros de mi familia, especialmente con mis primos Leticia y Emilio Hernández Garza, quienes estuvieron cerca de Liliana en distintos momentos de su vida. La asesoría legal de los abogados Héctor Pérez Rivera y Karen Vélez ha sido significativa a lo largo de esta investigación. Agradezco especialmente el acompañamiento de la abogada Sayuri Herrera, titular de la Fiscalía Especializada en Feminicidios de la Ciudad de México. Mi gratitud también para la abogada Andrea Medina por comentarios y sugerencias. Gracias, sobre todo, a la periodista Daniela Rea, quien llevó el nombre de mi hermana a la marcha por el Día Internacional de la Mujer el 8 de marzo de 2021.

El diseñador gráfico Raúl Espino Madrigal diseñó, con base en la letra manuscrita de mi hermana, la tipografía que fue utilizada para transcribir las cartas, notas y recados que aparecen en este libro. La poeta y diseñadora Amaranta Caballero Prado ofreció el primer esbozo de la portada.

En la página 11, el verso [*aquí, bajo esta rama, puedes hablar de amor*] es del poema "Límite", de Rosario Castellanos. En la página 156, la letra "*Lucha de gigantes/ convierte/ el aire en gas natural./ Un duelo salvaje/ advierte/ lo cerca que ando de entrar./ En un mundo descomunal/ siento mi fragilidad*", pertenece a la canción "Lucha de gigantes", de Nacha Pop. En la página 102, los versos "*Si tuviera ilusiones/ si existieran razones locuras pasiones/ no habría necesidad/ de pasarme por horas/ bebiendo cantimploras/ de esta gris soledad*" pertenecen a la canción "Distante Instante", de Rockdrigo González. En la página 171, la frase "¿Acaso no es esto la felicidad?", que tomé directamente de una carta que Lili le escribió a Ana Ocadiz, le pertenece también a Jin Shengtan, un letrado chino de la dinastía Ming.

Índice